黄剑华

—— 著 ——

中华文明
的
惊世
发现

从三星堆到金沙

中华书局

图书在版编目（CIP）数据

从三星堆到金沙：中华文明的惊世发现/黄剑华著. —北京：
中华书局,2021.8(2022.11 重印)
ISBN 978-7-101-15262-3

Ⅰ.从… Ⅱ.黄… Ⅲ.①三星堆遗址-考古发现-研究②文
化遗址-考古发现-研究-成都 Ⅳ.K878

中国版本图书馆 CIP 数据核字(2021)第 135031 号

书　　名	从三星堆到金沙——中华文明的惊世发现	
著　　者	黄剑华	
责任编辑	陈　虎	
责任印制	管　斌	
出版发行	中华书局	
	（北京市丰台区太平桥西里 38 号　100073）	
	http：//www.zhbc.com.cn	
	E-mail：zhbc@zhbc.com.cn	
印　　刷	天津图文方嘉印刷有限公司	
版　　次	2021 年 8 月第 1 版	
	2022 年 11 月第 3 次印刷	
规　　格	开本/710×1000 毫米　1/16	
	印张 20¼　字数 200 千字	
印　　数	11001-16000 册	
国际书号	ISBN 978-7-101-15262-3	
定　　价	76.00 元	

目 录

引　言

古蜀历史由于缺少文字记载，一直云遮雾绕、扑朔迷离。在扬雄《蜀王本纪》和常璩《华阳国志》等汉晋时代的文献记载中，地处长江上游内陆盆地的古蜀国，曾有蚕丛、柏灌、鱼凫、杜宇、开明等王朝。但他们究竟是传说的人物还是确有其人？是人名还是氏族或部落的名称？他们所代表的各个朝代延续了多久？相互之间的兴衰更替又如何？古蜀时代的社会制度与生活情形又怎样？这些众多的疑问，为古蜀历史文化抹上了浓厚的神秘色彩，也给后人留下了种种想象与猜测。

湮没的古蜀文明经历了漫长的历史岁月，到20世纪80年代，有了惊人的三星堆一号坑、二号坑考古发现之后，才终于撩开了神秘的面纱，露出了璀璨的真容。三星堆出土的青铜雕像群，铸造精美，形态各异，组成了一个千姿百态、栩栩如生的神秘群体；同时出土的还有青铜神树和众多的鸟、虎、龙、蛇与各种飞禽走兽青铜造像；还出土了金杖、金面罩、各种玉璋、铜尊、铜罍等大量精美文物，为解开神秘的古蜀历史文化之谜提供了一把极其重要的钥匙，真实地印证了文献古籍中的记载，证明传说中的古蜀王国并非子虚乌有。三星堆考古发现，充分揭示了古蜀文明的灿烂辉煌，告诉我们在商周时期甚至更早，成都平原就有着繁荣昌盛的古文化、古城和古国，说明岷江流域也是中华文明的重要发源地之一，拥有同中原和其他地域一样悠久而发达的历史文化。

三星堆出土的青铜造像群与数量众多的珍贵文物，展现出了鲜明的地域特色，为我们了解殷商时期古蜀社会的祭祀活动、生活习俗、礼仪制度、经济文化以及古代蜀人的族属关系、精神观念、审美情趣等等提供了丰富翔实的资料。考古成果告诉我们，地处长江上游内陆盆地的古蜀国，在当时是一个独立发展的繁荣强盛的王国，无论在政治、经济、文化上都自成体系。但古代蜀人并不封闭，和黄河流域殷商王朝以及周边其他区域，在经济与文化上有着源远流长的交往和影响。古蜀文化与殷商文化的交往，可能有水、陆两途。一条是顺长江上下，可能是古代四川与中原地区往来联系的主要途径。另一条是北经汉中之地或通过陇蜀之间，也是古蜀与中原的重要交流途径。值得注意的是，古蜀与中原的文化交流是不丧失主体的交流。三星堆出土器物说明，古代蜀人在接受商文化影响的时候，以高超的青铜雕像造型艺术为代表的古蜀文化特色始终占据着主导地位。同时我们也应看到，古代蜀人不仅有极其丰富的想象力和创造力，而且具有极强的开放性和兼容性，并显示出强烈的开拓精神。古代蜀人与外界有着长期而积极的经济往来和文化交流，从而对古蜀文明的灿烂发展起到了重要的促进作用。正是由于三星堆古蜀文化与中原殷商文化各自所具有的鲜明特色，从而展现出长江流域和黄河流域南北两个文化系统的绚丽多彩。并随着相互间的传播影响和交流融合，在中华文明发展史上谱写了青铜时代杰出而又辉煌的篇章。

由于有了三星堆考古发现，使我们对绚丽多彩的古蜀文明终于有了真实深切的了解。但三星堆之后，古蜀文明的突然湮没，依然是个很大的谜。湮没之后古蜀文明的去向，给我们留下了有待破译的空白。学术界和世人都期待着新的考古发现，期望着有揭谜的一天。果然，在21世纪的第一年，又有了令人惊喜的成都金沙遗址考古新发现！

2001年成都金沙遗址的考古发现，再次令举世瞩目，引起了海内外的广泛关注。我们知道，在成都平原上从事田野考古的文物工作者们，自20世纪中叶以来，为寻觅古蜀文明遗踪，曾付出了艰辛而勤奋的努力。经过长期不懈的探寻，他们相继发现了成都十二桥文化遗址、新津宝墩等八座早期古城遗址，并发现了成都商业街船棺和独木棺遗址等，为揭示古蜀先民的栖息迁移活动情形和古蜀文明的繁荣灿烂以及古蜀王朝的兴衰更替提供了丰富的实证。金沙遗址的重大考古发现更是意义深远，对揭示扑朔迷离的古蜀历史文化之谜显得尤其重要。继三星堆之后，金沙遗址让我们更清晰地看到了古蜀社会的真实面貌。

金沙遗址出土文物不仅数量众多，而且有许多器物精美异常，有的更是首次发现，令人叹为观止。例如金器中的金面具、太阳神鸟金箔饰、金冠带、金箔蛙形饰、金喇叭形器、金盒等；玉器中的神面纹青玉长琮、兽面纹斧形玉器、玉人头像、玉剑鞘、玉璋、玉璧、玉戈、玉矛、玉剑、玉锛、玉凿、玉镯、玉贝、玉牌形器等；铜器中的小型青铜立人像、青铜立鸟、青铜牛头、青铜兽面、青铜三鸟纹有领璧形器、青铜眼形器等；石器中的石跪坐人像、石虎、石蛇、石斧形器等；此外还有大量的象牙，以及鹿角等等。这些出土文物具有极其珍贵的价值，尤其是它们所展现的生动别致的造型、精湛高超的制作工艺、绚丽多彩的文化内涵和浓郁的艺术魅力，为研究和了解古蜀文明增添了新的珍贵资料。

金沙遗址的大面积考古发掘揭示，无论是整个区域占地面积的广阔，还是出土文物数量的庞大、种类的繁多以及精美的程度，都说明这里应是一处非同凡响的大遗址，是商周时期古代蜀人的重要聚居地。古代蜀人在成都平原上修筑城市和都邑，最初是从靠近岷山的西北边缘地带开始的，然后沿着岷江支流河道两岸台地逐渐向平原腹心地区推进。最初修筑的早期城市规模较小，后来不断扩展，到殷商时候的三星堆古城已蔚为壮观，商周时期的金沙遗址更是规模宏大。这不仅与先后选址筑城的地理条件有关，也与不同时期古蜀国或古蜀族人力和物力资源的强弱有较大的关系。

现在就让我们去接近和仔细观赏三星堆与金沙遗址出土的众多精美文物，通过对它们风格特征与文化内涵的探析，去解读湮没的古蜀故事，揭示古蜀历史的真相，去看看这些古蜀时代神奇而珍贵的遗存究竟告诉了我们什么。

上 篇

三星堆遗址　震惊天下

一、辉煌的古蜀文明

地处长江上游成都平原的古蜀国，在古文献记载中一直给人以扑朔迷离之感。扬雄《蜀王本纪》和常璩《华阳国志》等记述的蚕丛、柏灌、鱼凫、杜宇、开明，究竟是传说中的人物，还是确有其人？他们是人名还是族称？他们代表的朝代究竟延续了多久？相互间的更替又是怎么回事？这些都给今天的人们留下了众多的疑问和猜测。唐代大诗人李白在《蜀道难》中写道："蚕丛及鱼凫，开国何茫然？尔来四万八千岁，不与秦塞通人烟。西当太白有鸟道，可以横绝峨眉巅。地崩山摧壮士死，然后天梯石栈相钩连。"这些瑰丽的诗句，更为传说中的古蜀历史抹上了一层神秘的色彩。

1986年三星堆惊人的考古发现，终于揭开了古蜀国神秘的面纱，为文献记载中的古蜀历

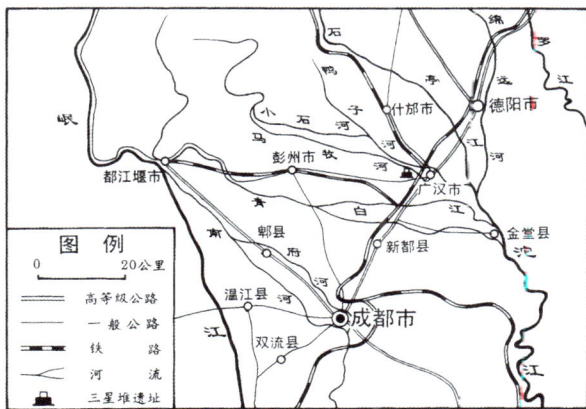

广汉三星堆遗址地理位置图

三星堆遗址地貌图。这个非同寻常的地方，由于揭示了古蜀之谜而名闻遐迩

敦煌藏经洞遗书的发现

史提供了重要印证，使我们真实地看到了数千年前古蜀文明的灿烂辉煌。那些具有鲜明地域特色的大量出土文物告诉我们，传说中的古蜀王朝并非子虚乌有，成都平原在商周时期甚至更早，确实存在过繁荣昌盛的古文化及古城、古国。岷江流域作为中华文明的重要发源地之一，拥有同中原和其他地域一样悠久而发达的历史文化。它是中华文明的骄傲，也是世界东方文明发展史上最为绚丽的篇章。

　　中国近代史上的许多重大考古发现，最初都带有一定的偶然性。例如我们熟知的甲骨文和敦煌珍贵经卷遗书的最初发现经过便是这样。1899年，居住于北京的国子监祭酒王懿荣因患疟疾，去宣武门外菜市口达仁堂中药店抓回一剂中药，在一味叫"龙骨"的药材上竟发现刻有一种前所未见的文字，王懿荣大为惊奇，立即去药店高价购回了刻有文字的全部龙骨，经过辨认考证，判断为商代文字。1900年春末夏初，驻守敦煌莫高窟的王圆篆道士在清除洞窟中积沙的时候，发现了墙壁上的裂缝，从而发现了里面秘藏着的大量经卷和织绢绘画。由于这些绝世珍品的发现，在经历了许多的历史沧桑之后，甲骨学与敦

煌学如今都已成为非常
重要的学问。

　　三星堆古蜀文明遗
址的最初发现，也具有
很大的偶然性。据郑德
坤《四川古代文化史》记
述，当地居民燕道诚与家
人在1931春因为溪流淤
塞溉田不便，车水疏浚时
发现了一批玉石器，有石

燕道诚与家人的合影（1929 年）

璧、石圭、玉琮、玉璋、玉圈、石珠之类[1]。燕道诚和家人偶然挖掘到的
玉石器大约有三四百件之多[2]，连夜搬运回家，藏了起来。他们并不懂
得这些玉石器的重要价值，过了不久便将其中一些分赠亲友，夸示乡

邻，致使这批玉器、石器
逐渐流散出来。消息传出
后，引起了古董商们的注
意，经过他们的渲染和炒
作，当时的成都古董市场
一度曾被"广汉玉器"闹
得沸沸扬扬。流入古董商
之手的玉石器数量毕竟
有限，有的古董商为了牟
利，甚至伪造赝品出售。

1934 年葛维汉、林名均在广汉考古发掘时留影

此事很快引起学者们的关注和重视，并由此而开始了早期的调查研究
工作。

---

① 见郑德坤《四川古代文化史》，华西大学博物馆印行，1946 年。
② 见敖天照、刘雨涛《广汉三星堆考古记略》，《巴蜀历史·民族·考古·文化》第 331
　　页，巴蜀书社 1991 年版。

1934 年葛维汉与学术界友人合影

1934 年葛维汉在三星堆遗址主持的发掘现场

当时在华西协和大学从事文化人类学和考古学讲学并担任博物馆馆长的美籍教授葛维汉，对发现的"广汉遗物"产生了浓厚的兴趣，于1932年亲至其地考察，征得广汉县长罗雨苍和省政府教育厅的同意，在1934年春对月亮湾遗址进行了考古调查和科学发掘。同敦煌宝窟和甲骨文的发现比较起来，广汉古遗址要幸运得多。敦煌藏经洞在无知的王道士发现之后，曾遭到了外国冒险家疯狂的掠夺。甲骨文发现后，亦大量流落海外。民国时期的官员毕竟比清朝官吏多了一些文物保护意识，为了发掘的顺利进行，罗雨苍县长还派了一小队警卫人员负责安全工作，后来又派了80名士兵到发掘场所做警戒保护。由于当时"邻近匪风其炽，工作十日即行结束"。在这么短的时间内，要对神秘的大型古遗址做深入全面地发掘考察，显然是不可能的。但这次发掘仍有相当丰富的收获，不仅发现了一些精致的玉石器，还出土了许多残块和破碎陶片，发掘所获玉器、石器、陶器等文物共600余件。更难得的是，开明的罗雨苍县长没有将这些出土物品留在广汉，认为这些器物很有科学价值，"罗县长以其有关文化，宜集中一处以为研究材料，乃全部捐赠华西大学博物馆保存"[①]。罗雨苍县长的举措是值得称赞的，使这批出土文物成了研究三星堆文明的重要资料。

郭沫若旅日留影（1933 年）

通过对广汉古遗址出土文物的整理研究，葛维汉不久便撰写了《汉州发掘简报》，协助发掘的林名均也写出了《广汉古代遗物之发现及其发掘》，分别刊登在《华西边疆学会会志》第6卷与《说文月刊》第3卷第7期上。当时旅居日本的郭沫若得知后，立即写信与他们联系，索取广汉发掘的照片和出土器物图形，以及发表的有关论文。

林名均和葛维汉接信后便一一照办，在资料方面毫不保守。郭沫若很快便写来了热情洋溢的感谢信，认为广汉的考古发现非常重要，它为揭示古蜀文明的真实面貌、了解先民们的社会风俗习惯、探索古蜀国与周边区域的关系，拉开了序幕。

如果说20世纪30年代月亮湾的偶然发现，开启了对三星堆文明的关注和调查探讨，并进行了最初的考古发掘，那么，对广汉古遗址真正有计划地发掘，则是从中华人民共和国成立后开始的。

在20世纪50年代修建天成铁路（即后来的宝成铁路）的时候，当时担任西南博物院院长的冯汉骥教授，曾率人前往广汉月亮湾进行调查。此后，四川省文化局和四川省博物馆又派遣王家祐等人前往月亮湾调查。王家祐住在燕家，经过倾心交谈，动员燕家将收藏的玉琮、玉瑗、玉钏等珍贵文物捐献给了国家。在实地踏勘和调查过程中，王家祐还发现了三星堆与月亮湾文化层的一致性，建议当地有关部门加以保护，并撰写

[①] 郑德坤《四川古代文化史》第33页，华西大学博物馆印行，1946 年。

1941 年冯汉骥在彭山汉墓发掘现场与学术界友人合影。左起：吴金鼎、王介忱、高去寻、冯汉骥、曾昭燏、李济、夏鼐、陈明达

冯汉骥考察广汉遗址

了《四川新繁、广汉古遗
址调查记》^①，再次提出了
进一步调查、认识和研究
广汉文化的重要性。

马牧河古河道如今已淤积为水渠

　　到了1958年和1963
年，四川省博物馆和四川
大学历史系考古教研室，
又先后两次对月亮湾遗址
进行了考古试掘。冯汉骥
教授当时站在月亮湾发掘现场的阶地上，遥指着马牧河对面的三星堆
说："这一带遗址如此密集，很可能是古代蜀国的一个中心都邑。"^②后
来的考古发现，完全证明了冯汉骥教授和王家祐先生的洞察和预见。

　　考古工作者深信三星堆有古蜀文明遗留下来的宝藏，但它们究竟
沉睡在何处，却深感困惑，在做了多次的考古调查和试掘之后，期盼的
心情变得更加强烈了。一个令人惊喜的
日子终于来临，1986年7月18日上午，广
汉当地的砖厂工人在三星堆挖土取泥
时，锄头突然发出了清脆的碰撞声——
挖出了一件玉璋。考古工作队闻讯后立
即赶到现场，将埋藏点保护起来，迅速
报告了主管部门。时值炎夏，考古队员
们在炎热骄阳下搭起竹棚，开始了兴奋
而又紧张的考古发掘。经过7天7夜的紧
急发掘，7月25日凌晨，终于有了惊人的

三星堆一号坑发掘实况

---

① 刊登于《考古通讯》1958年第8期。
② 林向《三星伴月话蜀都——三星堆考古发掘琐记》，《文物天地》1987年第5期；
　参见屈小强、李殿元、段渝《三星堆文化》第40页，四川人民出版社1993年版；
　参见屈小强《三星伴明月——古蜀文明探源》第16页，四川教育出版社1996年版。

发现。在明亮的灯光照耀下，一个埋藏着古蜀国大量珍贵文物的器物坑呈现在人们面前。考古队员最先看到的是一根灿烂的黄金手杖，其次有黄金面罩、青铜人头像、种类繁多的青铜器和玉石器，以及象牙、海贝、陶器等等，那种激动的心情真是难以形容。要知道，这不是一般的普通文物，而是湮没了数千年之久的古蜀文明遗留下来的绝世珍奇，其巨大价值是任何金银珠宝都无法比拟的。由于三星堆的惊人发现，中华文明史和世界文明史都将因此而谱写新的篇章。

三星堆二号坑出土象牙情况

三星堆二号坑中层出土器物情况

对于三星堆考古工作队乃至整个四川考古界来说，1986年确实是一个非同凡响的幸运年。发现三星堆一号埋藏坑之后，仅仅过了半个多月，更大的惊喜又降临在了这些幸运的考古工作者头上。1986年8月16日下午，当地砖厂工人在三星堆取土时，又意外地发现了二号埋藏坑。考古工作队经过半个多月的发掘清理，出土了各类珍贵文物1300多件，其中有青铜器735件、金器61件、玉器486件、象牙67根、象牙珠120颗，以及海贝4600枚等。特别是高大的青铜立人像、奇特的青铜神树，以及数量众多的青铜人头像、青铜面具和青铜器物，铸造精美，造型神异，具有极其丰富的内涵和象征意义，每一件都是无与伦比的绝世珍品，其数量和种类，都大大超过了一号埋藏坑。这些丰富而又罕见的出土文物，为我们了解神秘的古蜀文明提供了珍贵的资料。消息披露后，便立即在海内外引起了轰动。

中国考古界和世界学术界都惊喜地谈论着这一考古发现，对此给予了高度评价，称之为"沉睡三千年，一醒惊天下"，认为三星堆出土器物，填补了中国青铜艺术和文化史上的一些重要空白。当时九十高龄的四川省文物管理委员会主任张秀熟先生

三星堆一号坑、二号坑发现处

兴奋地说："我等了80年，盼望巴蜀文化的重大发现，终于盼到这一天了。"当时的四川大学博物馆馆长童恩正教授也欣喜地说："这简直是世界奇迹！"①英国《独立报》1987年8月13日刊登了一位英国学者的评论："广汉的发现可能是一次出土金属文物最多的发现，它们的发现可能会使人们对东方艺术重新评价。中国的青铜制造长期就被认为是古代最杰出的，而这次发现无论在质量上还是在数量上，都使人们对中国金属制造的认识上升到了一个新的高度。"还有人认为三星堆的考古发现，比有名的秦始皇兵马俑更要非同凡响。

1988年，中华人民共和国国务院公布三星堆遗址为"全国重点文物保护单位"。张爱萍将军为三星堆遗址题字："沉睡数千年，一醒惊

① 闵云森《三星堆：璀璨的古蜀文化遗址》，《四川日报》1987年4月18日。参见《广汉三星堆遗址资料选编》（一）第94页。

三星堆古城遗址平面分布与发掘图

天下。"随后，独具特色的三星堆博物馆在清澈的鸭子河畔拔地而起，成为展示古蜀文明的一个重要景点。三星堆出土文物，曾在成都和北京等地展出，之后又在欧洲许多国家展出，并东渡日本在几个城市举办了长达数月的巡回展览，所到之处，观者如云，反响热烈，得到了海内外各界人士的由衷赞叹。三星堆一号坑、二号坑的考古发现，成为20世纪世界考古史上一道最为璀璨夺目的光彩，使全世界对灿烂的三星堆文化和源远流长的中华文明有了更加深刻的认识和了解。

　　三星堆考古发现具有多方面的重要意义：首先，为解开古蜀历史文化之谜提供了一把极其重要的钥匙；其次，为揭示中华文明多源一统、多元一体提供了重要例证；再者，展示了丰富的文化内涵与独特的造型艺术魅力，在人类文明发展史上谱写了东方文明的新篇章。关于三星堆与古蜀的历史年代关系，我国近代著名学者王国维在学术研究方面曾提倡"二重证据法"，这对研究三星堆考古发现与古蜀文明仍将是非常重要的方法。从出土材料看，一号坑的时代约相当于殷墟文化第一期，二号坑的时代则大致相当于殷墟晚期。这是考古工作者采用层位学和类型学的方法，对一号坑与二号坑出土

三星堆古城遗址

器物做出的年代判断。这一推测与论证，基本上为考古界的学者们所认同。李学勤先生通过对三星堆出土青铜器纹饰的研究，指出："纹饰的分析表明，三星堆两座器物坑所出青铜器的年代，与两座坑本身的年代，即由有关碳14年代推定的一号坑相当商文化的殷墟早期，二号坑相当殷墟晚期，是互相一致的。这说明当地的文化（蜀文化）发展是与商文化的发展平行的，彼此的影响传播是畅通的。"①俞伟超先生和邹衡先生等学者也提出了类似的看法。此外，也有一些学者对三星堆一号坑与二号坑的年代提出了异议。

　　虽然三星堆遗存的考古分期编年，还有待于进一步做更深入和更细致的研究，但它在商周时期已发展成为一种具有浓郁特色的灿烂辉煌的青铜文明形态，则是不争的事实。学者们对三星堆两座器物坑的性质和定名，也做了较多的争鸣和讨论。归纳起来大致有六种意见：一、祭祀坑说，二、埋葬坑说，三、犁庭扫穴毁其宗庙说，四、窖藏说，五、巫术厌胜说，六、神庙器物掩埋坑说。国内外很多学者都参与了这方面的讨论，发表了各自的见解，见仁见智，颇为热烈。这些争论，充分

① 李学勤《三星堆饕餮纹的分析》，载《三星堆与巴蜀文化》第79页，巴蜀书社1993年版。

说明了考古发现所揭示的三星堆文明，具有极其丰富多彩的内涵。目前虽未达成一致的看法，但随着探讨的深入，学术界对扑朔迷离的古蜀文明已经有了更多的了解和越来越清晰的认识。

三星堆古城东城墙发掘情形

三星堆古城西城墙遗址

考古工作者在对一号坑、二号坑发掘之后，在三星堆遗址范围内又做了大量深入地调查和试掘，获得了许多可喜的收获。种种迹象表明，三星堆遗址规模宏大，内涵丰富，说明它绝不是普通的村落和邑聚，而是古蜀国的都城。其分布范围"东起回龙村，西至大堰村，南迄米花村，北抵鸭子河，总面积约达12平方公里。分布最集中、堆积最丰富的地点，有仁胜、真武、三星、回龙四村"[1]。从总的特点来看，这些"遗址主要分布在鸭子河和马牧河两岸的脊背形台地上"[2]，它们共同组成了一个大型遗址群。其次是发现和确认了三星堆城墙，城址呈南宽北窄的梯形布局，现存面积2.6平方公里，大致与郑州商城相当。东城墙和西城墙横跨鸭子河

---

① 屈小强、李殿元、段渝《三星堆文化》第112页，四川人民出版社1993年版。
② 陈德安《三星堆遗址》，载《四川文物》1991年第1期。

与马牧河之间，东城墙长1800米，西城墙被鸭子河冲刷毁坏，残存800米。南城墙筑在马牧河弯道上，长210米，北面未发现城墙，可能是以鸭子河为天然屏障。斜坡状的城墙主要采用分段夯筑法筑成，无论是其面积和修筑方法，在殷商时期都称得上是规模宏大的。在主城墙上面发现有使用土坯砖修筑的梁埂，在我国城墙建筑史上这是使用土坯垒筑城墙年代最早的例证之一。根据发掘揭示的地层叠压关系可知，城墙筑成于商代早期，使用至西周早期。随着蜀文化逐渐向成都南移，这座城址才逐渐被废弃。

三星堆古城西城墙发掘现场

考古发掘还显示，在三星堆城墙两侧分布有密集的居住遗址，在遗址群中也发现有众多的房屋建筑基址，表明这里曾长期有大量先民居住。这些房屋有方形、长方形、圆形三种形式，以长方形和方形者居多。其建造方法采用在地面上挖沟槽，在槽中立柱，间以小木棒和竹棍作为墙骨，两侧抹草拌泥以成墙壁，然后墙壁经火烧烤，

郫县望丛祠内纪念杜宇的"古望帝之陵"碑

上为榫构梁架与屋顶。这些房屋建筑具有比较浓郁的古蜀地域特色，显示了当时建筑技术的发达。这些考古发现充分说明，这里作为古蜀时代的重要都城和政治、经济、文化中心，曾有一段相当长的繁荣昌盛的社会生活，后来由于某种我们尚不清楚的变故，致使这段辉煌的文明被湮没了。

郫县望丛祠内纪念鳖灵的"古丛帝之陵"碑

三星堆古城究竟是古蜀哪个时代的都城？由于历史文献记载的简略和模糊，目前依然是个谜。学者们对此亦提出了不同的推测与看法。从文献记载看，汉代扬雄《蜀王本纪》中说："蜀王之先名蚕丛，后代名曰柏濩，后者名曰鱼凫。此三代各数百岁，皆神化不死，其民亦颇随王化去。鱼凫田于湔山，得仙。今庙祀之于湔。时蜀民稀少，后有一男子名曰杜宇，从天堕止，朱提有一女子名利，从江源井中出，为杜宇妻。乃自立为蜀王，号曰望帝，治汶山下邑曰郫，化民往往复出。"其后又有鳖灵治水，禅让即位，建立开明王朝的故事[①]。通过这段具有浓郁神话色彩的记述，透露给我们的只是古蜀历史的梗概和传说。蚕丛、柏濩、鱼凫的都邑在什么地方，语焉不详。只有望帝杜宇的都邑比较明确，"治汶山下邑曰郫"。学者们对"郫"的地理位置曾有不同的解释，但与三星堆似乎并不是一个地方。晋代常璩《华阳国志》将古蜀历史纳入了中原王朝体系，将传说中年代悠久的古蜀王朝大为推迟，其卷3《蜀志》说："周失纲纪，蜀

---

① 见（汉）扬雄《蜀王本纪》，《全汉文》卷53，（清）严可均校辑《全上古三代秦汉三国六朝文》第1册第414页，中华书局1958年影印版。

先称王。有蜀侯蚕丛，
其目纵，始称王。死，作
石棺石椁，国人从之，
故俗以石棺椁为纵目人
冢也。次王曰柏灌。次
王曰鱼凫。鱼凫王田于
湔山，忽得仙道，蜀人
思之，立为祠。后有王
曰杜宇，教民务农，一号

成都平原发现的早期古城址——新津宝墩遗址（北侧城墙）

杜主。时朱提有梁氏女利游江源，宇悦之，纳以为妃。移治郫邑，或治瞿
上。七国称王，杜宇称帝，号曰望帝，更名蒲卑。"[1]这段记载中同样没有
说明蚕丛、柏灌、鱼凫的都邑在什么地方。

　　扬雄《蜀王本纪》与常璩《华阳国志》对古蜀早期历史的记述，虽
然传说色彩很浓，但也有非常重要的参考和启发作用。从记载看，"鱼
凫王田于湔山"，可知古蜀鱼凫时代已进入农耕阶段，到杜宇教民务农
的时代，蜀地农业已进入蓬勃发展的阶段，经济文化和社会生活都已
相当繁荣发达。常璩《华阳国志》卷3说杜宇称为望帝，"自以功德高诸

王，乃以褒斜为前门，
熊耳、灵关为后户，玉
垒、峨眉为城郭，江、
潜、绵、洛为池泽；以
汶山为畜牧，南中为园
苑"[2]。杜宇时代的古
蜀国，拥有广阔的疆域
和强盛的国力，与当时

新津宝墩遗址（东侧城墙）

————————

① （晋）常璩撰，刘琳校注《华阳国志校注》第181—182页，巴蜀书社1984年版。
② （晋）常璩撰，刘琳校注《华阳国志校注》第182页，巴蜀书社1984年版。

温江鱼凫村古城遗址

三星堆出土的陶鸟头勺把

蜀地农业经济的繁荣发展显然是密不可分的。成都平原这时已经出现了城市文明的曙光，杜宇拥有郫邑、瞿上两座都邑，也就不足为奇了。其实，在鱼凫王时代甚至更早的时候，水草丰茂的成都平原上就已出现了城邑，新津宝墩、温江鱼凫村古城等八座早期城址的考古发现就是很好的例证。所以有学者认为，三星堆遗址发现的早商时期蜀都城墙，很可能是鱼凫王统一蜀国后所筑，三星堆出土的大量鸟头勺柄，便与鱼凫氏有关；一号坑出土的金杖图案，也透露了与鱼凫王朝的关系。简而言之，鱼凫王在成都平原大地上建立了以其为统治核心的早期蜀王国，便定都于今广汉三星堆遗址这个地方，在这里修建了宏大的都城，直至其政权被后来的杜宇王朝所取代。也有学者认为，杜宇成为蜀王之后，三星堆古城很可能就是杜宇王朝的瞿上城邑遗址。后来三星堆古城的突然废弃，则可能与鳖灵取代杜宇建立了开明王朝这一历史事件有关。到了开明五世，将都城移治成都，则与当时严重的洪灾有着密切的关系。

　　经过学者们广泛深入地探讨，结合考古材料和文献记载来看，三星堆古城很可能营建于鱼凫时代，并成为杜宇时代的重要都邑，后来由于政权变更和都邑的迁徙而被开明时代所废弃。换一种说法，在古蜀历史上的鱼凫时代，成都平原已经形成了早期城市文明。这一城市文明以三星堆古城为政治、经济、文化中心，在农耕繁荣的杜宇时代发展到了鼎盛阶段。这个时期蜀地灿烂的青铜文化，无论是成熟高超的铸造技艺，还是绚丽多彩的风格特点，完全可以媲美于中原地区和世界其他古老文明区

三星堆二号坑出土的青铜尊　　　　　三星堆二号坑出土的青铜罍

域的青铜文化，与同时期长江中下游和黄河流域基本处在同一发展水平线上，构成了中华文明满天星斗的发展格局。独具特色的古蜀城市文明，在三星堆古城被废弃后，似乎是突然湮没了。但它并没有中断，在开明王朝统治蜀地期间，随着治水和迁都等历史事件的发生，而进入了新的发展阶段。

三星堆古城遗址和大量出土遗物的发现和研究，也为我们了解古蜀国与殷商的关系提供了丰富翔实的证据。说明地处内陆的古蜀国在当时是一个独立发展的富饶繁荣的王国，无论是在政治上、经济上、文化上，还是在宗教礼仪和社会生活习俗方面，都与其他区域不同，有着自己的鲜明特点。但这并不排斥它和黄河流域殷商王朝以及周边其他区域在经济上的交往和文化上的相互影响。我们从三星堆遗址和一号坑、二号坑出土的众多精美文物中可以看出，大量的青铜雕像和青铜面具，高大的青铜立人像和巨大的青铜神树，无不显示出浓郁而又神奇的古蜀文化特色，而其中青铜礼器中的尊、罍，以及玉石器中的圭、璋、戈等形制，则反映了殷商文化对蜀文化的影响和融合。

三星堆灿烂的青铜文明，还改变了人们有关商代中国的概念，说明殷商在青铜时代并不是唯一的文明中心，商王朝的周边地区也并非都是蛮夷落后之地。这对我们更加全面、客观、真实地认识中华文明的起源和发展，显然具有十分重要的意义。

二、神秘的群巫集团

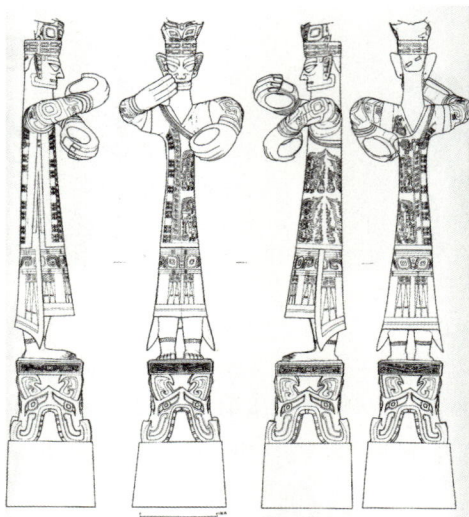

三星堆青铜立人像线描图

三星堆二号坑出土的
大型青铜立人像

三星堆出土的大量珍贵文物，将辉煌的古蜀文明真实地展现在了我们面前。其中最神奇、最令人惊叹的，便是一号坑与二号坑出土的众多青铜造像了。这些青铜造像，铸造精美，形态各异，既有夸张的造型，又有优美细腻的写真，组成了一个千姿百态、栩栩如生的神秘群体。它们不仅以丰富的文化内涵和非凡的艺术魅力感染和震撼着我们，同时也向我们透露了大量的古蜀信息，使我们不仅看到了古蜀时代青铜文明的璀璨，而且看到了古代蜀人绚丽多彩的精神世界。

三星堆青铜造像群的种类形态甚多，按造型大致可以做如下划分：

第一类青铜人像。为圆雕或半圆雕整体造型，包括高大的青铜立人像、青铜小人像、青铜跪人像等。二号坑出土的大型青铜立人像，头戴华美的冠冕，身着龙纹左衽长襟衣，粗眉大眼，双手夸张地握成环形，赤足佩脚镯立于双层方座之上，给人以高贵雍容、生动精美之感。特别是炯炯的大眼和坚毅的阔嘴显得气质非凡，表明了其非同凡响的身份。尤其引人注目的是其大得出奇的双手，所执何物，费人猜思。有

三星堆二号坑出土的小型青铜跪坐人像

三星堆二号坑出土的小型青铜侧跪人像

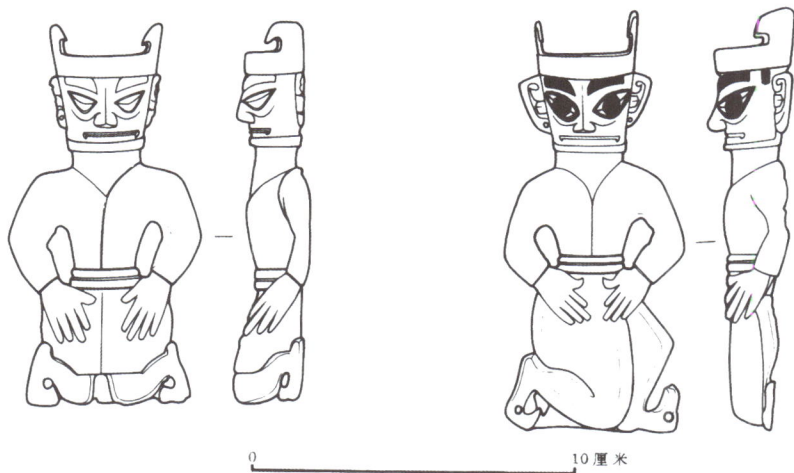

0　　　　　　　　　　　10厘米

三星堆二号坑出土跪坐青铜人像线描图

三星堆二号坑出土的　　　三星堆二号坑出土的喇叭座顶尊跪　　三星堆一号坑出土的青铜跪坐人像
青铜人面鸟身像　　　　　献青铜人像

认为执的是祭祀天地的玉琮，有认为是某种法器，还有认为可能是象牙，总之是大巫的象征。这尊青铜立人像戴冠高180厘米（花冠高17厘米，冠下至足底人高163厘米），座高80.8厘米，通高260.8厘米[1]，是我国迄今发现的最早和最大的青铜造像，比史书记载秦始皇收集天下兵器在咸阳铸造的"金人十二，重各千石"[2]，要早约八个世纪。古埃及和古希腊这一时期也未发现有如此巨大、精美的青铜雕像，在考古史上可谓史无前例。二号坑还出土了一件残断的小型青铜人像，姿势造型与大立人像极为相似，不同的是其头上戴着抽象而夸张的兽首冠，冠顶朝前开有巨大的方口，两侧有两只长大的兽耳耸立，中间有一如同象鼻卷曲状的装饰物，显得非常奇异。二号坑出土的还有青铜小人像8尊，身着对襟服，呈蹲屈跪地之状，显然代表着不同的身份，并形象地展示了古蜀的某种礼仪与神事活动。值得注意的是一件喇叭座顶尊跪

① 参见四川省文物考古研究所编《三星堆祭祀坑》第162页，文物出版社1999年版。
② （汉）司马迁《史记·秦始皇本纪》第239、281页，中华书局1959年版。

三星堆一号坑出土青铜人头像

三星堆二号坑出土的戴帽
青铜人头像

三星堆二号坑出土青铜人头
像的辫发

三星堆二号坑出土发辫盘于头上
的青铜人头像

三星堆二号坑出土头戴装饰
的青铜人头像

三星堆二号坑出土青铜
人头像头上戴的装饰

献青铜人像，下身穿裙，上身裸露，双乳突出，人物造型具有比较明显的女性特征，显示了古蜀神祺文化与女神崇拜传统的影响。还有一尊比较独特的青铜跪坐人像，为一号坑出土，下身穿犊鼻裤，双手扶膝跪坐，张口露齿，发型奇特，很可能象征着不同的族属，代表着不同的身份。

第二类为青铜人头像。为圆雕头部造型。一号坑出土13件，二号坑出土44件，共计57件。它们形式多样，妆扮各异，既有共同风格，又各具特点。从造型看，它们有平顶脑后梳辫者，有平顶戴帽或头戴"回"字纹平顶冠者，有圆头顶无帽者，有将发辫盘于头上或于脑后戴蝴蝶形花笄者，有头戴双角形头盔者，还有头上部为子母口形原应套接顶饰或冠帽者。从面相特征看，人头像大都为浓眉大眼，高鼻阔嘴，方面硕耳，显得神态威武，有一种粗犷豪放的风格，洋溢着浓郁的阳刚英雄气概。其中也有线条圆润、五官俊秀者，如一号坑出土的Aa型青铜人头像，线条柔和的脸庞衬托着杏状大眼和端丽的鼻梁，加上入鬓的双眉和细腻的双唇，显得优雅而又自然，充满了青春女性之美，推测应是群像中的"公主"或巾帼人物。但这类雕像在三星堆群像中数量很少，反映出三星堆时期的古蜀国是一个男性占统治地位的社会，同时也有一些巾帼不让须眉的人物，在古蜀国中与男性一样具有较高的社会地位，并在祭祀等活动中发挥着相当重要的作用。值得注意的是，一些学者认为大多数人头像面部戴有面罩，而面具往往是和原始宗教与巫术密切联系在一起的神秘道具。

三星堆一号坑出土象征古蜀王国巾帼人物的青铜人头像（Aa型）

三星堆二号坑出土戴黄金面罩的青铜人头像

　　一号坑还出土有用纯金皮模压而成的黄金面罩，二号坑出土有数尊戴黄金面罩的青铜人头像，它们由于粘贴了金灿灿的黄金面罩，更增添了一种威严尊贵的气势。古代蜀人为什么铸造如此众多带面罩的人头像？仅仅是为了装饰？还是有着更加深奥的含义？这确实是一个发人深思的问题。在世界考古史上，古埃及与古希腊均出土有黄金面罩。如公元前16世纪希腊迈锡尼城址墓圈A出土的有唇须的金面罩、公元前14世纪古埃及第18王朝国王图坦卡蒙墓中出土的形象逼真的纯金面罩等[①]。这些著名的黄金面罩出土时，大都罩于死者或木乃伊面部，其用意显然在于保护和再现死者面孔，体现了古代西方人的丧葬习俗和等级观念，并带有明显的原始宗教色彩。有学者认为，广汉三星堆出土的黄金面罩与古埃及、古希腊的有所不同，它不是施于死者脸上，而是粘贴于青铜头像的面部，反映的应是古蜀人的魂灵观念与等级观念。罩有金面罩的青铜头像的身份，显然与其他头像有别，可能就是古蜀人祭祀的祖先偶像，应该说这是一种比较合理的解释。

　　第三类为青铜人面像。为半圆雕面具类造型。一号坑出土1件，二号坑出土20件（其中完整者14件）。一号坑出土的是件小型早期人面

---

① 参见《中国大百科全书·考古学》第314、536页，彩图插页第78、79页，中国大百科全书出版社1986年版。

三星堆一号坑出土的小型青
铜人面像

三星堆二号坑出土的青铜人面像

三星堆二号坑出土的青铜人面像

三星堆二号坑出土的青铜人面像

像，具有简朴写实的特点，那宽脸圆耳、长眉大眼的含笑面容，显示出一种神态和祥的风格。二号坑出土的人面像则神态威武，粗犷豪放，洋溢着英雄阳刚之气，在形态造型上也展现了更为丰富的想象力。它们高鼻阔嘴，宽额长耳，刀形粗眉，杏状大眼，有典型突起的目棱和鼻棱，有的眉部和眼眶眼珠等处曾用黑彩描绘过，还有的唇缝中涂有朱色颜料，有栩栩如生的效果。

最引人注目的是三件纵目人面像。它们不仅体型庞大，而且眼球明显突出眼眶，双耳更是极尽夸张，长大形似兽耳，大嘴亦阔至耳根，简直匪夷所思，使人体会到一种难以形容的惊讶和奇异。而它们唇吻三重嘴角上翘的微笑状，又给人以神秘和亲切之感。其中最大的一件通高65厘米、宽138厘米，圆柱形眼珠突出眼眶达16.5厘米。另一件纵目

人面像宽77.4 厘米，圆柱状眼
珠突出眼眶9厘米，鼻梁上方镶
竖有高达68.1厘米的装饰物，既
像通天的卷云纹，又像长有羽饰
翘尾卷角势欲腾飞的夔龙状，显
得无比怪诞诡异，为这类糅合了
人兽特点的硕大纵目青铜人面
像增添了煊赫的气势和丰富的
含义。仔细观察，这类纵目青铜
人面像亦有眼眉描黛、口唇涂朱
的痕迹，大概是为了突出装饰效
果，以表达它们非凡的神秘力量。
在这些青铜面具的耳根上下两
侧，均有方孔，可能是作安装固定
之用的，也有可能用于悬挂。

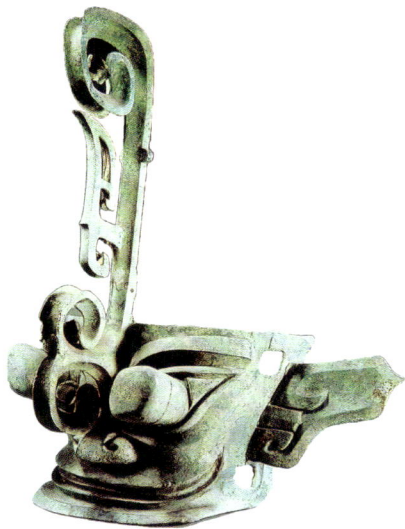

三星堆二号坑出土具有丰富象征含义的青铜纵目
人面像

　　这类大型纵目青铜面具究
竟象征着什么？学术界曾有一些
不同的看法和解释。有的学者根
据《山海经·大荒北经》中有关
烛龙的记载，认为是烛龙的形
象，是神话传说中千里眼和顺风
耳的综合体。有的学者根据《华

三星堆二号坑出土糅合了人兽特点的青铜纵目
人面像

阳国志·蜀志》中"有蜀侯蚕丛，其目纵"的记载，认为这类面具就是
古史传说中蚕丛氏"纵目"的写照，是古代蜀人的祖先神偶像。还有学
者认为，此类面具表现了一个神、鬼、人的集合体，是古蜀的图腾崇拜
象征[1]。甚至还有认为纵目人面像的模样如此神奇，也许只有外星人才

① 参见《四川文物》1989 年"广汉三星堆遗址研究专辑"中的相关文章论述。

三星堆二号坑出土青铜兽面像

三星堆二号坑出土给人以惊奇之感的青铜兽面像

有这样大的眼睛和这么长的耳朵，确实有点像"天外来客"①。虽然众说纷纭，但认为它们是用于祭祀的神灵偶像或崇拜象征，则大体是一致的。也就是说，它们所要表达的是神秘的大型祭祀场面。或者说它们和众多的青铜人头像、青铜人像一样，都是古蜀大型祭祀活动中的重要供奉和道具，体现着不同的象征含义和使用目的，共同形成一个宏大壮观的祭祀场面。

第四类为青铜兽面像。为平面浮雕面具类造型。这类的兽面像都是二号坑出土，按形态可分三种类型，共9件。它们皆为薄片状，采用浅浮雕手法铸造而成。面部大都为长眉直鼻，大眼中鼓着硕大的眼珠，阔长的口中露出两排方整的牙齿。这些都显示出了夸张的人面特征，头顶与两侧的装饰物，则展现出神奇的动物形态。有的兽面像颐下还铸有两条头部相向的夔龙，构成了一种将兽面拱起的生动造型。综观这些似兽非兽、似人非人的兽面像，那狰狞威武的形态、龇牙咧嘴瞪目而视的表情、奇异的装饰和夸张的造型，无不给人以惊奇之感。它们既有粗犷的风格，又有细致的刻画，在狰狞严峻之中，又透露出几分质朴和善良。它们以人的五官特征为主，加以夸张变形，显得轻巧精美，具有较强的实用性。同时又贯注了浓郁的原始神秘色彩，形似鬼脸与假面，推测其用途可能是祭祀时为巫师所佩戴，也可能是祭祀活动中使用的装饰物。这些极富

---

① 见白建钢《"天外来客"——四川广汉县三千年前稀世出土文物目睹记之四》，《光明日报》1987年2月23日；参见《广汉三星堆遗址资料选编》（一）第42页，四川省广汉市文化局1988年5月编印。

三星堆二号坑出土给人以惊奇之感的青铜兽
面像

三星堆二号坑出土形似鬼脸与假面的青铜兽面像

三星堆二号坑出土给人以惊奇之感的青铜兽面像

三星堆二号坑出土形似鬼脸与假面的青铜兽
面像

想象力、糅合了人面与兽面特征的面具，同出土的其他青铜面具一样，显然也是古代蜀人社会意识与宗教观念的生动展示。

三星堆出土的青铜造像，除了上述的几类之外，还有小神树残断枝头上的人面鸟身像、残断的青铜鸟爪人身像、青铜神树残枝花蕾上的立鸟、各种造型的铜鸟和铜鸟头、青铜虎形器和嵌镶绿松石的铜虎、爬龙柱形器、青铜神树上的游龙和铜蛇，以及众多青铜铸造的飞禽走兽等等。它们以各种生动的形态，同青铜人像、人头像、人面像、兽面像共同组成了丰富多彩的青铜造像群，向我们展示了古代蜀人的世俗生活和精神世界，展示了古代蜀人的宗教观念和审美意识，展示了他们高超的铸造技术和丰富的想象力，更展示了一个被湮没了数千年的璀璨文明。

学者们对于三星堆青铜造像群有不同的认识和解释，但认为它们都是使用于祭祀活动中的供奉和道具，则是比较一致的看法。既是崇

三星堆二号坑出
土青铜鸟爪人像

三星堆二号坑出土人
身形铜牌饰

拜的神灵偶像，又是体现某种观念习俗或特殊身份者的象征，共同组成宏大神秘的祭祀场面。而众多的鸟、虎、龙、蛇与各种飞禽走兽青铜造像，表现的则是神物大合唱的情景，可能也是盛大祭祀场面的组成部分。这些丰富的青铜造像告诉我们，祭祀活动在古代蜀人的社会生活中是非常重要的，也是古蜀国事活动中的一

三星堆二号坑出土的青铜
鸟首

三星堆二号坑出土
的凤冠铜鸟

三星堆二号坑出
土的青铜鸟

三星堆二号坑出土的青铜
立鸟

三星堆出土的鸟首型铜铃

件头等大事。我们知道，古代祭祀活动总是和巫术联系在一起，如果说高大的青铜立人像是大巫或群巫之长的象征，那么众多的青铜人头像和人面具，可能就是古蜀国群巫集团的生动写照了。其实，它们告诉我们的并不仅仅是这些。

在三星堆青铜造像群中，站

三星堆二号坑出土的青铜鸟形饰

三星堆二号坑出土的
青铜鸟饰件

在方座上的高大威严、华
贵雍容的青铜立人像，在
祭祀活动中的使用方式应
该是比较明确的，据推测
应摆放在祭祀场面中一个
重要而显赫的位置上。问
题在于众多的青铜人头
像、青铜人面像和青铜兽
面像，在祭祀活动中采用
的又是什么方式呢？

三星堆二号坑出土的青铜怪兽

三星堆一号坑出土的青铜虎
形器

　　让我们先看众多青铜人头像的造型，它们的颈部无一例外都铸成
了V字状的倒三角形，省略了衣服V字领以下的部分。为了反映辫发，
所以颈后的倒尖角比颈前的长得多。如果把它们放在地上或土台上，
显然无法摆稳，推测应该另有木柱或身躯之类的附属物配合使用。这
些配合安装使用的身躯，有可能是木制的，或是泥塑的。但这些身躯的
姿势与高度，究竟是立式、跪坐或其他形态，则不得其详。可以想象，
它们安装摆放后，很可能形成一种错落有致、气势煊赫的蔚然景观。

　　其次来看青铜人面像，它们的使用方式又如何呢？二号坑出土的
20件厚重的大型面具，显然都不适合戴在人的面部。因此有学者认为

三星堆二号坑出土的青铜龙形饰件

三星堆二号坑出土 A 型青铜龙首形饰

三星堆二号坑出土 B 型青铜龙首形饰

是用双手捧举作为巫觋舞蹈使用的面具，也有认为它们额头与耳旁有用于悬挂或固定的方孔，应是固定在泥制或木制偶像上，或是悬挂在图腾柱或大型柱状建筑构件上使用的。在这些众说纷纭中，通过对出土青铜面具内存留泥痕的观察，考古工作者发现铜面具内侧存有红褐色范土，但有的并不全是范土，而是铸造打磨加工后敷上去的红褐色泥土，所以有学者认为它们配合泥塑身躯使用的可能性最大，其两侧的穿孔可能是用于镶嵌在以木棍为骨架的泥塑身躯上的。当然这只是一种推测，尚有待于以后考古出土材料来证实。

关于古蜀国的祭祀活动，还有不少疑问，比如祭祀的场所，是在宗庙、神庙之内？或是在露天的祭台上？或是在空旷的广场上？或是在高大宽阔的城墙上？还是在三星堆那样的土堆上？更重要的是祭祀内容，包括祭祀对象和祭祀者，以及祭祀的方式，究竟是怎样的？而具有神秘意味的面具，则为我们解答

具有"黄金四目"特征的方相氏面具（朝鲜半岛出土）

疑问提供了一些重要的线索。

　　三星堆高大的青铜立人像、众多的青铜人头像、青铜小人像，甚至包括人面鸟身像，都被铸成带面具的形象，这绝非古代蜀人的随意发挥或游戏之作，很明显地贯注了古代蜀人的某种崇拜习俗和信仰观念，赋予了强烈的象征含义。传世文献中很早就有关于面具的记载。如《周礼·夏官司马·方相氏》说"方相氏掌蒙熊皮，黄金四目，玄衣朱裳，执戈扬盾，帅百隶而时难，以索室驱疫"。注疏说其意就是"索驱疫厉之鬼，如今魌头也"，"时难"就是"四时作方相氏以难却凶恶也"[①]。在甲骨文和钟鼎文中，有不少"魌"的象形字，都是人戴面具的造型特征。《太平御览》卷552引《风俗通》："俗说亡人魂气浮扬，故作魌头以存之。"[②]魌头就是一种面具，主要用于驱邪或祭祀，可知古人戴面具进行祭祀活动的习俗是相当久远的。商周以后，以戴面具为主要特征的傩祭、傩舞和由此发展而成的傩戏，曾继续流行，在某些地区甚至一直延续至今。例如现在贵州等地流行的傩戏面具，川西北白马藏地区流行的"曹盖"面具等，虽然在时间的流逝中已有了新的内容和较大的发展，但从中仍然可以看出上古神话和原始巫教的痕迹，保留了

流行于川、滇、黔等地的傩戏面具

---

① （清）阮元校刻《十三经注疏》上册第 851 页，中华书局 1980 年版。
② （宋）李昉等《太平御览》第 2501 页，中华书局 1960 年版。

不少古老的人格化的鬼怪形象和图腾化的动物形象。这些面具在表演时，气氛森严而狂热，使观者觉得它们有一种摄人心魄的力量，在神圣的宗教色彩中更显现出一种震撼心灵的狰狞之美。无论是从时间或区域环境来看，古老的三星堆青铜面具显然对四川盆地周边区域流行的面具文化遗俗产生过重要而深远的影响。我们由此而联想在遥远的古蜀时代，三星堆青铜面具在古代蜀人的祭祀活动中，所表现的是否也是一种摄人心魄的力量和震撼心灵的狰狞之美呢？当然，三星堆青铜面具与留存至今的傩面具或"曹盖"面具，无论是内涵和形式上都有着很大的不同。三星堆青铜面具不仅数量众多，组成的又是一种宏大壮观的祭祀场面，而且大小不一，造型丰富多样，具有更为复杂的内涵和深刻的象征意义。其中除了青铜兽面具给人以狰狞之感，戴面具的青铜立人像、青铜小人像和众多的青铜人头像，显示出的则是一种神秘威武、肃穆华贵的特点。它们在祭祀活动中所代表的多种特殊身份和表现出的群体神秘力量，无疑是为了给人一种更为强烈的震撼效果。

从更广阔的范围来看，面具是世界人类文明发展史上一种特殊的宗教文化产物。在世界许多民族中都认为面具是神灵、精魂寄居之所，或认为面具是神灵、权力、地位的象征。过去曾有人认为面具是愚昧落后的产物，"事实上，面具全都产生在古代文明最发达的国家和地区，如古埃及、古希腊、古罗马以及古代的中国和印度。就连中美洲也是欧洲殖民者入侵之前美洲文化最发达的地区"[1]。三星堆

中美洲镶嵌玉石的面具

---

[1] 沈福馨《人类宗教文化的综合载体——面具》，《世界面具艺术》第1页，人民美术出版社1994年版。

青铜面具，更是一个极好的例证。当我们对遍布于世界各地的面具做广泛的观察思考时就会发现，世界各部族的面具既有人类文明的共性，又有各自的风格特点。它们的共性是无一例外都包含了人类学、民俗学、宗教学、文化学、历史学等方面的丰富内容，它们的不同点则体现了各部族信仰观念、审美习俗与文化传统等方面的差异。古埃及的法老和古希腊的统治者用大量黄金制作的肖像面具，以及特奥蒂瓦坎的王侯们用彩石装饰的镶嵌面具和贝宁王国的国王们用象牙雕刻的欧巴面具，大都是显赫王权的象征。而亚洲、美洲、非洲、大洋洲等各种类型的面具，更多的是被用来代表神灵。

制作于 16 世纪初的贝宁象牙面具

三星堆青铜面具也显示出具有代表神灵的内涵。用面具代表神灵，或借助面具与神灵对话交往，是中国一个古老的习俗。在甲骨文等古文字中，不少带面具的字符，便是这一习俗的真实记载。如"鬼"字即被画成巫师戴着面具跪于地上，这一形象应是商代先民表现亡灵或灵魂的一种手法。显而易见，巫师戴上面具，是为了招引祖先亡灵与上神的降临，与之沟通，向之祈祷。进一步说，巫师戴上代表祖先神灵的面具之后，也就获得了超自然的转变，与神灵融为一体，甚至可以代表神灵讲话，就成了鬼神的代言人，使其人间世俗生活中的特殊身份又蒙上了一层神秘色彩，因此而拥有了神力。由此可知，通常主持大型祭祀活动的王者，也就是一个大巫师，而群巫之长其实就是神王。

三星堆青铜造像群中那些头戴面具的造型，显然都带有巫的特点，显示了它们作为祭祀者的象征。而这种象征，又远非那么简单，是面具与人像或人头像的合铸，而且数量众多、规模可观，展现了复杂、多层次的丰富含义。

从第一层象征含义来说，它们代表着古蜀国巫祝的身份，象征着古蜀国的一个群巫集团，应是古蜀国神权的象征。青铜立人像双手作握物奉献状，表明了其特殊的身份象征，应是能够沟通天地、传达上帝鬼神旨意之类的人物。如果说青铜立人像象征着主持祭祀活动的最大的巫师的话，那么众多的可能套在或镶嵌在木制或泥塑身躯上使用的青铜人头像和青铜面具，就是象征陪祭的群巫了，它们代表的应是古蜀族和古蜀国宗教首领阶层。

从第二层象征含义来说，它们也是古蜀国统治阶层的象征，既代表着神权，同时又是王权的化身。在文明的早期阶段，神权和王权通常是融合在一起的，统治者往往通过宗教神权来加强和体现其王权，而行使宗教神权者也总是执掌王权的统治阶层。三星堆古蜀时代的宗教祭祀活动，便具有强化神权和王权统治的重要作用。学者们大都认为，高大的青铜立人像，头戴冠冕，身穿华服，形态尊贵，可能象征着古代至高无上的蜀王与大巫师。而其他众多的青铜人头像和人面像，个个气概英武，可能代表着古代西南地区各个部落杰出的首领，以及由他们组成的古蜀国统治阶层。显而易见，三星堆青铜人物雕像群显示的是类似于神的面容，体现的是人的精神。大型祭祀活动是团结凝聚古蜀国各部族、各阶层的重要形式，其核心则是高度融合的神权和王权统治。古蜀国的统治阶层，正是依靠这种富有地域特色的宗教号召力、等级结构和凝聚方式，从而有效地统治着古蜀国各部族的臣民。

三星堆二号坑出土的青铜人面像

从第三层象征含义来讲，神奇的

青铜纵目人面像，既有人的特点，又有神与鬼的夸张，显示出了浓郁的图腾、神灵意味，象征的可能是古代蜀人的崇拜偶像。也就是说，在三星堆青铜人物雕像群中，并非千篇一律全都是祭祀者的象征，其中也有祭祀者或神灵偶

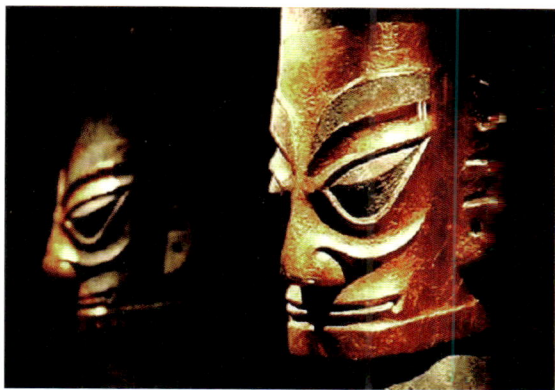

三星堆遗址出土的贴金青铜面具

像的写照。在古代各民族心目中，崇拜的祖先神灵具有至高无上的法力，往往被神化并表现为具有人兽合一特征的偶像。青铜纵目人面象既有兽的某些特征，又有人的五官脸部造型，还有神灵的想象（额际卷云纹装饰），充分显示了象征含义上的复杂性和丰富性。它所代表的不是人的表情，而是神秘世界中某种神灵可能有的表情，所要产生的也不是亲切感而是恐惧感和震撼心灵的效果，从而达到对这些神灵偶像发自内心的崇拜。

综上所述，三星堆青铜人物雕像群具有极其丰富的象征含义。其中有祭祀者的形象塑造，又有被祭祀的祖先神祇和神灵偶像。祭祀者中有雍容华贵、气度非凡的蜀王和群巫之长，更有数量众多、威武豪放的部族首领和群巫。它们既是群巫集团，又是古蜀国统治阶层的象征，是神权和王权的代表与化身。它们在规模宏大的祭祀场面中，很明显地占据着重要地位。它们向神灵偶像的崇拜祭祀，是为了得到祖先和众神的庇佑，加强神权和王权的影响和统治。这些精美非凡的青铜雕像向我们展现的，不仅是一个令人叹为观止的祭祀场面，更是古蜀人间王国和神秘世界精彩生动的展示。

三、繁荣的社会生活

成都羊子山土台遗址（想象复原图）

　　考古发现告诉我们，三星堆时期古蜀国已经有了在神权和王权统治下秩序井然的社会分工，已经形成了不同阶层和明显的阶级分化。可以说，古蜀国主要是由蜀王和巫师集团、王公贵族与广大平民组成的社会。执掌最高权力的蜀王和主持日常各类祭祀活动的巫师集团，以及王公贵族们，是古蜀国的统治阶层。他们统治着整个古蜀国，掌握着各种权力，享有和支配着整个社会创造、提供的财富。广大平民阶层则分布在古蜀国的各个领域，从事农业生产和其他各类生产、畜牧养殖、渔猎、商贸、陶器制作、青铜器冶铸、玉石器和金器加工、蚕桑纺织、修筑城墙堤坝祭坛和房舍，以及作为统治者的仆役等。

三星堆一号坑出土的玉璋

　　由于古蜀国是由蜀族为主体部族，联盟了西南其他兄弟部族形成的王国，所以在社会生活方面有别于中原和其他地区，具有浓郁的古蜀特色。三星堆出土的青铜造像群，便形象地表现了古蜀族与兄弟部族盟会的情形，而这种盟会又是通过盛大的祭祀活动形式来体现的。高大的青铜立人

三星堆一号坑出土的玉璋

像象征着蜀王和群巫之长，众多的青铜人头像则代表着各部族首领，它们戴面具的形态又兼具巫师之职。从青铜造像群的数量来看，古蜀国的联盟部落是很多的，所以蜀王的统治领域也相当宽广。正如晋常璩《华阳国志·蜀志》所说，古蜀国"其地东接于巴，南接于越，北与秦分，西奄峨嶓"；又说杜宇王朝时期"乃以褒斜为前门，熊耳、灵关为后户，玉垒、峨眉为城郭，江、潜、绵、洛为池泽，以汶山为畜牧，南中为园苑"[①]。文中的越，主要是指百越，南中则包括现在云南、贵州以及四川的凉山州和宜宾以南地区，足见古蜀国地域的广阔。古蜀国的能工巧匠们铸造了众多的青铜造像，以代表和蜀族联盟的兄弟部族首领，不仅形象地表现了盟会情形，在盛大的祭祀活动或供奉于宗庙之中作为王权

---

① （晋）常璩撰，刘琳校注《华阳国志校注》第175、182页，巴蜀书社1984年版。

和王权的象征,而且也贯注了团结一致的含义。可以推想,在这种历史背景下,古蜀国各部族之间的关系是比较融洽的,往来也是比较密切的。这对于古蜀国经济文化方面的发展,无疑发挥了有利的促进作用。

三星堆一号坑出土的玉戈

古蜀国虽然已进入了繁荣的青铜文明时代,但带有巫教色彩的祭祀活动在社会生活中仍占据着主导地位。由于缺少原始文字记载,我们不知道古蜀国是否像中原殷商王朝一样举行频繁的卜筮活动,但三星堆出土遗物告诉我们,古蜀国的祭祀活动不仅内涵无比丰富,而且规模宏大、形式多样。考古发现揭示的古蜀国祭祀内容有:祭祀天地、神灵、祖先、神山、神树、太阳、亡魂、鬼神和各种自然神等等。如此丰富的祭祀内容,是不可能在一次祭祀活动中完成的,客观地看,古蜀国很可能是在不同的时间和地点,经常举行不同内容的祭祀活动。在这些祭祀活动中,参加者一定众多,而巫师则是祭祀活动中最活跃也是最耀眼的人物。

三星堆二号坑出土的玉刀　　三星堆二号坑出土的玉璋

古蜀国的巫师是一个特殊的阶层,在

古蜀时代社会生活中扮演着奉祀鬼神、沟通天地、祭祀祖先、卜筮吉凶、主持丧葬等重要角色。他们以群巫之长蜀王为首，掌握着古蜀国意识形态的控制权，也掌握着社会财富的支配权。他们通过规模宏大、形式多样的祭祀活动，以维护神的权威，强化统治者的政治权力。这在古蜀国的聚合模式与统治形式上，显然是传承久远而很有成效的一种手段。晚于三星堆时期的成都羊子山土台就是一座用于宗教祭祀的礼仪建筑，而三星堆遗址出土的大批青铜器、金器、玉石器等宝贵财富都集中用于祭祀活动，更充分显示出宗教神权的统治地位。在祭祀形式上，三星堆尚未发现有像殷商王朝那样残酷杀奴殉祭的情形，显示了古蜀祭祀活动"温和"的特点。这显然与古蜀国联盟各部族和谐相处有关，同时也透露了古蜀群巫集团对广大平民阶层具有更大的蒙蔽性和号召力，也是由世袭制度保障的古蜀国君长治国久长的一个重要原因。

　　由于古蜀国群巫集团的特殊地位和作用，以及各种盛大祭祀活动的频繁举行，所以整个王国的玉石器加工、青铜器铸造、金器制作等

三星堆二号坑出　三星堆一号坑出土的戚形玉璧　三星堆二号坑出土的玉璧
土的玉璋

三星堆一号坑出土的玉琮

三星堆月亮湾出土的玉琮

等，都是围绕着祭祀活动而进行的。也可以说，古蜀国集中了众多的手工作坊和大量的能工巧匠，其制作和生产的目的，都是为了张扬和强化神权而为之服务。甚至连远程商贸而获得的海贝和象牙，也都成了奉献给神权的祭品。这对我们认识三星堆时期古蜀国的生产资料的占有、生产力的支配和使用、生产的方式和性质，均具有重要的意义。世界上许多古老的文明，如古埃及文明、古希腊文明、古印度文明、两河流域美索不达米亚古代文明，在起源和发展历程上，都与原始宗教和神权有着千丝万缕的关系，展示了人类文明发展史的某些共性。三星堆古蜀文明也一样，但在共性之外更展现出许多与众不同的鲜明特色。在服务于神权的制作和加工中，充分调动了古代蜀人的聪明才智，发挥了丰富的想象力，在青铜器、玉石器和金器方面都创作出了许多非凡的杰作，在人类文明史上谱写了灿烂的篇章。

　　三星堆考古发现的手工作坊，以加工玉石器为主，分布在三星堆古城内外，显示了这一行业的兴旺和繁荣。古蜀国的玉石器加工十分发达，与经常举行祭祀活动需要大量玉石制作的礼器和祭品密切相关。遗留下来的玉石器数量极其可观，而且种类繁多。揭开三星堆遗址考古发现序幕的，就是从玉石器的发现开始的。当地居民燕道诚于1931年春偶然发现的大小璧形石环即有数十件，还有石璧、玉琮、玉圈、石珠等[1]。此后半个多世纪，在三星堆古蜀遗址共出土玉石礼器1000多

---

① 参见郑德坤《四川古代文化史》第31页，华西大学博物馆1946年印行。

件，其他石器数千件①。

三星堆一号坑出土的
玉佩

三星堆二号坑出土的玉珠

　　一号坑出土玉器129件、石器70件，二号坑出土玉器486件、石器15件，种类有璋、戈、璧、琮、剑、凿、球、穿等等。其中以璋为三的绝大多数玉石器，都是用于礼器或祭品的。另外有一些不同色彩、质地的玉珠、玉管，用细绳可串联成玉项链之类，可能是供古蜀国王公员族以显示华贵身份而穿戴使用的装饰品。加工这些种类繁多、数量庞大、质地精美的玉石器，需要多种工序相互配合。由于玉石坚硬，碾琢、磨制、雕刻均非易事，更需要相当数量的工匠在作坊里长时间劳作。三石

三星堆遗址出土的陶甕

三星堆遗址出土的陶罐

① 参见屈小强、李殿元、段渝《三星堆文化》第39、309页，四川人民出版社1993年版。

三星堆二号坑出土的青铜人面像

三星堆二号坑出土的青铜人面像

的开采和运输，也需要大量的人员。因而古蜀国内从事玉石采集、加工已形成一个专门行业，并有听命于蜀王的管理者，以及负责玉石器形制和图案装饰的设计者。

　　三星堆出土了数量庞大的陶片，在城区内外还发现了一些制陶窑址，反映了陶器与古代蜀人日常生活的密切关系，说明从事制陶行业的人员也应有可观的数目。另一个非常重要的行业是青铜器铸造，从三星堆出土的大量青铜器物来看，应有大型的冶炼和铸造场所。同时，这个行业也应有明确的分工和密切的合作，从采矿、运输、冶炼、制范，到采用多种工艺铸造成千姿百态的青铜造像群和丰富多样的青铜器物，应有大量的人员从事这个行业，其中有很多是经验丰富、技艺高超的能工巧匠。出土的青铜造像群和青铜器物，充分说明古蜀国青铜铸造业的高度发达，而这正是古蜀国时期经济文化繁荣发展的反映。

三星堆二号坑出土青铜人面像　　　　　　　三星堆二号坑出土的铜铃

与之相适应的还有其他一些发达的手工制作行业，如金器的制作加工、丝绸棉麻的纺织和衣服的制作、农具和各种生产工具的制作、兵器之类的制作、日常生活用具和交换商品的制作、酒类的酿造等等。这些行业的发达，我们都可以从大量的出土资料中得到印证。这就很清楚地表明，古蜀国时期手工业已从农业中分离出来，成为独立于农业之外的体系，形成了一大批专门从事各种手工制作的平民阶层，与从事农业生产和畜牧渔猎的劳动者，在生产方式和生活情形等方面都有了很多不同。正是这种分化，才促进了早期城邑的出现，加快了古蜀国进入文明社会的步伐。

三星堆二号坑出土的铜铃

三星堆时期古代蜀人在服饰方面也显得异常丰富多彩，充分展示了纺织和衣服制作行业的发展。从三星堆青铜造像群看，古代蜀人不仅有形式多样的冠帽和头饰，而且有华丽的衣裳和多种材料样式的服装，此外还有耳饰、手镯、足镯、项链之类的各种装饰品。这些采用丝、帛、麻布等材料制作而成的各类服装，反映了在三星堆古城里应有不少专门的纺织缝纫手工作坊，其中有为群巫集团和王公贵族等统治阶层服务的，也有为商人、士兵和广大平民阶层制作的。从事这个行业的工匠可能主要是女性，同样有管理者和比较明确的分工。统治阶层穿的服装，可能主要以丝绸为主，而广大平民阶层穿的则大都是葛麻之类"蜀布"。与之相适应的则是蚕桑业的昌盛，1965年成都百花潭中学十号墓出土了一件战国时代的铜壶，上面嵌铸的多幅图像中的采桑图，共有15人，显然是当时大规模种植桑田、饲养家蚕的写照[1]。而这种情形自然是由来已久，对了解三星堆时期蚕桑情况具有重要的参考意义。

[1] 见《文物》1976 年第 3 期。此壶现藏于四川省博物馆。

成都百花潭中学出土的战国宴乐攻战纹铜壶

成都百花潭中学出土的战国宴乐攻战纹铜壶纹饰图案（线描图）

在成都平原许多古遗址都出土有纺轮，三星堆也出土有石制与陶制的各种纺轮。纺织技术的进步，必然促进丝绸服饰的发展。三星堆时期古代蜀人的服装，有华丽的王服外衣，又有内衣、中衣、长衣、短衣、对襟衣、絮服、甲衣、裙、裤等，头上所戴则有头巾、冠、

成都百花潭中学出土的战国宴乐攻战纹青铜壶纹饰图案之采桑图

盔、帽等，并有腰带和佩饰。我们由此可知，古蜀国已经大致形成了一套服饰制度，已经有了规格很高的祭祀活动中使用的礼仪服装、冠帽及装饰物，又有各个阶层穿用的衣裳饰物，还有行军作战使用的甲衣、头盔之类的戎装。这些形式多样的服饰，洋洋大观，自成体系，显示了浓

郁的古蜀特色，不仅
反映了当时经济发展
的繁荣景象，也折射
出古蜀的整个社会风
貌和精神状态。

　　建筑业在三星堆
时期也相当发达，显
示出很高的水平。三
星堆古蜀遗址在历年
的考古发掘中，曾发现
有大量的房屋建筑遗

三星堆一号坑出土的戴盔青
铜人头像

三星堆二号坑出土的青铜戈

迹，揭示了在城区内外分布着密集的居民区。有的房屋基址十分宽大
而且五六间连成一组，已超出一般居室的功能。尤其是城墙的修筑，更
是气势宏伟、工程浩大，联系到发达的手工业作坊和多次举行规模盛
大的祭祀活动，则更充分反映了古蜀国城市文明的繁荣。这个时期的古
蜀文明，在政治、经济、文化、艺术等方面都高度发展，引人瞩目，形成
了鲜明的特色，成为长江上游极其重要的文明中心。

　　随着手工业的兴旺，也必将带来商品贸易及交换的发展。三星堆
古城作为古蜀国的重要中心都邑，由于繁荣发达而声名远播。生活在这
座城邑里的，除了以
蜀族为主的本地居
民外，可能经常还会
有一些外来的族人。
如鱼凫时代"从天堕
止"的杜宇娶朱提梁
氏女子利为妻，联姻
建立的家庭就并非
土族，后来的鳖灵也

三星堆二号坑出土的青铜戈

三星堆出土的石矛

三星堆二号坑出土的青铜公鸡

是外来的荆人，杜宇"乃自立为蜀王，号曰望帝"①。其后鳖灵取代了杜宇，禅让即位号曰开明帝，他们都对古蜀历史产生过重要影响。当然也有一些单纯为了获得生产工具和日用商品之类而来进行贸易及交换的外族，他们可能来自于联盟部落或周边部族，也可能来自于更加遥远的区域。他们也带来了一些古蜀国没有的东西，如海贝之类，以及在青铜器和金器等制作工艺方面的一些外来文化因素影响。这充分说明了古蜀国在经济、文化上的开放性，使原本丰富多彩的社会生活更充满了活力。

从考古材料看，军事和征战在古蜀国可能很少进行，这与蜀族和联盟部落以及周边部族和睦相处有关。但三星堆出土的一些青铜戈，明显地可用于实战，说明古蜀国建有军队，当时的兵器制造已有较高的水平和一定的规模，但军队的编制与规模则不得其详，恐很难用"强大"来形容。《尚书·牧誓》说蜀王曾派军队参加过武王灭纣的战争，三星堆青铜造像中有戴盔和穿甲衣的造型，都是古蜀国建有军队的印证。其军事首领，显然也属于统治者的行列。

古蜀国的农副业也非常兴旺，从而提供了丰厚的社会经济基础，其主要特征是农产品的丰盛。从出土的大量陶器片看，陶器种类甚多，有各种炊器、食器、饮器、酒器，还有大量的贮器，用于贮放粮食和食物之类。这些复杂的器形，也反映了食物的多样性。而大量的贮器，则反映了农业产量的富余。通过这些与古代蜀人饮食生活有着极其密切关系的大量陶器，我们可以了解到当时农作物的种类也是比较多的。据《山海经·海内经》所说"西南黑水之间，有都广之野，后稷葬焉。爰有膏

① 见（汉）扬雄《蜀王本纪》，《全汉文》卷53，（清）严可均校辑《全上古三代秦汉三国六朝文》第1册第414页，中华书局1958年版。参见（宋）李昉等《太平御览》卷166，第1册第808页；卷888，第4册第3944页，中华书局1960年版。

菽、膏稻、膏黍、膏稷,百谷自生,冬
夏播琴"。按照郭璞注解,膏是味
好之意,播琴是播殖或播种之意,
为方言或俗言①。可知成都平原是
物产丰饶之地,"膏菽、膏稻、膏
黍、膏稷"即是当时古蜀国的几种
主要农作物。

　　古蜀国的家畜饲养业也很发
达,根据1996年对三星堆遗址进
行的环境考古调查,经测量鉴定
出土的大量动物骨骼中,以猪、
牛、山羊骨骼为多,另外还有野兔

三星堆二号坑出土兽面纹牛首尊

等动物骨骼。三星堆出土的青铜
尊肩部铸有三羊头,出土的青铜罍肩外缘铸有四牛头,还出土有青铜水牛

三星堆二号坑出土的青铜水牛头

三星堆二号坑出土青铜尊上的牛首

① 参见袁珂《山海经校注》(增补修订本)第505、506页注〔三〕,第507页注〔五〕,
　巴蜀书社1993年版。

头和栩栩如生的青铜公鸡之类,这些都是古蜀国大量饲养家畜的印证。而
牛、羊的造型和残骸,则说明古蜀国的畜牧业也相当兴旺。考古资料告诉
我们,新石器时代人们已经饲养了马、牛、羊、鸡、犬、猪"六畜"。随着农
业的进步,家畜的种类和数量以及饲养的方式和技术亦大为发展。三星堆
时期的家畜饲养业,显然有着可观的规模,畜牧业和其他多种养殖业也日
益发展。

　　三星堆时期,古蜀国中可能还有一定数量的人员从事着渔猎生产
活动。一号坑出土的金杖图案中,刻画的四支长杆羽箭贯穿鸟颈穿入鱼
头的情景,应是古代蜀人现实生活中使用弓箭从事渔猎活动的写照。
透过其寓含的神话色彩和象征含义,折射和反映的是世俗内容。一号
坑出土的石矛,二号坑出土的青铜戈,可用于军事作战,也可能作为打
猎使用的武器。二号坑出土有数枚虎牙,很可能就是打猎捕获猛虎后,
特意用虎牙制成的装饰品。据出土卜辞记述,商代经常举行田猎活动。
晋常璩的《华阳国志·蜀志》也有"周显王之世,蜀王有褒、汉之地,因
猎谷中,与秦惠王遇"的记载[1],说的虽是开明王朝末代蜀王的故事,
但由此可知古蜀国也是有大型打猎活动的。而据扬雄《蜀王本纪》所记
"蜀王从万余人东猎褒谷,卒见秦惠王"[2],足见其规模之大,当不亚
于商王朝的田猎活动。古蜀时代的这一风气,对后世也有影响,司马迁
《史记·货殖列传》说卓王孙"射猎之乐,拟于人君",便是例证[3]。

　　古蜀国的渔业,也是社会经济生活中的一项重要内容。班固《汉
书·地理志》说巴、蜀、广汉土地肥美,有江水沃野,有"民食鱼稻"的
传统[4]。从考古资料看,忠县瓷井沟新石器时代遗址,就出土有大量的
鱼骨遗存及捕鱼用的网坠;大溪遗址亦发现有大量的鱼骨遗存和用于

① (晋)常璩撰,刘琳校注《华阳国志校注》第187页,巴蜀书社1984年版。
② (汉)扬雄《蜀王本纪》,《全汉文》卷53,(清)严可均校辑《全上古三代秦汉三
　国六朝文》第1册第414页,中华书局1958年版。
③ (汉)司马迁《史记》第10册第3277页,中华书局1959年版。
④ (汉)班固《汉书》第6册第1645页,中华书局1962年版。

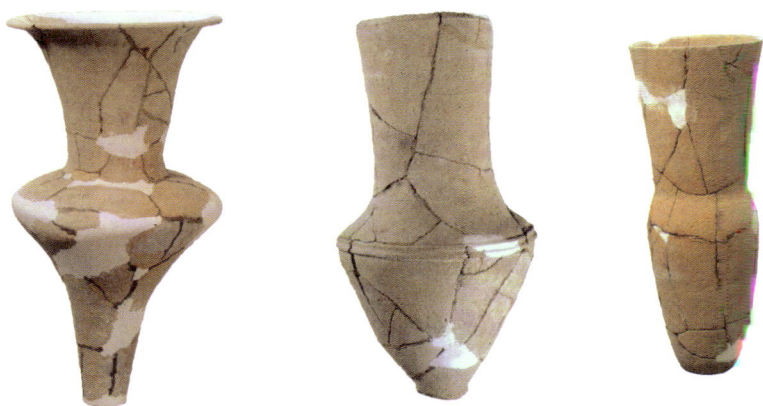

三星堆出土的陶壶

三星堆出土的陶瓶   三星堆出土的陶杯

渔猎活动的骨镞、石镞、牙制鱼钩和网坠；成都平原一些古遗址也发现有种类较多的鱼骨遗存。有学者认为，古蜀鱼凫族就是善于射猎与捕鱼的部族，三星堆出土的一些鸟首形器物，就是鱼凫时代蜀人用鱼鹰捕鱼的生动反映。

古蜀国因为有大量的粮食和丰富的农副产品，也促使了酿酒业的发展。根据文献记载和考古资料，中国的谷物酿酒起源甚早。汉刘安《淮南子·说林训》便有"清醠之美，始于耒耜"之说。在河姆渡文化遗址中就曾发现有温酒的陶盉、饮酒的陶杯等酒具，在大汶口文化和龙山文化遗存中也发现有大量的酒器。商代的酿酒业更为发达，甲骨卜辞中已有商王用各种美酒祭祀鬼神及祖先的记载。三星堆考古发现揭示，古蜀国的酿酒技术亦相当发达，酒事活动也同中原殷商王朝一样昌盛。三星堆遗址出土的大量陶酒器有盉、杯、尖底盏、瓿、壶、勺、缸、瓮等，还有酿酒用的陶罐。此外还出土有铜酒器，如二号坑出土的铜尊与铜罍。尤其值得注意的是青铜喇叭座顶尊人像，具有祭祀奉献美酒的含义，而铜尊、铜罍都是置酒设供的重器，充分说明了古蜀时代酒文化的昌盛，也反映了蜀酒在古蜀祭祀活动中的重要作用。裸胸露乳的青铜顶尊人像，还透露了古代蜀人祈求丰穰、祈求生育繁衍、举行盛大高禖祭祀活动的丰富信息。

三星堆包罗万象的考古材料告诉我们，生活在这个时期的古代蜀人，正是在发达的农副业和手工业生产基础上，创造出了灿烂的青铜文明。他们的精神生活和物质生活，都有着极其丰富的内容，呈现出繁荣昌盛和绚丽多彩的情景。

三星堆出土的高领陶壶

四、黄金谱写的篇章

古代蜀人也是世界上最早开采和使用黄金的古老部族之一，在相当于中原殷商时期，就已经熟练地掌握了黄金的加工技术，制作出了精美绝伦的金杖、黄金面罩、多种黄金动物图形和装

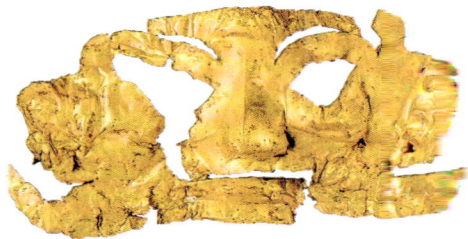

三星堆一号坑出土的黄金面罩

饰品等。这些黄金制品，不仅展现了古代蜀人高超的加工制作工艺，而且具有丰富的文化内涵，是揭示三星堆古蜀文明的珍贵资料。

在三星堆出土的黄金制品中，最富有特色和最具代表性的便是一号坑出土的金杖了。黄金历来都是珍贵的，由于其特殊的质地和开采量的限制，因而有着高昂的价值。在三千多年前，黄金还相当稀少的情形下，古代蜀人就制作了如此非同凡响的金杖，堪称无与伦比的绝世珍宝。这件长143厘米、直径2.3厘米的金杖，用纯金皮包卷而成，重463克①，出土时已压扁变形。经整理后金皮展开的宽度为7.2厘米，金杖上端雕刻有长达46厘米的精美纹饰图案。从杖内遗存有炭化木质推测，是用金皮包裹而成的木芯金皮杖。金杖图案系用双勾手

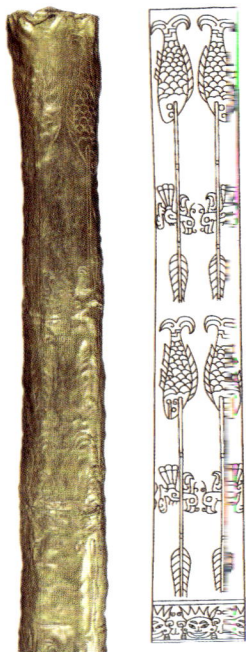

三星堆一号坑出土的金杖与图案

① 参见四川省文物考古研究所编《三星堆祭祀坑》第60页，文物出版社1999年版。

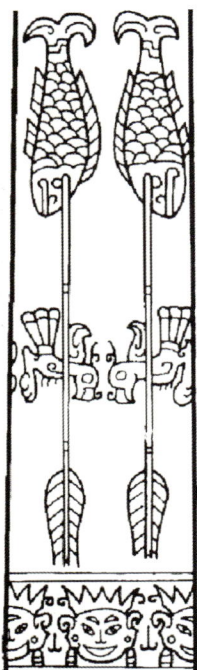

三星堆一号坑出土金杖
图案线描图（局部）

法雕刻而成，使线条两侧下凹中部凸出，虽线条纤细却格外醒目，显示了相当高超的制作工艺水平。

特别引人注目的是金杖上的图案内容，其平雕纹饰画面可分为三组。上面两组内容相同，都是两支羽箭各穿过鸟颈射入鱼的头部，箭为长杆，箭尾有羽，鸟和鱼皆两背相对，共四鸟四鱼四支羽箭，显示了对称的艺术表现手法。下面一组图案有两行对称的双勾平行线作为间隔，雕刻了前后对称的两个人物头像，圆脸和五官呈现出开怀欢笑状，头戴锯齿纹或花瓣状王冠，耳垂有三角形耳饰，整个图案展现出极其丰富的内涵。学者们对此做出了许多不同的解释，有认为金杖是鱼凫氏的遗存，有认为金杖图案描述的是鱼凫族败亡的故事，还有认为金杖图案中的鱼、鸟即鳖灵与杜宇的象征，等等。关于金杖的性质，也有各种推测，有认为是权杖，是最高统治者执掌的王权和神权的象征；有认为是巫祝之类使用的法器，是祭杖或魔杖。

对金杖图案的解释可谓丰富多样，反映了学者们对文献资料不同的理解和对图案内容观察认识上的差异。如果从美术考古的角度来看，金杖上的图案纹饰，主要是装饰作用，是古蜀族在雕刻艺术上的杰作。其图案内涵，既有族属意识的象征含义，也有对当时古蜀国社会生活以及宗教信仰和审美观念的综合反映。其画面内容显然与古蜀国盛行的太阳神话和渔猎活动有十分密切的关系。同时也显示了古蜀国的能工巧匠在

古希腊迈锡尼金面罩（现藏于希腊雅典国立考古博物馆）

雕刻这些图案时，采用了写实与夸张结合的艺术手法，充分发挥了丰富的想象力和独创性。三星堆考古发现所揭示的古蜀时代的文化精神内涵，正是通过这些画面而得到了形象生动的展现。

古埃及图坦卡蒙墓中出土的人形棺与黄金面罩

金杖究竟是作什么用的？也是一个很有意思的问题。第一种意见认为金杖就是权杖，这曾是较为普遍的一种看法。另一种意见则认为其图案内容具有巫术性质，应是巫祝之类人物使用的法器。有学者认为金杖就是权杖，除了对金杖性质特点与用途的分析，还列举了古代西亚近东地区、古代埃及、古希腊和古罗马的权杖文化现象，认为三星堆金杖可能是通过某种途径吸收了近东权杖的文化形式而制成的，认为中原夏商周三代王朝都是用九鼎象征政权，古蜀国则用金杖作为王权与神权政教合一的象征和标志。这些分析似乎有一定的道理，但仍属于主观推测之见。客观地看，关键是要考虑到三星堆文化具有浓郁的古蜀特点，出土的青铜造像群显示出古蜀国是个巫风甚炽的社会，盛行由群巫之长和巫师们一起主持各种祭祀活动，金杖与祭祀活动的密切关系那就显而易见了。如果金杖被用于祭祀活动之中，当然就具有了法器的性质，或可称为"祭杖"。值得注意的是，刻有图案纹饰的玉璋也是祭祀用器，也具有法器的性质。根据它们不同的图案内容，说明它们很可能是用于不同的祭祀活动之中的法器，金杖很可能与太阳神话以及渔猎之类的祭祀活动有关，玉璋则与神山祭祀以及魂归天门的丧葬祭祀活动有关。

关于三星堆文化所显示出的一些外来文化因素，其中既有中原文化

三星堆一号坑出土的金箔虎

的影响，也有其他区域文化的影响。不同部族和地区相互间的文化传播与交流，本是人类文明发展史上的一种客观存在，如果说古代蜀人吸取了西亚近东文化传播的某些形式与内容，既非无稽之谈，也无须否定和回避。古蜀先民很早就开通了西南古商道，与南亚、中亚、西亚有了间接的远程贸易，将丝绸与蜀布销售到了身毒（印度）与大夏（阿富汗与阿姆河流域）以及古罗马，从这个意义上说，金杖接受了近东权杖的影响，也是说得通的。但古蜀国是否真的将金杖作为王权与神权以及财富垄断权的象征呢？则是一个值得推敲的问题。既然青铜造像群已成为古蜀国盛大祭祀活动中掌管神权与王权统治阶层的象征，如果金杖是权杖的话，就应执于代表群巫之长（蜀王）的手中，但青铜立人像双手所握的尺寸显示，绝非金杖而是其他

三星堆二号坑出土戴黄金面罩的青铜人头像

祭祀用具。再考虑到古代蜀人还用黄金制作了其他饰件如金面罩、金箔虎、金箔鱼之类，可知黄金的用途是多方面的，最主要的是装饰作用。而金面罩却并没有装饰最代表神权与王权的青铜立人像和青铜纵目人面像，这也是耐人寻味的一个现象。由此可知，三星堆出土的金杖并不能简单地同权杖划等号。我们有理由认为，古代蜀人很可能是将金杖作为某种法力的象征，若将其称为"法杖"也许更贴切一些。

黄金面罩是古代蜀人使用黄金制品方面的又一杰作。从制作工艺看，是先将纯

古埃及图坦卡蒙金面罩

古希腊迈锡尼墓葬中出土的黄金面罩

金捶锻成金箔，然后做成与青铜人头像相似的轮廓，将双眉双眼镂空，再包贴在青铜人头像上，经捶拓、蹭拭、剔除、粘合等工序，最后制成与青铜人头像浑然一体的黄金面罩。二号坑出土有数尊戴黄金面罩的青铜人头像，显示出一种异常华贵的气势，给人以神奇和赏心悦目之感。

在世界考古史上，古埃及和古希腊均出土有黄金面罩。如公元前16世纪古希腊迈锡尼墓葬中出土的有唇须的金面罩[1]，公元前14世纪古埃及第18王朝国王图坦卡蒙墓中出土的形象逼真的纯金面罩等[2]。这些著名的黄金面罩出土时，大都罩于死者或木乃伊面部，其目的显然在于保护和再现死者面孔，体现了古代西方人的丧葬习俗和等级观念，并带有明显的原始宗教色彩。三星堆出土的黄金面罩同古埃及、古希腊的金面具相比，在形态造型、装饰手法、用途含义等方面都有许多不同，它不是施于死者脸上，而是粘贴于青铜头像的面部。这些青铜头像，都是大型祭祀活动中的巫师或部落首领象征。由此可知在古代蜀人的观念中，黄金面罩与丧葬死亡似乎没有什么联系，而与重大祭祀活

① 参见朱伯雄主编《世界美术史》第3卷第84页，山东美术出版社1989年版。
② 参见朱伯雄主编《世界美术史》第2卷第253页，山东美术出版社1988年版。

动则有着密切的关系。这反映了不同区域文明之间，在宗教信仰、审美观念、社会风俗、民族传统、文化内涵诸多方面的不同特点。尽管有这些明显的差异，但有一点则是相同的，那就是对黄金的开采和制作使用，都显示了很高的工艺水平。说明黄金面罩并非西亚文明的专利，在长江上游的古代蜀人，也早就掌握了制作使用黄金面罩的技术。

三星堆遗址出土贴金青铜面具

有人认为，迈锡尼黄金面罩覆盖尸体，使死者容颜亘古不凋，古代埃及人曾把对祖先的崇拜和永生不死的思想再现于王侯贵族的雕塑和诸神的肖像中（包括用金棺再现王者的肖像）。三星堆金面罩则使青铜人头雕像的面容焕发出金色，其意义或许在于显示一代神明者、权贵者容貌的光芒或者会有原始宗教的奇特作用。这些金面罩在造型艺术和黄金制作工艺方面，都显示了很高的水平，是古代灿烂文明的结晶。我们知道，面具全都产生在古代文明最发达的国家和地区，如古埃及、古希腊、古罗马、古代的中国和印度，以及古代美洲文化最发达的中美洲。可以说，面具以它深刻的内涵和深厚的文化积淀，向我们展示的并不仅仅是娱乐或表演的道具，也不仅仅是一种艺术品，而主要是一种特殊的宗教文化的产物，是神灵、权力、地位的象征。三星堆金面罩双眉双眼及嘴部镂空，罩于青铜人头像上，似有让偶像观看祭祀场景并与司祭者和神灵"密语交谈"的含义；金面罩灿烂的光芒，也有增强祭祀场面庄严气氛的作用。由此可知，这些具有浓郁古蜀特色的黄金面罩，有着极为丰富的内涵。

值得注意的是，三星堆时期古代蜀人已经能够熟练地加工使用黄金，不过当时黄金采用的数量还相当有限，远不如青铜那样可以大量冶炼铸造，所以仅有个别青铜头像粘贴了黄金面罩。从出土时皱成一团的金面罩来看，说明这种制作和粘贴的过程还在继续，应有相应的青铜头像相配。为什么高大威严、具有王者尊贵气势的青铜立人像没有粘贴金面罩，神奇无比的青铜纵目人面像也没有粘贴金面罩，而只有青铜头像中几尊与其他并无显著不同的头像粘贴了金面罩，是否也与当时黄金数量较少有关呢？或者是否说明了黄金面罩在古蜀国并不象征身份，而主要是为了在个别青铜头像上突出一种华丽神秘的装饰效果，以起到欢娱神灵的作用？总之，这些都是耐人寻味、值得深入探讨的问题。

三星堆二号坑出土的戴金面具辫发青铜人头像

三星堆出土的黄金制品，还有金箔或金片制成的金虎、金叶、金鱼、金璋、金箔四叉形器、金带等等，此外还有金料块。在这些黄金制品的制作工艺上，也采用了捶锻平展、剪裁修整、平面雕刻等手法。例如金叶，形似细长的叶片，上面用浅雕手法刻画了多组"∧"形的平行线条；在每组'∧'形线条之间布满刺点纹，显示出独特的装饰效果；叶片柄端两侧有小缺口犹如鱼头形，并有小孔，可供穿系所用。又如金璋，其造型同玉璋相似，射端呈弧形向两侧宽出，邸端则呈钝角，两侧有小缺口，同金叶一样犹如鱼头形，并有小孔，从尺寸与形态推测可能是做挂饰用的。有学者认为这些

三星堆二号坑出土的金叶、金璋

"金竹叶"，可能具有蜀族先民竹崇拜与竹图腾观念的含义。但三星堆时期古蜀族是否有竹崇拜现象和竹图腾观念，因缺少文献记载与考古材料的印证，目前还是很大的疑问。其实，若将三星堆出土的金叶、金璋、金虎等黄金制品同其他出土遗物联系起来观察思考，可知它们与古蜀国的祭祀活动同样有着非常密切的关系。金璋可能与山川祭祀之类的内容有关。鱼头形并刻有线点纹的金叶，则显示出渔猎活动和农业生产方面的含义。金虎与一号坑出土的青铜虎形器，以及满身嵌镶绿松石纹饰的青铜虎，显然都是古蜀先民崇虎观念的展示。金虎昂首卷尾呈咆哮状，造型极其简练生动，从其捶拓成型的工艺看，很有可能是粘合在同样造型的青铜虎上面的，如同凸凹分明的黄金面罩粘合在青铜人头像上一样，具有强烈的装饰效果，并显示出丰富的内涵。

　　古代蜀人采用黄金的产地，也是一个值得注意的问题。我们知道，成都平原并不产金，产金的地方主要在盆地周边丘陵、河谷与西部高原以及金沙江沿岸地区。《天工开物》说："凡中国产金之区，大约百余处"，"金多出西南……水金多者出云南金沙江（古名丽水）"[1]。根据文献记载和考古资料可知，丽水是历史上有名的黄金产区。徐中舒先生指出，春秋战国时期楚人曾在蜀郡西部丽水地区大量开采黄金，由水陆运到常德、长沙诸地，逐渐形成了一个黄金集散市场[2]。《韩非子·内储说上》记述说："荆南之地，丽水之中生

三星堆二号坑出土的金箔四叉形器

① (明)宋应星《天工开物》第336、337页，广东人民出版社1976年版。
② 见徐中舒《论巴蜀文化》第203—207页，四川人民出版社1982年版。

金，人多窃采金。采金之禁，得而辄辜磔于市，甚众，壅离其水也，而人窃金不止。"①由此可知春秋战国时期，楚国对丽水产金的严格控制，亦透露了金沙江流域黄金产量的丰富。上推至商周时期，丽水采金的情形又是如何呢？虽然文献缺少记载，但推测这时可能就有很多先民于此采金了。金沙江流域很有可能也是古代蜀人开采黄金的地点之一。三星堆出土的黄金制品很可能就是古蜀国派遣人员（包括工匠与军队）开采于丽水，然后运回三星堆古城的。这与古蜀国在金沙江流域等地区开采铜矿也有很大的关系。而从三星堆出土的象牙、海贝透露的信息看，古蜀国这时已经有了通向南亚的古商道。综合这些因素可知，古蜀采金于丽水的推测是可信的。我们由此可知，古蜀国在对黄金的开采和制作使用上，远比楚国早得多，特别是黄金制品的工艺水平也先进得多。当然，正如古蜀国开采铜矿的地点不止一处，采集黄金的地点，也可能还有其他地方。常璩《华阳国志·蜀志》中就有蜀地产金的记述，川北地区的嘉陵江、涪江等处，以及四川盆地周缘古蜀国境内的河谷地带，可能也有古代蜀人的黄金采集处，从而为古代蜀人制作和使用灿烂的黄金饰品提供了便利。

　　从考古发现的黄金制品数量来看，虽然殷商时期古代蜀人在黄金制作工艺方面已达到很高的水平，当时黄金的采集方式还比较原始，因而获得的黄金数量也比较少。三星堆出土的黄金制品总的件数就比较有限，譬如没有用金面罩去装饰高大华贵的青铜立人像和庞大神奇的青铜纵目人面像，只给几尊一般的青铜人头

三星堆遗址出土的金面具（局部）

①《二十二子》第1150页，上海古籍出版社1986年版。

像装饰了金面罩，这一耐人寻味的现象，很可能与当时黄金采集数量相对较少有关。到了商周之际的金沙遗址，出土的黄金制品数量已明显增多，说明古代蜀人这时的黄金采集量已增大了，但总的仍然还是有限，恐怕不能用大量出产来形容。正是由于黄金开采有限这个客观的限制，使得已熟练掌握黄金冶炼技术和制作工艺的古代蜀人，并不能随心所欲地将黄金用于世俗性的日常生活之中，而只能用于重大的祭祀活动。也可以说，正是由于当时黄金资源有限，所以古代蜀人精心制作的各类金饰器物，无一例外地都与祭祀活动有着千丝万缕的关系。

中原殷商王朝也很早就掌握了黄金的淘洗加工技术，从商代遗址和墓葬中的考古发现看，河北蒿城出土有金箔，河南辉县出土有金叶片，殷墟出土有金块和金箔，说明当时的冶炼捶锻、辗制加工已具有较高的水平。但商代遗址出土的黄金数量很少，器形也较为简单，很少有錾刻的图像纹饰，而且没有像三星堆那样的金杖、金面罩、金虎、金璋、金叶之类工艺精湛、内涵丰富的黄金制品。这充分表现了古蜀文明与中原文明之间，无论是审美意识还是表现手法都有很大的不同。显而易见，古蜀早期黄金工艺并非来自于中原，而是自成体系发展起来的。同样的道理，以三星堆青铜雕像群为代表的古蜀青铜工艺，同样也是自成体系的古蜀文明的产物。从出土的黄金制品进行对比研究，作为同时期文明中心的三星堆古蜀国，不仅在开采使用黄金的数量上超过

北京平谷刘家河商墓出土金臂钏

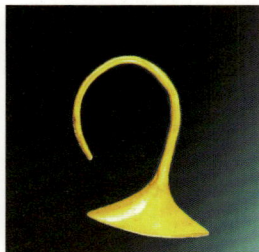

北京平谷刘家河商墓出土
喇叭形金耳环

了中原殷商王朝，而且在制作工艺上更是居于领先的地位，在黄金制品的用途和内涵方面，更显示出了鲜明的特色和无穷的魅力。

三星堆时期古代蜀人不仅创造了灿烂的青铜文明，而且也在黄金谱写了辉煌的篇章，在中华文明史和世界文明史上，都具有非常重要的意义。

五、青铜铸造的神树

如果说三星堆青铜雕像群表现的是古蜀国盛大的祭祀活动场面的话，那么三星堆青铜神树展示的就是古代蜀人神奇的通天观念了。在古代蜀人绚丽多彩的精神世界里，人神交往这一主题观念，始终占有着显著的地位。青铜雕像群表现的祭祀场面，便贯注了人神交往的象征含义；青铜通天神树，更是人神交往观念的精彩体现。

无论是在中国考古史上，还是在世界的重大考古发现中，三星堆古蜀遗址出土的青铜神树，都称得上是一件绝无仅有、极其奇妙的器物。当我们面对青铜神树惊叹之后常会引起这样的思考：古代蜀人采用极其高超的青铜工艺和造型艺术铸造的这件充满了神奇想象力的青铜神树，究竟是做什么用的呢？在我国的一些古籍中，神树通常都被描述得极其神奇，是日月出没的场所和沟通宇宙的象征。东方的扶桑、中央的建木和西方的若木，便是古代传说中的三棵著名神树。

先看扶桑。又称扶木，《山海经·海外东经》说"汤谷上有扶桑，十日所浴，在黑齿北。居水中，有大木，九日居下枝，一日居上枝"。《山海经·大荒东经》也说"汤谷上有扶木，

三星堆二号坑出土体现人神交往观念的青铜通天神树

三星堆二号坑出土的青铜神鸟

一日方至，一日方出，皆载于鸟"。《文选·思玄赋》注引《十洲记》则描述它"叶似桑树，长数千丈，大二十围，两两同根生，更相依倚，是以名之扶桑"①。由此可知，扶桑是古代传说中生长在东方的一棵极高的太阳神树，是每天早晨太阳神鸟升起并准备飞翔时盘桓的地方。据我国远古神话传说，天上的太阳共有十个，都是帝俊与羲和的儿子，扶桑下面的汤谷也就是羲和浴日的场所。羲和所生的十个太阳每天轮流升起，每当一个太阳由东向西运行的时候，其余九个太阳就栖息在扶桑的树枝上。这大概是世界上最富有想象力的太阳神话了，同时也充分显示了中国古代先民们关于神与鸟的神奇联想。

其次是若木。《山海经·海内经》说"南海之外，黑水青水之间，有木名曰若木，若水出焉"。《水经注》卷36引用古本记载称若木是"生昆仑山西附西极"的一棵神树，《文选·月赋》注引古本《山海

汉代画像砖上的日轮金乌图（四川新都出土）

东汉画像石上的三足乌（河南唐河县出土）

---

① 袁珂《山海经校注》（增补修订本）第308页，巴蜀书社1993年版。

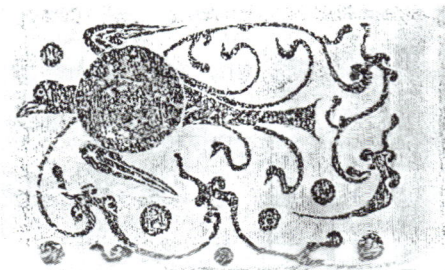

汉代画像石金乌背负日轮展翅飞翔的情景（河南南阳出土）

长沙马王堆汉墓出土帛画上的金乌

经》则称若木为"日之所入处"①。由此可知传说中若木生长的地点是在遥远的西方，是西极的一棵太阳神树，为日入之处，是太阳下山的地方。也就是说，每天早晨太阳从东方扶桑神树上升起，到了晚上太阳便落在西方若木神树上，充分表现了东方神话中关于太阳神树的丰富想象。值得注意的是《山海经·海内经》与《大荒西经》都提到了若木附近有一座灵山，是'十巫从此升降，百药爰在"的场所，透露了太阳神树和灵山与原始巫教的关系，而这似乎正是古代蜀人"人神交往"观念的体现。

再者是建木。《山海经·海内经》说"南海之内，黑水青水之间……

黄帝画像（山东嘉祥武梁祠汉代石刻画像）

---

① 袁珂《山海经校注》（增补修订本）第 498、499、507 页，巴蜀书社 1993 年版。

有九丘，以水络之……有木，青叶，紫茎，玄华，黄实，名曰建木，百仞无枝，上有九欘，下有九枸，其实如麻，其叶如芒。大皞爰过，黄帝所为"。《山海经·海内南经》则说它"其状如牛，引之有皮，若缨、黄蛇。其叶如罗，其实如栾，其木若芘，其名曰建木"[①]。可知传说中的建木是一棵盘根错节、极其茂盛的通天神树，它拔地而起，直上九霄，长满了层层叠叠的果实和树叶。所说的大皞，也就是庖羲，或称伏羲，是先民们传说中的上古帝王。黄帝是我们比较熟悉的一位远古伟大人物，是新石器时代中华民族的部落联盟领袖，也是东方神话传说中的宇宙最高统治者。"黄帝所为"就是说他为先民们造作了这棵称之为建木的通天神树，更显示了建木的非同凡响，在先民的心目中占有特殊的神圣地位。

故宫南熏殿旧藏历代帝后像中的太昊伏羲氏画像

建木这棵通天神树究竟是做什么用的？位于什么地方？《淮南子·地形训》对此有一段很好的说明："建木在都广，众帝所自上下，日中无景，呼而无响，盖天地之中也。"[②]那么位于天地之中的都广，究竟指的是哪里呢？据《山海经·海内经》记述，是在"西南黑水之间，有都广之野"，这里有膏腴的地理环境、温润的气候、丰饶的五谷、茂盛的草木和众多的鸟兽，与古代成都平原的情形极为相似。蒙文通先生经过深入考证和研究后认为，"天下之中"是指今四川西部地区，"都广即是广都，今四

---

① 袁珂《山海经校注》（增补修订本）第509、329页，巴蜀书社1993年版。
②《二十二子》第1221页，上海古籍出版社1986年版。

川双流县，在四川西部"①。扬雄《蜀王本纪》说："蜀王据有巴蜀之地，本治广都樊乡，徙居成都。"②说明广都不仅是古蜀蚕丛、杜宇的瞿上城所在之地，也是开明王朝前期建都的地方。而称为建木的通天神树，就出自于古蜀国的都广之野。至于《海内经》所说的九丘，则有可能是古蜀时代与蜀族结盟的西南各部族所居之处。

关于古人传说中建木这棵通天神树的用途，《淮南子·地形训》中说"众帝所自上下"，可见建木是一座神奇的天梯。《山海经》中虽然讲述了许多奇异的神树，但作为天梯象征的，只有位于天地之中的建木这棵通天神树。传说中的上古帝王庖羲氏，就是通过建木这座天梯而登上天界的。此外，远古神话传说中的昆仑，也是一座可以登天的天梯，还有灵山也是群巫们往来于神人之间的天梯。这也显示了远古时代神话传说的一个特色，登天亦必循阶而登，所以便有了天梯的神奇想象，不像后来发展了的神话传说中神仙可以腾云驾雾、翱翔云天那么任意。

从地域上看，建木位于古蜀国的都广之野，灵山很可能也在古蜀国范围之内，与岷山有关。西方的昆仑也离岷山不远，可知关于天梯的神话传说与古代蜀人有着十分密切的关系，具有浓郁的古蜀特色。如从更加广阔的范围来看，世界其他民族也有天梯的想象，西亚两河流域的古代巴比伦人曾企望建造一座通天神塔，《圣经》中称之为"巴比塔"③，赫胥黎《进化论与伦理学》中则记述了杰克顺着豆秆一爬直达天堂的故事④。这些都反映了远古时代对世界与宇宙的认识，以及先民们的自然崇拜观念和丰富的想象力。

现在让我们再来看三星堆神奇的青铜神树。它那高大茂盛、直冲

① 蒙文通《巴蜀古史论述》第162页，四川人民出版社1981年。
②《全汉文》卷53，（清）严可均校辑《全上古三代秦汉三国六朝文》第1册第414页，中华书局1958年版。
③《旧约全书·创世纪》第11章。
④ 赫胥黎《进化论与伦理学》第32页，科学出版社1971年版。

三星堆遗址出土的青铜神树

云霄的形状，以及栖息在树枝上栩栩如生的神鸟，不就是传说中那棵活灵活现的扶桑神树吗？青铜神树分为三层，树枝上共栖息着九只神鸟，显然正是"九日居下枝"的写照，出土时已断裂尚未复原的顶部，推测还应有象征"一日居上枝"的一只神鸟，同时出土的人首鸟身像或者立在花蕾上的铜鸟也许就是吧？青铜神树上的九只神鸟都长着鹰喙与杜鹃的身子。这种具有复合特征的神鸟，大概就是古代蜀人心目中太阳精魂、日中金乌的形象，与后来汉代画像"日中踆乌"的形态不同，应是最初的太阳神鸟的原型，具有浓郁的古蜀特色。值得注意的是青铜神树的底部，圆形圈足上有像山丘一样隆起的底座，使我们很容易联想到《山海经》中所述供群巫从此升降的灵山。而灵山位于若木附近，两者有着密切的关系，透露出这棵底座铸成灵山形状的青铜神树，又具有西方太阳神树若木的象征。二号坑出土的另一件小型青铜神树，在底座隆起的山丘旁，三面都有分跪着的小铜人，分明就是升降于天地之间的巫师，清楚地显示了青铜神树的丰富内涵，说明青铜神树比单纯的太阳神话具有更绚丽、复杂的含义。

三星堆青铜神树显然是一棵具有复合特征的通天神树，它不仅是神话传说中扶桑或若木的象征，而且也是天地之中建木的生动写照。那繁茂的树枝、花朵及果实，不就是"玄华黄实名曰建木"的缩影吗？那条攀缘在青铜神树之上尾在上、头朝下的神龙，也有巧妙而丰富的含义，应是一条自天而降的神龙。既然神龙能从天上经过神树来到人间，古籍记述中经常乘龙而行的众神，自然也能通过神树上天入地、自由地往来于天上人间。由此可见，青铜神树不仅与太阳神话有着密切关系，同时也奇妙地展现了"建木在都广，众帝所自上下"的情景。古代蜀人制作的这些具有丰富象征含义的青铜神树，也可以说是古代蜀人神树崇拜观念的一种形象体现。在古代蜀人的心目中，这个世界是非常广阔的，他们认为在世俗世界之上还有一个未知的神灵们居住的天上世界。所以想象力极其丰富的古代蜀人，便设想了一棵通天神树，作为

三星堆二号坑出土小青铜神树座上的跪姿青铜小人像

沟通世俗世界与天上虚幻世界的天梯。古代蜀人又将通天神树的奇异想象和盛行于东方世界的太阳神话结合在一起，运用高超的雕塑造型技艺和娴熟的青铜铸造技术，创造了这棵具有复合特征和丰富内涵的青铜神树。在古蜀国盛大的祭祀场面中，这棵青铜神树很可能摆放在中央最显著的地方，作为沟通人神往来的重要体现。正因为有了这棵青铜神树，古代蜀人便拥有了一种精神追求和信仰崇拜的象征，在以后漫长的历史岁月里，又有了更进一步的发展。古代蜀人希望有一座登天之梯，能和众神们往来，而众神们居住的天堂则是一个长生不老的美妙世界，后来在岷山之域的鹤鸣山中创教立派的道家吸纳并发扬了这些观念，并由此而促成了本土宗教的崛起。由此可知，岷山之域成为道教发源的祖庭，绝不是一种偶然的现象。

如果做更深入的探讨，三星堆出土的青铜神树，也可以说是古蜀时代的一棵宇宙树（Cosmic Tree）。在科学尚不发达的古代，天圆地方曾是先民们对世界和宇宙的一种朴素认识。古代蜀人的宇宙观与世界观中，也

同样具有这种朴素的认识，青铜神树作为顶天立地、硕大无比的宇宙树象征，便是这种朴素认识的一种形象展示。在世界各地的宗教或民间信仰中，几乎无一例外地都有所谓的"宇宙树"或"世界树"，通常都以高大无比、通天入地为重要特征，而且几乎都位于世界的中央，并位于高峻的山上[①]。例如古印度、古埃及和早期美索不达米亚等地区，都有宇宙树的信仰和神话传说。在北欧的神话中，整个宇宙也是以一棵通天入地的巨树为中心发展而成的，它位于阿斯迦德的山上，此山乃

鹤鸣山的道教建筑

众神的居所。古代中国《山海经》中记述的建木，庞大无比，上通天庭，并位于天地之中，可见也是一棵典型的通天宇宙树。关于"天下之中"，本是先民们心目中对"世界中心"或"宇宙中心"的一种认识，正如《荀子·大略》所说"故王者必居天下之中"。中原地区是殷商的天下之中，而古蜀国则将都广之野成都平原视为自己的天下之中。三星堆古蜀遗址出土的青铜神树，作为建木通天神树的象征，显而易见也是一棵无与伦比的宇宙树，它不仅形象地显示了古代蜀人对宇宙与世界的认识和想象，更是古代蜀人精神观念的一种体现和张扬。

还有学者认为，建木具有图腾柱的特征，并与古人对日影的观察

① 芮传明、余太山《中西纹饰比较》第 231、239 页，上海古籍出版社 1995 年版。

有关。闻一多先生就认为"直立如建表，故曰'建木'，表所以测日影，故曰'日中无影'"[1]。萧兵先生也认为古人"往往用高山、大树等为坐标，测量太阳的相对位置以计时"，扶桑和若木"就是从测量太阳相对位置的'标杆'生长起来的所谓'太阳神树'"[2]。陆思贤先生认为建木是棵多元复合体的神树，具有显著的图腾柱特征，"其状如牛，引之有皮，若缨、黄蛇"，说明牛头与龙蛇都是图腾柱上的重要装饰；"大皋

四川盐源县出土的青铜枝片

爰过，黄帝所为"，说明大皋、黄帝也本源于图腾柱上的图腾神。图腾柱作为氏族的象征，首先是为了满足一个氏族共同崇拜与信仰上的需要，但当图腾柱具有立杆测影的意义以后，方位神、节令神、岁神等等，都能在图腾柱上找到解释的依据，图腾神也就升格为各种天神[3]。

　　总之，三星堆出土的青铜神树，形象地显示了古代蜀人对现实世界的认识，也生动地表达了古代蜀人对虚幻世界的想象。它是古蜀国盛大祭祀活动中的通天神树，也是古代蜀人将远古神话传说变成为形象之物的一棵无与伦比的宇宙树。值得我们特别注意的是，根据文献考证和出土资料的印证，《山海经》中许多神话传说显示的南方地域特色，说明通天神树的传说很可能肇始于古蜀，然后才流传到中原和其他地区的。蒙文通先生就指出，《世本》和《竹书纪年》《五帝德》《帝系姓》《史记》等书都产生于中原地区，代表的是中原文化传统的说

----

[1] 闻一多《天问疏证》第 42 页，三联书店 1980 年版。

[2] 萧兵《楚辞的文化破译：一个微宏观互渗的研究》第 137—138 页，湖北人民出版社 1991 年版。

[3] 陆思贤《神话考古》第 10、39、177、181 页，文物出版社 1995 年版。

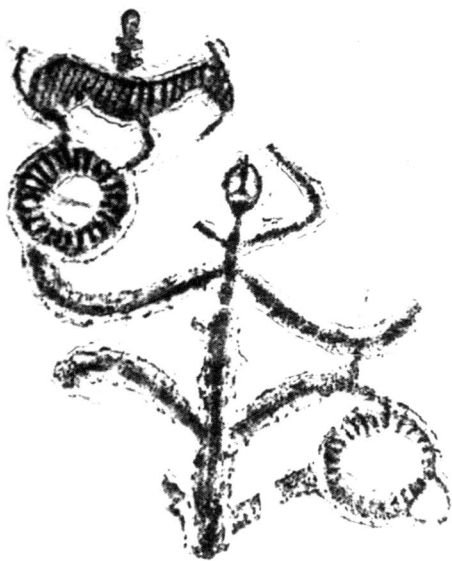

四川盐源县出土的青铜枝拓片

法，而《山海经》则是流传于巴、蜀地域代表巴、蜀文化传统的古籍[①]。三星堆青铜神树便是古蜀神话传说的独特产物，迄今我们尚未在其他区域文明中有类似的考古发现，充分说明青铜神树是具有浓郁古蜀特色的崇拜象征。

三星堆青铜神树所代表的肇始于古蜀的通天神树传说和神树崇拜观念，曾对西南地区的少数民族产生过重要而深远的影响。20世纪80年代末在位于雅砻江下游古代"南方丝绸之路"川滇走廊上的四川盐源县境内，考古工作者在清理战国至西汉初的墓葬时征集到一批人兽纹青铜祭祀枝片。其造型与"摇钱树"枝酷似，但铸造工艺更为粗犷古朴。有学者认为它也是通天神树的象征，树端所立之人即为沟通天地的巫师，巫师牵引的双马双兽应是升天的坐骑，而枝端的璧形物可能代表太阳[②]。我们知道，在古蜀时代，蜀族是古蜀国的主体民族，成都平原是其中心区域，而与蜀族结盟的其他部族则居于平原周缘的西南地区。从考古学的角度或者用民族学和文化人类学的眼光来看，这些部族都受到过古蜀灿烂文化的影响。盐源县出土的青铜枝形器，便是三星堆青铜神树流传到这里部族的反映，同时流传到这儿的，当然还有神树崇拜观念和绚丽多彩的太阳神话。而青铜枝形器上以写实性较强的马取代了夸张神奇的龙，枝端的璧形物也接近和类似于汉代摇

---

① 见蒙文通《巴蜀古史论述》第153—154、183页，四川人民出版社1981年版。
② 刘弘《若木·神树·鸡杖》，《四川文物》1998年第5期第8页。

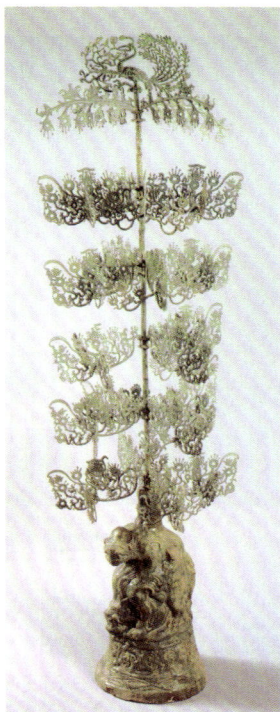

汉代的摇钱树　　　　　　　　河南济源县出土的陶树及其细部

钱树上的方孔圆钱，成为介于通天神树和摇钱树之间的一种过渡形态，说明具有浓郁古蜀特色的通天神树观念在传播中已逐渐发生了一些新的演变。

　　三星堆时期灿烂的古蜀文明虽然在商周之际就湮没了，但三星堆青铜神树非同凡响的影响和魅力，历经商周春秋之后，在中华文明日趋统一的汉代依然显露出浓郁的流风余韵。其影响并不仅仅限于巴、蜀和西南地区，也流传到了中原和其他地区。1969年河南济源县西汉晚期墓中出土有一棵陶制的树木，底部分成三个支杈，树干上部有九个分枝，各分枝上有猿、鸟或蝉，树的顶部蹲着一只禽鸟，穹窿状的底座有三个裸体屈腿着地而坐的人。郭沫若先生认为是扶桑木，或桃都树[①]。

① 郭沫若《出土文物二三事》第49—50页，图版12，人民出版社1973年版。

有学者认为不妨视之为宇宙树建木的模型，亦未尝不可[1]。如果我们将这棵陶树同三星堆青铜神树联系起来看，无论是其造型和内涵，都清楚地显示了古蜀通天神树观念的影响和演变，显示了三星堆青铜神树影响的广泛和深远。

六、太阳神话的反映

在人类历史上，由于太阳和自然万物的密切关系，远古时代先民们就有了太阳崇拜的观念，世界各民族都流传着绚丽多彩的太阳神话。

古希腊神话中，阿波罗是众所周知的太阳神，是宙斯和女神勒托的儿子，而宙斯是众神领袖与最高神祇。据学者们考证，对太阳神阿波罗的崇拜，起源于远古时代的小亚细亚，大约在迈锡尼时期传入希腊，后来传入罗马。古希腊人和古罗马人曾塑造了许多阿波罗雕像，最古老的阿波罗形象是位端庄匀称、长发无须、风度翩翩的裸体少年，采用典型的拟人化手法，将神话传说中的阿波罗，塑造成了一位极富人格魅

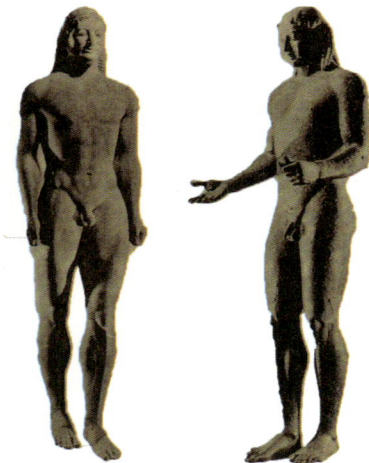

雅典出土的太阳神阿波罗青铜雕像

帝喾（即帝俊）画像

---

[1] 芮传明、余太山《中西纹饰比较》第254页，图Ⅵ—4，上海古籍出版社1995年版。

力的神灵。古希腊神话传说中的其他神灵，也大都是有血有肉有情感的化身。

在中国远古时代的许多神话传说中，同样显示出拟人化的浓郁特色。比如创世神话、西王母神话，以及涉及各部族起源的图腾神话等等。这一特色越往后世越为明显，竟与西方神话传说有异曲同工之妙，但相同之外毕竟又有许多的不同，东西方区域文明的差异，必将在各自的精神世界中折射出来。中国的十日神话便是一个具有典型意义的很好说明。根据《山海经》中的记述，十日神话中的十个太阳是帝俊与羲和的儿子，说明他们同阿波罗一样具有人的特征，同时又具有神性。

帝俊的身份如同宙斯，是东方的天帝，也有多位妻子，与羲和生十日，和常羲生十二月，同娥皇生三身之国，此外还有许多后裔，构成了一个帝俊神话传说的体系。值得注意的是，帝俊神话中显示出了相当浓郁的南方地域特色。如果说中原传世文献中记述的黄帝，是黄河流域远古先民心目中掌管天庭和人间的最高统治者，那么《山海经》中的帝俊就是中国南方文化系统中主宰宇宙和世界的天帝了。但两种神话体系又有相互交错和吸纳附会。例如《大荒西经》说"帝俊妻常羲"，《世本》说"帝喾下妃，娵訾氏之女，曰常仪"，所以有学者认为帝俊就是帝喾。又如后稷在黄帝神话体系中是西方民族奉祀的农神，《大戴礼记·帝系》篇中说"帝喾上妃

山西新绛稷益庙壁画中的后稷出生传说

姜嫄氏产后稷"①，而在帝俊神话体系中《山海经·大荒西经》同样有"帝俊生后稷，稷降以百谷"的记述。《山海经·海内经》还记载了"西南黑水之间，有都广之野，后稷葬焉"，"后稷是播百谷，稷之孙曰叔均，是始作牛耕"，无疑又透露了帝俊神话与古蜀先民的关系②。

《山海经·海外东经》中的东方句芒画像

另一个非常值得注意的是帝俊神话与神鸟的关系。《山海经》中帝俊之裔大都有"使四鸟"的记述，而据《大荒东经》和《大荒西经》所记，有鸾凤之类的五彩鸟，既是帝俊之友，又为帝俊守护神坛，有着非同寻常的关系。实际上，帝俊也就是南方文化系统中玄鸟的化身。古代殷商也同样有"天命玄鸟，降而生商"的传说③。司马迁《史记·殷本纪》也记述了帝喾次妃有娀氏之女简狄，"三人行浴，见玄鸟堕其卵，简狄取吞之，因孕生契。契长而佐禹治水有功……封于商"④，其后裔盘庚迁殷的故事。这同样显示了南方与北方两个神话系统的相互交错与吸纳附会。其实，远古时代中国许多地方都有鸟的神话传说，以及将鸟作为部族图腾，殷商与古蜀在这方面便最为典型和显著。远古时代的鸟图腾与鸟的神话传说，又通常与太阳崇拜和太阳神话有着极其密切的关系。古蜀在这方面尤为突出，《山海经》中的有关记述和三星堆考古发现，便是最好的说明。

帝俊作为南方神话系统中玄鸟的化身，所以帝俊的子裔都和神奇的鸟儿结下了不解之缘。比起那些奉神鸟为部族图腾和有"使四鸟"传

① （清）王聘珍撰，王文锦点校《大戴礼记解诂》第 130 页，中华书局 1983 年版。
② 袁珂《山海经校注》（增补修订本）第 449、505、532 页，巴蜀书社 1993 年版。
③《诗经·商颂·玄鸟》。
④ （汉）司马迁《史记》第 1 册第 91 页，中华书局 1959 年版。

说的帝俊凡间子裔来说，帝俊与羲和生的儿子就更为神奇了，他们是天上的十个太阳，既有人与神的特征，又是金乌的化身，是长有三足的踆乌、会飞翔的太阳神鸟。我们在大量的汉代画像石上，在长沙马王堆汉墓出土的帛画上，都可以看到画有金乌的太阳，便是十日神话广为流传的形象写照。

《山海经》中持彤弓素矰 "弞乌彃乓" 的羿

三星堆出土的青铜神树，作为古蜀国盛大祭祀活动中的通天神树，在树枝上铸出了 "九日居下枝，一日居上枝" 的太阳神鸟的生动造型，形象地展现了与太阳神话的密切关系。同时出土的还有许多神奇的青铜鸟造型，千姿百态，丰富多彩。一号坑出土的金杖平雕纹饰图案中，也有两对被箭穿颈的鸟，形态与青铜神树上的神鸟相似，说明它们既有鸟图腾的含义，同样也与太阳神话关系密切。值得注意的是，三星堆出土的众多

湖北随州曾侯乙墓出土战国漆画《羿射日图》（局部）

三星堆二号坑出土的青铜神鸟

禽鸟中以凤鸟为最多,而凤鸟又是从玄鸟演化来的。这些鸟多为钩喙圆眼,形似鱼鹰,它们既是代表太阳和光明的金乌或踆乌,是来往于人神之间的精灵,又是古蜀氏族部族的标志和崇奉的象征。正如殷商有崇拜鸟的信仰并将玄鸟奉为始祖一样,古蜀的柏灌、鱼凫、杜宇显然也都是崇拜鸟的。三星堆考古发现便充分说明,凤鸟与太阳神鸟在古代蜀人心目中的特殊地位。

如果将《山海经》中记述的帝俊神话体系,与三星堆古蜀遗址的考古发现结合起来看,可知古蜀时代的南方部族既然大都是帝俊的子裔,而帝俊又是南方神话系统中玄鸟的化身与十个太阳的父亲,所以便有了自成体系的十日神话以及与之密切相关的鸟崇拜观念。而三星堆古蜀遗址出土的青铜神树与众多的铜鸟造型,便是十日神话和鸟崇拜观念的形象展现。显而易见,这种自成体系的十日神话和浓郁的鸟崇拜观念,并非来于殷商和东夷,而具有典型的古蜀特色,金杖上的鱼、鸟图案以及神奇诡异的人面鸟身像,便是极好的印证。

三星堆二号坑出土的人首鸟身像,造型极其神异,面部与其他青铜造像风格一致,也是戴面罩的形态,方面大眼,高鼻阔口,头上戴着奇异的冠并有额饰(已脱落),其身子则为鸟身凤尾,宽长的翅羽上下卷曲,而尾羽则好似孔雀开屏,粗腿尖爪站立于枝头花果之上。值得注意的是人面鸟身像胸前的双圆圈图案,活脱就是圆日的形状。如此奇异的造型,在考古史上是从未有过的发现,堪称古代蜀人的绝妙创造。如果说青铜神树上的铜鸟为"九日居下枝"的写照,那么青铜人面鸟身像就应是"一日居上枝"的那只太阳神鸟了。它那奇异的鸟身和羽翅,说明它是禽鸟中的精灵,是凤鸟和金乌的化身,而戴面罩的人面造型则显示出它具有神与人的特征。它那外凸的眼球和弯长的兽耳,又具有作为古蜀各部族祖先神灵象征的青铜纵目人面像的特征，表明它在古蜀盛大的祭祀活动中占有突出的地位，也是古蜀各部族崇拜的重要对象。其实，它就是古代蜀人运用丰富的想象力和高超的青铜铸造技艺，精心塑造的太阳神形象。它同青铜神树一样，具有复合特征和丰富的文化内涵，显示了浓郁的古蜀特色。三星堆出土

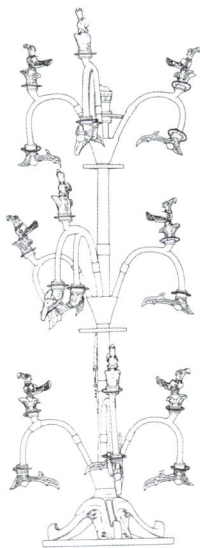

三星堆二号坑出土的大青铜树线图

三星堆二号坑出土的青铜人首鸟身像

的青铜神坛上层，亦有人首鸟身像，对此也是一个很好的印证，很可能具有相同的含义。

三星堆青铜人面鸟身像胸前的圆日图案，很容易使我们联想到从考古中发现的远古先民们留下的太阳符号。在黄河下游大汶口文化遗址出土的陶器上，如山东莒县陵阳河出土的陶尊，就发现刻有一个用圆圈表示的太阳，圆日下面是火焰云气纹和耸峙着的山峰，此后又多次发现圆日与火焰云气纹的刻画图像。有学者认为这是最古老的象形陶尊文字，表示原始时代的"日出而作，日入而息"。前一个字（☺）表示太阳在火焰般的云霞中升起，后一个字（⛰）表示太阳伴随着火焰般的云霞从山

大汶口文化陶器上的日出日落图案

山东莒县陵阳河遗址出土的大汶口文化时期陶尊上的刻画太阳

顶上落下去①。这展现了先民们对太阳运动天象的观察，形象地摹画了日出之景与日落之景，并反映了远古时代已有"寅宾出日"与"寅饯纳日"的祭仪②。在黄河上游辛店文化类型的彩陶上，也发现有较多的太阳纹和圆日图像③。此外，我们在各地远古时代遗留下来的崖画上，也能看到大量的太阳图像，展示了先民们丰富多彩的有关太阳的观察、感受、想象、尊崇和敬畏、祈祷与祭祀，以及赋予原始宗教含义的各种形象摹画和艺术表现。

彩陶上的太阳纹（河南郑州大河村出土）

人类从新石器时代进化到农业定居阶段以后，原始宗教的重心便从狩猎巫术和图腾崇拜转向了自然崇拜。而在各种自然现象中，对人类

① 陆思贤《神话考古》第78—79、82页，文物出版社1995年版。
② 邵望平《远古文明的火花——陶尊上的文字》，《文物》1978年第9期。
③ 张朋川《中国彩陶图谱》第73页，文物出版社1990年版。

生活和思想影响最大的便是太阳，所以各部族、各文化区域，都不约而同产生了对太阳的崇拜。有学者认为，产生太阳崇拜有两条最重要的原因，一是太阳为农业丰产的主要赐予者，二是社会分化使氏族部落中的贵族阶层自名为太阳神的后裔。结合三星堆考古发现来看，古蜀国此时农业已相当发达，青铜文明高度繁荣，社会各阶层也有了明显的分化，精神世界更是绚丽多彩，太阳神话与太阳崇拜观念也顺理成章地呈现出空前昌盛的情形。除了形象展示十日神话的青铜神树和铜鸟，三星堆还出土了许多与太阳神话和太阳崇拜观念有密切关系的器物。比如青铜太阳轮形器、圆日形状的青铜菱形眼形器、有圆日图像的青铜圆形挂饰、神殿屋盖上的圆日图像等等。

　　关于考古发现的太阳图案与太阳纹饰，先民们最初描绘的大都是写实的圆日形状。而由于想象和观察的差异，不同区域先民们摹画的圆日形状并不完全一样。有的为一个圆圈，有的为双圆圈或多圆圈，有的圆圈内还画有一黑点，有的在圆圈周边画出了光芒，还有的画为半圆形如朝阳初升状。最奇妙的是人面形太阳神形象，采用拟人化与抽象化的手法，将太阳的人格化和人的太阳化巧妙地糅合在了一起。三星堆金杖图案中的人面形象，那圆日形的脸与光芒状的头冠显然也是人面形太阳神的写照。青铜人面鸟身像胸前的圆日图像，应是对太阳的写实摹画。青铜太阳轮形器中间的圆凸形与周围呈放射状的五芒以及芒外的圆晕圈，则是采用双圆圈形式对太阳的形象表现。此外还有大量的青铜菱形器，中间的圆凸形很明显也是圆日形状，四角有供祭祀

广西花山岩画中的祭祀场面

广西花山岩画描绘的祭日场景

装饰安装使用的穿孔，发掘整理者曾将它们称之为"铜菱形眼形器"，而有学者曾指出"原始思维每以'眼睛'为太阳的意象或象征"①。由此可见这些青铜菱形器，即使给人以好像眼睛的感觉，其表现的依然是太阳的意象或象征。它们都是古蜀太阳崇拜观念的产物，是祭祀活动中用以表现太阳崇拜观念的重要装饰器物。让我们想象一下，古蜀国盛大的祭祀场面装饰着如此众多的圆日图像，加上与太阳神话密切相关的丰富多彩的造型器物，势必造成强烈的震撼，给人以无比神奇的感受。而这显然正是古代蜀人大量创造使用它们所希望达到的一种祭祀效果。

　　在太阳神话的起源和流传过程中，我们还应提到射日的神话传说。帝俊与羲和所生的十个太阳轮流运行，为世界带来了光明和温暖。如果十日并出，便会造成灾难。由于太阳是金乌的化身，在久旱不雨的远古时代，先民们便有了射日的想象。从传世文献看，《庄子·齐物论》已有"昔者十日并出，万物皆照"（郭璞引文作"草木焦枯"）的记述②。东汉王充《论衡·感虚篇》中说："儒者传书言，尧之时，十日并出，万物焦枯，尧上射十日，九日去，一日常出。"③而刘安的《淮南子·本经训》中则说"尧之时十日并出，焦禾稼，杀草木，而民无所食"，尧乃使羿射十日，中其九日，日中乌尽死，于是天下又恢复了正常，"万民

----

① 萧兵《楚辞的文化破译》第 81 页，湖北人民出版社 1991 年版。
②《二十二子》第 18 页，上海古籍出版社 1985 年版。
③《百子全书》下册第 972 页，浙江古籍出版社 1998 年版。

三星堆二号坑出土的太阳轮器

三星堆二号坑出土的圆日形铜挂饰

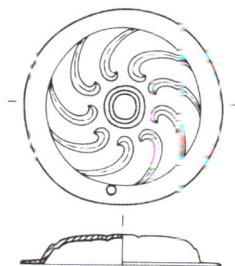

三星堆圆日形铜挂饰布线图

三星堆二号坑出土的圆形铜挂饰

三星堆二号坑出土的圆形铜挂饰

三星堆二号坑出土的青铜菱形眼形器

三星堆二号坑出土的青铜菱形眼形器

三星堆二号坑出土的青铜菱形眼形器

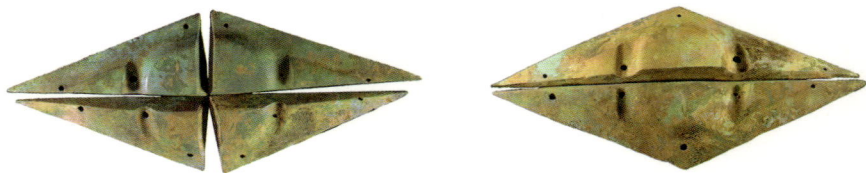

三星堆二号坑出土的青铜菱形眼形器

皆喜，置尧以为天子"①。由这些记述可知，尧与羿都是古代传说中射日的英雄，而羿射日的神话传说在后来流传得更为广泛。据袁珂先生考证指出："关于射日除害神话，初本有两种民间传说，一属之尧，一属之羿。属之羿者更占优势，后人乃于古本《淮南子》'尧乃'下增'使羿'二字，以为今本状态，于是尧射日之神话遂泯，羿射日之神话独昌焉。"②我们在汉代画像石、画像砖上，便能看到表现神话传说中后羿射日的画面。画面通常为刻有一棵高大葱郁的扶桑太阳神树，以栖息在上面的金乌象征九日，羿在树下弯弓射日，姿态极其神武。如果说起源于远古时代的太阳神话，反映的是先民们对宇宙的一种想象和认识，那么

①《二十二子》第 1239 页，上海古籍出版社 1985 年版。

② 袁珂《山海经校注》(增补修订本) 第 310 页，巴蜀书社 1993 年版。

射日传说透露的则是战胜自然灾害的强烈愿望了,而这正是华夏先民们精神世界中的一大鲜明特色。

　　射日神话与南方神话系统有着极其密切的关系,从《山海经》等有关记述来看,很可能就是南方神话系统的产物。《楚辞·天问》有"帝降夷羿,革孽夏民"之说,《山海经·海内经》中说"帝俊赐羿彤弓素矰,以扶下国,羿是始去恤下地之百艰"①。蒙文通先生曾指出,《山海经·海内经》是出于古蜀国的作品②。由此可知,帝俊与羿同古蜀国自然有着非同寻常的关系。属于帝俊神话体系的羿的传说,很可能源起于古蜀国的《山海经·海内经》,而后在长江流域和许多地区都有了广泛流传。过去学界有人将"夷羿"说成是东夷之天神,显然是误解。其实关于"夷",商周时代已形成"四夷"观念,东夷只是上古以来"四夷"之一,更多的则是指西南夷。譬如《史记》与《汉书》皆称西南地区的各民族为西南夷,而称沿海地区为吴、越,对于南方则称南蛮与滇越或骆越,可知"夷"主要是指长江流域上游地区。上古夷人就以制造弓矢出名,有学者认为"夷"字

汉代画像石上羿射九日拓片
(河南南阳出土)

的写法,就表示一个背着弓箭的人。任乃强先生认为:"'夷'字,本取负弓引矢,狩猎民族之义。《西南夷》之夷字,用此义;非同《尔雅》

---

① 袁珂《山海经校注》(增补修订本)第 530、241 页,巴蜀书社 1993 年版。
② 蒙文通《巴蜀古史论述》第 168—169 页,四川人民出版社 1981 年版。

汉画像石中的太阳鸟、扶桑树和射日图　　汉画像石中的射日图景

‘东方曰夷’之义。"①可见西南夷擅长狩猎，很早就以制作弓箭闻名于世了。

　　我们也由此可知，十日神话与射日的传说皆起源于长江上游和蜀地，应该是不争的事实。古蜀国与周边区域自然都在射日神话广为流传的范围之内，三星堆出土金杖上有羽箭穿过鸟颈的图案，会不会就是射日神话的一种反映呢？尽管这只是一种分析和猜测，但金杖图案已形象地透露了古蜀国善于制造使用羽箭的信息，说明早在3000多年前的商周时期甚至更早，古蜀先民已经熟练地使用弓箭了。弓箭可以射猎鸟兽或射鱼，也可以武装军队，展现强悍的力量。由于上古时期发生了严重的旱灾，思维活跃、富于创造的古蜀先民们，因而产生射日的想象和传说，也是很自然的事情。

　　三星堆考古发现告诉我们，古蜀时代绚丽多彩的太阳神话，应是古代蜀人生活与精神观念的精彩反映，并通过造型艺术给予了充分的展

①（晋）常璩撰，任乃强校注《华阳国志校补图注》第231页，上海古籍出版社1987年版。

示。如果说三星堆出土的太阳神鸟和通天神树显示了古代蜀人崇拜观念中丰富多彩的内涵，那么射日的神话传说则透露出这种崇拜观念的发展和演变，在昌盛的太阳崇拜和通天神树崇拜之外，还盛行着英雄崇拜。射日神话的目的就在于突出射日英雄，也可以说是对上古人民大无畏精神的一种张扬。三星堆出土金杖图案中那四支贯穿鱼、鸟的利箭，便洋溢着强烈的大无畏精神，给人以英雄豪放之感。而这种英雄

广西花山岩画中的英雄崇拜

云南沧源岩画中的太阳崇拜图

豪放的气概，更是三星堆青铜造像群的显著风格，是古蜀国的能工巧匠们着意塑造、表现的一种精神面貌。这些都显示了英雄崇拜观念的盛行 和射日神话所要表现的英雄精神可以说是完全一致的。由此再看金杖图案中那表情豪放欢快的人面像，会不会就是无往而不胜的射日英雄的写照呢？有不少学者认为，射日的后羿也就是中国的阿波罗太阳神[1]。

　　总而言之，古代蜀人的精神观念有着极其丰富的内涵。三星堆考古发现所揭示的太阳崇拜观念和太阳神话传说，以及神树崇拜等等，都是其中最为重要的组成部分。

---

[1] 唐愗《我国上古的太阳神》，《中国神话》（第1集）第232—234页，中国民间文艺出版社1987年版。

七、神山与天门观念

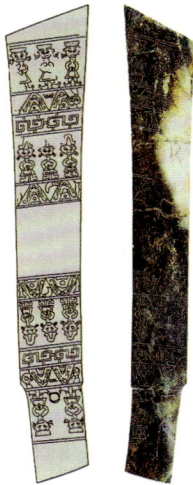

三星堆二号坑出土的玉璋
与图案

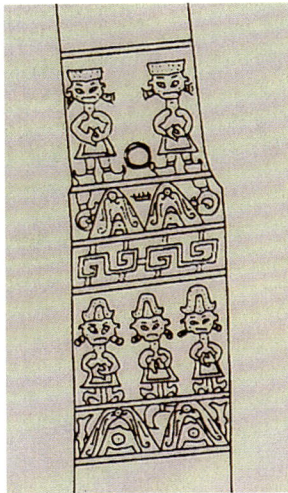

三星堆二号坑出土的玉璋图案
线描图（局部）

古蜀国经常举行盛大的祭祀活动，有着丰富多彩的祭祀内容和祭祀形式。古代蜀人的祭祀对象，包括祭祀天神、祭祀祖先亡灵和祭山、祭地、祭日等等。三星堆出土的青铜造像群，表现的就是古蜀国规模宏大的祭祀场面。三星堆还出土了种类繁多的玉石器，如璋、璧、琮、瑗、环、戈之类，很可能都是祭祀活动中奉献给神灵的祭品。

古代蜀人的祭祀形式，推测大致可能有群巫集团主持下的巫师作法、祈祷、献祭等等。从出土资料看，献祭的方式又有多种。第一种方式是用手握执祭品向神灵奉献。例如二号坑出土的执璋跪坐小铜人，便是典型的双手执握铜璋向神灵做奉献状；第二种方式是头顶礼器向神灵奉献。比如二号坑出土的一尊喇叭座跪坐顶尊青铜人像，便形象地表达了这种奉献方式；第三种方式是将祭品放入青铜容器或陶器内奉献给神灵。例如一号坑出土的龙虎尊、二号坑出土的高圈足尊内都分别装有海贝、玉环、玉管、玉珠等祭品，很显然就是作献祭用的；第四种方式是埋放祭品用以奉献神灵。三星堆出土有许多埋藏于不同地点的玉石器，很可能与这种献祭方式有关。而最为生动形象的是一件玉璋上的刻画图案中有埋放的玉璋和象牙，便是对这种献祭方式最好的图释。

三星堆二号坑出土的这件长54.2厘米、宽8.8厘米呈刀形的玉璋，

上宽下窄，采用阴刻的艺术手法，对称地刻
了两组非常奇妙的图案。在这些图案中，有
不同姿势穿戴的人物，有隆起的大山，有平
行线条和云气纹等装饰纹饰，有富于象征
意味的圆圈和方形符号，有竖立的牙璋与横
置的象牙等等，柄部还有圆孔。关于这件重
要玉器的定名，发掘简报中将其称之为"边
璋"，此后许多文章著述图册中都沿用了这
一名称。据考古发掘者解释："清人吴大澂
著《古玉图考》中将一种大约类似梯形的多
孔石刀残片称作'边璋'。简报将此璋也称作
'边璋'，大概是缘于此。"[1] 其实这个定名
是值得推敲的，查吴大澂《古玉图考》原文中

三星堆二号坑出土的大璋及半
小铜人

所说边璋乃是一种小型玉器："所云边璋七寸射四寸是也。"又说："郑
康成曰于大山川则用大璋加文饰也，于中山川用中璋杀文饰也，于小山川
用边璋半文饰也。"[2] 这是郑玄对《周礼·冬官考工记·玉人》文中的一
段注释[3]。以此来看三星堆这件玉璋，不论是尺寸还是文饰图案，都应是
大璋而非边璋。后来出版的《三星堆祭祀坑》综合发掘报告中，已重新
定名为"Ab型玉璋"[4]。

　　这确实是一件极其重要而独特的玉璋，尤其是二面刻画的神奇的
图案，更显示出了浓郁的古蜀特色。这件玉璋图案，是殷商考古和其他
区域文明考古从未发现过的，它显示出了极为丰富的内涵，不仅形象地
刻画了古蜀国的祭祀情景，展现了古蜀时代的宗教习俗，更是古代蜀人

---

[1] 陈德安《浅释三星堆二号祭祀坑出土的"边璋"图案》，《南方民族考古》第三辑
　　第 85 页，四川科技出版社 1991 年版。

[2] 桑行之等编《说玉》第 628 页，上海科技教育出版社 1993 年影印版。

[3] （清）阮元校刻《十三经注疏》上册第 923 页，中华书局 1980 年影印版。

[4] 参见四川省文物考古所编《三星堆祭祀坑》第 358、361 页，文物出版社 1999 年版。

三星堆祭祀坑出土的玉璋

精神观念的生动写照。图案中既有对人间社会与天地自然的如实描绘，更有对神灵世界的奇异想象。

玉璋图案中最显著的内容，一是人物，二是山川。几组画面所表现的都是两山和三人的组合格局。图案中的人物形象分为立式与跪式两种姿势，穿戴上一种戴平顶帽，另一种戴的是帽沿上卷的穹窿顶帽，似乎是巫祝和神灵的象征。图案中的山川，不仅着重刻画了两座高耸的山峰，而且在大山前又有小山，形成了山峦重叠之状。显而易见，图案中的画面描绘的是祭祀神山的情景。用多幅画面来表现这一情景，从艺术效果上看具有渲染和强调的作用，充分说明这是古蜀国一项非常重要的祭典，也可以说对神山的崇拜和祭祀，在古代蜀人的社会生活与信仰观念中占有非常重要的地位。

三星堆二号坑出土的玉璋

玉璋图案内下组画面中刻画的置放于神山两侧的玉璋，也是对古蜀神山祭典的一种印证。从传世文献看，《周礼·春官宗伯·典瑞》有"圭璧以祀日月星辰。璋邸射，以祀山川"的记载，《周礼·冬官考工记》中也说"璋邸射素功，以祀山川，以致稍饩"①。从《周礼》的记载可知，这些主要是中原地区的礼仪制度，而且是西周春秋时期已经发展到相当成熟完善的一整套礼仪制度。古蜀国在祭祀方面有自己的鲜明特色，三星堆考古发现的玉石礼器主要有璋、戈、琮之类，而没有圭，便是很好的印证。但《周礼》中的有关记载，仍可作为我们探讨三星堆出土玉石礼器的参考。比如《周礼》中关于"璋邸射，以祀山川"的记述，便为我们判断三星堆玉璋图案中神山两侧玉璋的祭祀性质提供了依据。图案画面口刻画的玉璋，是作为祭祀山川的祭品使用的，也就是说画面表现的是插璋祭山的情景。玉璋图案下边画面中，还刻画了粗大的弯曲象牙，说明也是用于神山祭祀的物品。

古代蜀人如此重视祭祀神山，显然与他们的精神观念有着非常重要的关系。在远古时代，自然崇拜是世界各民族历史上普遍存在过的宗教形式之一。对山川进行崇拜并加以祭祀，可以说是先民们早期宗教信仰的一种共同现象。蜀人的祖先是蜀山氏，司马迁《史记·五帝本纪》与常璩《华阳国志·蜀志》中都记述有黄帝与蜀山氏联姻的故事，扬雄《蜀王本纪》说：蜀侯"蚕丛始居岷山石室中"；常璩《华阳国志·蜀志》说："有蜀侯蚕丛，其目纵，始称王。死，作石棺石椁，国人从之。"②考古工作者在岷江上游茂汶、理县境内，就发现有不少石棺墓。鱼凫王曾田于湔山，望帝杜宇禅位于开明后而隐入西山，这些都说明蜀族是兴起于岷江上游的一个古老氏族，与岷山有着特殊的密切关系，在蜀山氏之后才走出岷山，栖居于成都平原。所以古代蜀人才将蜀山（也就是岷山）视作祖先起源的圣地而加以崇拜和祭祀。玉璋图案中刻画的神山，显然就是古代蜀人所崇拜的蜀山。

① （清）阮元校刻《十三经注疏》上册第777、第923页，中华书局1980年影印版。
②《古文苑·蜀都赋》章樵注引《蜀王本纪》；见（晋）常璩撰，刘琳校注《华阳国志校注》第181页，及注[二]，巴蜀书社1984年版。

四川简阳鬼头山东汉崖墓出土石棺画像上的"天门"双阙

在三星堆玉璋图案中特别值得注意的是，在上边画面两座神山之间还刻画了悬空的 图案。结合文献和图案作深入探讨，就会发现图案中刻画的其实是天门的象征。扬雄《蜀王本纪》说："李冰以秦时为蜀守，谓汶山为天彭阙，号曰天彭门，云亡者悉过其中，鬼神精灵数见。"①这种天门或天阙的传说，并不是李冰时才有的，而是由来已久。《山海经·大荒西经》与《楚辞·九歌》以及《淮南子·原道训》等，都有关于天门的说法。在古人的心目中，天门即为群神之阙，是进入天国的入口。常璩《华阳国志·蜀志》对此也有记载，并记述了专门

巫山东汉墓出土鎏金铜牌饰天门图案线描图

① 《全汉文》卷53，(清) 严可均校辑《全上古三代秦汉三国六朝文》第1册第415页，中华书局1958年影印版。

的祭祀:"李冰为蜀守,冰能知天文地理,谓汶山为天彭门,乃至湔氐县,见两山对如阙,因号天彭阙。仿佛若见神,遂从水上立祀三所,祭用三牲,珪璧沉濆。汉兴,数使使者祭之。"[1]在古代蜀人的心目中,昆山(即岷山)是祖先起源的圣地,也就成了崇拜和祭祀的神山,同时也是蜀人死后灵魂的归宿,是通往天界的灵山。所谓的天彭阙和天彭门,也就是天阙或天门的意思。

从文献记载和出土资料看,天门之说主要流行于岷山之域和长江中上游地区,具有明显的地域特色。而将灵魂与天门观念联系在一起,更是蜀地的一大习俗。《蜀王本纪》中所谓的天彭阙和天彭门,也就是天阙或天门的意思。这种魂归天门的观念,主要流行于蜀地,在黄河流域和北方地区信奉的则是另一种说法。《三国志·魏书·乌丸鲜卑东夷传》注引《魏书》说,东胡乌丸人死后,葬则歌舞相送,取亡者所乘马与衣物及生时服饰,皆烧以送之,

"使护死者神灵归乎赤山。赤山在辽东西北数千里,如中国人以死之魂神归泰山也"[2]。这说明泰山是中原地区的神山,赤山是乌丸的神山,都被视为灵魂的归宿。而古代蜀人魂归天门观念显然与之不同,除了让灵魂回归祖先起源之地,还有使灵魂升天进入天国的含义,展示出地域和观念习俗上的差异。

正如蒙文通先生所指出的:"古时中原说人死后魂魄归泰山,巴蜀说魂魄归天彭门,东北方面又说魂魄归

金沙遗址出土的兽面纹斧形玉器

---

[1] (晋) 常璩撰,刘琳校注《华阳国志校注》第 201 页,巴蜀书社 1984 年版。
[2] (晋) 陈寿《三国志》卷 30《乌丸鲜卑东夷传》第 3 册第 833 页,中华书局 1959 年版。

赤山，这都是原始宗教巫师的说法，显然各为系统。从这一点来看，巴蜀神仙宗教说不妨是独立的，别自为系。"蒙文通先生还提到了古老的巴蜀文化对楚文化产生的广泛影响，认为"巴蜀和楚，从文化上说是同一类型"，提出了"始于巴蜀而流行于楚地"的精辟见解①。童恩正先生也指出："在蜀地，神仙故事是特别流行的"，"中原民族相信魂归泰山，东北民族相信魂归赤山，蜀族则有魂归岷山之说……凡此种种，都反映出蜀族的宗教信仰、意识形态和中原地区是有一定区别的"②。我们由此可知，殷商代表中原文化系统，巴蜀和楚属于南方文化系统，古蜀文化作为长江上游的重要文明中心，对整个长江流域和古蜀国的周边地区都有广泛的影响。《楚辞》中"广开兮天门"的想象，显然是受到了肇始于岷山之域古代蜀人天门观念的影响。考古资料对此也有很好的印证。

巫山东汉墓出土鎏金铜牌饰

三星堆玉璋图案中刻画于上边两座神山之间的天门，应是一种比较原始和质朴的古蜀早期天门观念的象征。2001年成都金沙遗址出土的一件兽面纹斧形玉器，也刻画了天门图案③。这种天门象征，随着历史的发展，后来演化为双阙的造型。在成都平原东部丘陵地区的简阳县鬼头山东汉崖墓中，1988年1月出土了6具石

---

① 蒙文通《巴蜀古史论述》第100页，四川人民出版社1981年版；又见《蒙文通文集》第2卷《古族甄微》第258页，巴蜀书社1993年版。
② 童恩正《古代的巴蜀》第127—128页，四川人民出版社1979年版。
③ 见成都市文物考古研究所、北京大学考古文博院《金沙淘珍——成都金沙村遗址出土文物》第121—125页彩图与线描图，文物出版社2002年版；参见黄剑华《古蜀金沙——金沙遗址与古蜀文明探析》第213—219页的论述，巴蜀书社2003年版。

棺，其中3号石棺最为典型，不仅画像内容极为丰富，而且画面中镌刻了15处耐人寻味的榜题文字①。最引人注目的是3号石棺右面画像，中间是一座单檐式双阙，一对凤凰在左右阙顶上昂首对立，阙内一人头戴高冠、身穿长袍作拱手迎送状，阙的上面极其醒目地镌刻着‘天门’二字②。这简洁的两个字，不仅说明了石棺画像上双阙的性质和象征含义，也是对古代蜀人魂归天门观念长期流行与演化发展的最好注释。20世纪80年代在巫山东汉墓中出土的7件鎏金铜牌饰件，上面有流畅的细线刻出的人物、鸟兽、高大的双阙和缭绕的云气图案，并用双勾笔法刻出了隶书"天门"二字③。这种天门榜题的铜牌饰，与简阳鬼头山崖墓3号石棺画像的含义如出一辙，说明了古代蜀人天门观念在巴蜀地区的长期流传。

巫山东汉墓出土天门铜牌饰线描图　　茂汶摇钱树、西王母天门与挑钱枝叶拓片

值得注意的是，铜牌饰画面中雍容端坐的人物，无论是仙光祥云缭绕的天国神人，或是神话传说中的西王母，都说明古代蜀人的魂归天

---

① 见内江市文管所、简阳县文化馆《四川简阳鬼头山东汉崖墓》，《文物》1991年第3期第20—25页。
②《中国画像石全集》第7册图96，山东美术出版社、河南美术出版社2000年版；又参见高文编《四川汉代石棺画像集》第52页图98，人民美术出版社1998年版。
③《四川文物》1990年第6期封二"天门图"。

门观念已融入了羽化登仙的思想意识。而天门观念，仍是这些画像中所着力表现的最核心的主题观念。正是有了这个主题观念，而使埋入地下的这些画像内容有了一种深层的内在联系，成为古代蜀人对死者进入幽冥之界的关怀象征。我们还应看到，天门观念亦是羽化登仙思想的一种信仰基础。随着秦汉时期羽化登仙思想在蜀地的广泛传播，从而为道教在岷山地区的崛起提供了很大的便利。

我们在对古蜀天门观念做深入探讨的时候，还应提到湖南长沙马王堆西汉墓葬一号墓出土的彩绘帛画，也生动地描绘了天上、人间、地下的景象，同样表达了迎送墓主人升入天门的主题观念。这幅彩绘帛画和四川出土的石棺画像与铜牌饰画面有异曲同工之妙；但在画面内容和艺术表现手法上，又显示出一些不同的特点。比如整幅帛画将世界明确分成了天上、人间、地下三界。人间部分采用写实的手法描绘了墓主人日常生活情景，地下与天上部分则充满奇异的想象[1]，反映出了地域文化方面的一些不同特色。尽管有这些差异，但蜀人的"魂归天门"和楚人的"引魂升天"在主题观念上的一致性仍是显而易见的。巴蜀和楚，地域相邻，自古以来相互间的交流和影响更是源远流长。《文选》刊载的宋玉《对楚王问》说："客有歌于郢中者，其始曰《下里巴人》，国中属而和者数千人。"[2]《下里巴人》是巴蜀地区的通俗歌曲，在楚地得到了广泛流传，其他文化形式和观念习俗上的传播影响也一样。蒙文通先生曾指出巴蜀文化对楚文化的影响："始于巴蜀而流行于楚地，这也说明楚文化是受到巴蜀文化的影响。巴蜀和楚，从文化上说是同一类型，应该是可以肯定的。"[3]随着考古出土资料的不断发现，使我们对此有了更加深入的认识。我们再来看三星堆玉璋图案中所展现的神山祭祀和天门观念，与简阳石棺画像、巫山铜牌饰、长沙马王堆彩绘帛画联系起来思考，无疑说明了古蜀时代天门观念由岷江流域往

---

① 参见郭沫若《出土文物二三事》第54页，及图版14—21，人民出版社1972年版。

② （梁）萧统编，（唐）李善注《文选》中册第628页，中华书局1977年影印本。

③ 蒙文通《巴蜀古史论述》第100页，四川人民出版社1981年版。

长沙马王堆汉墓出土的彩绘帛画

长沙马王堆汉墓出土的彩绘帛画线描图

长沙马王堆汉墓出土的彩绘帛画（局部临摹图）

河南新郑出土的"天门"画像砖拓片

长江中游地区的传播。而且可知这种传播从春秋战国之前就开始了，到了汉代已成为具有南方文化系统特色的一种共同的信仰，而且有向中原地区传播的趋势。

譬如在河南新郑出土的一件东汉时期的画像砖上，也发现有"天门"二字，其画面为一幢与阙颇为相似的双重楼阁，门前有站立的二门吏，门内正中是一匹体形健硕之马（公布的资料称为犬，但从头部形态与高大的体量看应是马），"天门"二字就刻印于马首下方。当地的文物工作者解释画面内容说："天门即天宫之门，是帝王宫殿的门。"①显然是误解了"天门"二字的象征含义。仔细观赏这件画像砖，整幅画面写实意味较浓，但构图不严谨，没有对仙界情景的描绘，刻画的门吏、马，以及文字的位置，都有很大的随意性，与四川境内出土的"天门"画像有着明显区别。但同样的榜题文字，说明东汉时期新郑地区画像制作者接受了来自巴蜀地区"天门"观念的影响，也是显而易见的。河南出土的汉代画像砖与画像石数量很多，但发现有"天门"榜题文字的，好像仅此一件，这说明巴蜀地区的天门观念对中原地区的影响不大。可见长江流域与中原北方地区，从上古到汉代，在民俗民风方面都有各自的特点。

在山东、江苏等地出土的汉代画像上，对阙也有描绘，但同巴蜀地区出土的画像阙相比数量要少得多，而且没有榜题文字，也没有将阙与天国仙界的情景组合在一起，显示了与四川"天门"画像完全不同的两种风格。在陕西等地出土的汉代画像中，相对很少见到有阙的画面。这些出土画像资料告诉我们，天门观念在巴蜀地区由来已久、流传甚广，在长江中游和南方地区也有相似的信仰习俗，但在中原和北方地区则尚未造成广泛的影响。所以将这一观念定位为汉代丧葬习俗中的典型的巴蜀地域文化特色，应该是比较恰当的。

三星堆玉璋图案的内涵是极其丰富的，那些生动的画面便是古代

---

① 薛文灿、刘松根《河南新郑汉代画像砖》第 19 页图，上海书画出版社 1993 年版。

四川东汉墓出土的画像砖拓片

蜀人神山崇拜和天门观念的形象写照。总而言之，天门观念是古代蜀人的一种主题观念，它不仅和通天神树崇拜、神山祭祀、太阳神话等等共同构成了古代蜀人绚丽多彩的精神世界，而且对后世和整个南方文化系统都产生了深远的影响。

八、昌盛的泛灵崇拜

三星堆出土的大量珍贵文物中，各种动物造型占了相当的比例，透露出它们与古代蜀人世俗生活和精神观念的密切关系。除了千姿百态的铜鸟外，特别引人注目的还有龙、虎、蚕的造型，同样具有异常丰富的丰涵。

先看三星堆出土的龙。最具代表性的便是青铜神树上那条姿态矫健、造型生动的神龙，其次是青铜柱形器上长有羊的弯角和胡须、作昂首啸吼状的神龙，此外还有铜龙头形饰件，以及青铜龙虎尊上以高浮雕铸成的游龙。而在纹饰方面则有大量的夔龙纹，在装饰造型上极具神奇飞扬之态，给人以强烈的奇异之感，由此而产生丰富的联想。

学者们通常认为图腾是原始民族的一种宗教信仰，龙、凤、虎、蚕等动物造型在初民阶段，最早便是作为图腾形象出现的。摩尔根（L.H.Morgan）曾以图腾说明原始民族的社会结构及其习俗。按照弗洛伊德的说法，图腾多半是一种动物，与整个宗族有着某种奇特的关

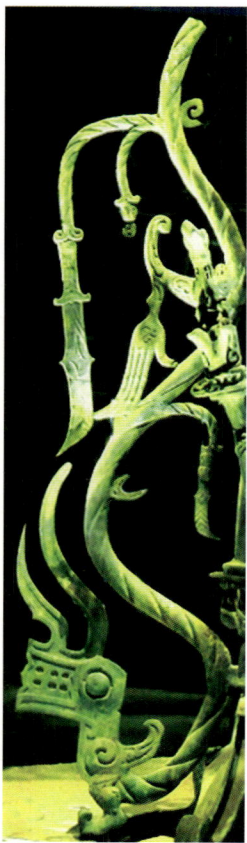

三星堆二号坑出土的青铜神树上的通天之龙

系①。中国较早研究图腾的学者岑家梧先生曾指出："详细地考察古代世界各民族的神话传说与遗留物品，任何民族，都可发见图腾制的痕迹。"②何星亮先生也认为"图腾文化是人类早期的混沌未分的一种文化现象"，"图腾文化包罗众多的文化因素，与后来的许多文化现象具有渊源关系"③。从考古发现看，中国黄河流域和长江流域都出土有丰富的图腾文化遗存，尤其是各种图腾纹饰，在彩陶上和各类青铜器上呈现出多姿多彩的情形。在中国原始图腾文化中占据主流地位的龙、凤、虎、蚕等图腾形象，后来逐渐演变成为中华民族喜爱的象征和吉祥物。其中尤以龙的影响最大，在宗教、政治、文学、艺术等各个领域都充当着重要角色。

根据考古资料揭示，早在新石器时代，中国的黄河流域和长江流域就已经形成了原始农业，北方黄土地以种植黍、稷、粟、麦等旱作谷物为主，南方已开始较为普遍地栽种稻谷了，至少都有七八千年以上的历史。中国自上古以来，便是一个多民族融合的国家，有着丰富多样的地域文化。黄河流域和中原北方地区是旱作农业为主，长江流域和南方地区是稻作农业为主，

三星堆一号坑出土的龙形青铜器

---

① [奥地利] 弗洛伊德著, 杨庸一译《图腾与禁忌》第 14—15 页, 中国民间文艺出版社 1986 年版。
② 岑家梧《图腾艺术史》第 5 页, 学林出版社 1986 年版。
③ 何星亮《中国图腾文化》第 22—23 页, 中国社会科学出版社 1992 年版。

四川成都市郊出土的渔猎耕作画像砖

由此形成了不同族群生活方式的差异，以及思想观念与崇尚习俗的差别，同时也形成了地域文化的不同特点。譬如神话传说方面，中原黄河流域和北方地区崇尚的主神是黄帝，长江流域和南方地区崇尚的主神是帝俊。对龙、蛇的崇尚，就与稻作农业有着密切的关系。后来随着南北文化的交流融合，龙的影响不断扩大，也就成为了长江流域和黄河流域炎黄各族的共同崇拜象征。

作为中华民族最早的标帜，龙形图徽的出现可追溯到距今六千多年前，在河南濮阳西水坡仰韶文化遗址中就发现了用蚌壳摆成的龙形

红山文化玉猪龙

良渚文化龙首玉镯

河南濮阳蚌塑龙遗迹

陶寺遗址出土彩绘蟠龙纹陶盘

图像，龙昂首曲颈、弓身长尾，前爪爬、后爪蹬，状似腾飞[①]。有学者经过科学测试后认为，蚌塑龙具有明显的鳄类特征，应是南方先民崇拜观念的产物[②]。在湖北焦墩遗址也发现了用卵石块摆成的巨龙图像，其形态亦为昂首长尾作飞腾状，是一条长4.6、高2.2米的巨龙，时间距今约五千到六千年间[③]。五千多年前的辽宁和内蒙古红山文化遗址，则发现了玉猪龙和玉龙[④]，浙江余杭瑶山良渚文化遗址也出土了龙首玉镯[⑤]，距今四千五百多年前的山西陶寺文化遗址出土的彩陶盘中，也发现有彩绘的盘龙图像。这些众多的考古发现，充分说明了中华民族关于龙的观念由来已久，龙形图像的出现和演变，与中华民族的形成和发展具有密切的关系。到了殷

① 濮阳市文物管理委员会等《河南濮阳西水坡遗址发掘简报》，《文物》1988年第3期。

② 刘志雄、杨静荣《龙与中国文化》第26—33页，人民出版社1992年版。

③ 石兴邦《中国文化与文明形成和发展史的考古学探讨》《亚洲文明》第3集第9页，安徽教育出版社1995年版。

④《文物》1984年第4期简报与文章。

⑤《余杭瑶山良渚文化祭坛遗址发掘简报》，《文物》1988年第1期。

《山海经》中的有翼应龙

《山海经》中的人身龙首神

《山海经》中人身而龙首的神计蒙

《山海经》中乘两龙的东方句芒

《山海经》中乘两龙的南方祝融

《山海经》中乘两龙的西方蓐收

商时期，中国各地考古发现的龙形图像更多，不仅有玉石琢制的各种龙形，而且越来越多地出现在了青铜器物上，并被记录在了甲骨文和金文中。

　　传世文献中，也有大量关于龙的记载。《山海经》中就记述了神奇的应龙为黄帝所使而杀蚩尤与夸父，并记述了奇异的烛龙、鸟身龙首神、人面龙身神、南方祝融兽身人面乘两龙、东方句芒鸟身人面乘两龙、西方蓐收左耳有蛇乘两龙等等。《归藏·启筮》有"鲧死化为黄龙"之说，《楚辞·天问》有"应龙何画"，《拾遗记》等还有黄龙协助大禹治水的记述。这些记述说明，黄帝时期就已有龙的神话传说，在夏代已经形成了龙的观念形态，并已成为华夏各部族共同信仰的崇拜物。值得注意的是，《山海经》中有"夏后乘两龙"与其他众多乘龙而行的记述；《大戴礼记·五帝德》中也有"颛顼乘龙而至四海"的说法；《楚辞·离骚》中则有"乘玉虬""驾飞龙"的叙述；古代占筮之书《周易》也有"飞龙在天"和"见龙在田"的解释；《韩非子·说难》也说"夫龙之为虫，可狎而骑也"，可知骑龙腾空升天在古代是广为流传的一种想象和传说。

湖南长沙楚墓出土的战国帛画《人物驭龙图》

　　龙形图像，已不仅是远古时代的一种图腾标识，同时也是巫师和古代帝王之类权威人物沟通人神之间关系的神物象征。而到后世，则进一步演化成代表人间社会至尊皇帝的神化形象。在秦汉统一中国之后的历史发展进程中，龙成为中华民族文化与民俗中的经典，受到了历代统治者与各个阶层的尊崇，在宗教、政治、文学、艺术等各个领域都充当了重要角色。

　　正因为龙在中国各民族人们的心目中占有极其重要的地位，所以龙对中国古代政治权威的崛起起着至为重要的作用。在众多的图腾神中，龙成为至上神，受到最高规格的崇拜。而其中"乘龙"腾空升天的观念，不仅显示了先民们对龙图腾神由来已久的崇拜，更体现了沟通天地的愿望和

汉代画像砖驭龙升天图拓片（四川新都出土）

乘龙自由往来于天地之间的想象。从另一层含义看，龙既然是沟通天地的使者，自然要担负起引导或负载人的灵魂升天的任务。新石器时代的原龙纹，便大多带有引导墓主人灵魂升天的含义。商代以降的龙纹，也继承了这一古老含义。学者们认为，河南濮阳西水坡仰韶文化遗址墓葬中的蚌塑龙形图像，便是当时人们埋葬墓主人举行巫术仪式的场景，体现了人死后灵魂乘龙升天的思想。浙江余杭良渚文化遗址出土的大型玉琮上浮雕的"神人兽面纹"，也是先民乘骑神兽通天观念的形象化表述。湖南长沙子弹库楚墓出土的帛画《人物驭龙图》，更是乘龙引魂升天的生动写照。在大量出土的汉代画像石、画像砖上，有许多仙人乘龙和驭龙驾车在天空飞行的神奇画面，显然也是先秦神人乘龙观念的流传。

北川石纽，附近有禹王沟，传说即为兴于西羌的大禹出生地

传说大禹治水就是从岷江开始的（山东嘉祥武梁祠西壁大禹画像拓片）

由此可知，在先民的观念中，龙是一种奇异的神物，既是图腾形象，又是共同信仰的崇拜物，同时还是沟通人神之间关系的象征。三星堆青铜神树上的神龙，便是这种观念的形象体现。它造型生动，姿态矫

三星堆青铜神树下部盘绕蜿蜒的龙的形象

汶川的大禹塑像

健，与华夏族的龙形象有许多相同之处，同时又显示出了古蜀时代浓郁的风格特色。从传世文献记载看，黄帝娶西陵氏女嫘祖为正妃，又为儿子昌意与蜀山氏联姻。大禹兴起于西羌，曾在蜀地导山治水，可见古代蜀人与华夏族的密切关系。古代蜀人也很早就有了龙的观念，并用造型艺术给予了充分的发挥和展现。它那游动的身躯，飞扬的羽翅，有力的爪牙，圆睁的大眼，显得多么夸张而又神奇，出色地体现了自由自在地飞升遨游于天地之间的内涵。可以说，这也是古代蜀人天人合一观念的一种展示。神龙尾在上、头朝下，神采奕奕而无狰狞之态，沿着通天神树从天上众神的世界来到了人间，这既是一条充满想象力和潇洒奔放的神龙，又是一条为人间社会带来美好希望的神龙。无论是造型的精美和形态的高大，都堪称是青铜时代的杰作。

三星堆一号坑出土的青铜爬龙柱形器，也是一件具有浓郁古蜀特色的非常神奇的器物。整个器物高41厘米，宽18.8厘米，由器身和爬龙

两部分组成。器身为
上大下小的圆柱形，器
壁一侧有卷尾向上的
夔龙纹饰件①。在器顶
上铸有昂首站立的爬
龙，身、尾垂于器壁，
后爪紧抱器身，前爪粗
壮如虎，显得威武有
力，昂起的龙头怒目张
牙作啸吼状。最为奇异
的是长着一对弯长的
巨耳，并长着羊的弯角
和羊的胡须。这件青铜
爬龙，虽然身子细圆，

三星堆一号坑出土的青铜爬龙柱形器

但神奇的龙头和孔武的前爪则给人以威风凛凛之感，同青铜神树上的
神龙相比，展示了古代蜀人对龙的形态丰富多样的想象，是精心塑造的
另一种造型风格的神龙。有学者认为，这是一条长着羊头的神龙，透
露出是与众不同的羊种民族的神龙传说。我们知道，相传禹兴于西羌，
蜀族与古羌也有着密切的关系，而羌、姜均从"羊"，羊头神龙便形象
地体现了这种丰富的内涵。关于这件青铜爬龙柱形器的用途，是一个
耐人寻味的问题。从其造型、尺寸与下端缺口圆孔看，很可能是安装在
木棍或圆竹之类置放于宗庙或祭坛上使用的祭祀用品，也有可能是巫师
双手执掌于祈祷或作法时使用的法器。如果说青铜神树上的神龙是沟通
天地与人神关系的象征，那么青铜爬龙柱形器则是古代蜀人龙图腾观念
的又一种形象展现，它们都有丰富的内涵，在古蜀国盛大的祭祀活动中，

---

① 参见四川省文物考古所《三星堆祭祀坑》第33页，第37页图，第526页彩图，文
　物出版社1999年版。

民间传说的蚕母娘娘

北宋木刻套色版画《蚕母》（现藏浙江温州市博物馆）

都是重要的祭祀对象和祭祀用品。

对这件神奇的青铜爬龙柱形器，学者们还提出了一些新颖的解释和看法。有认为这条爬龙应是《山海经》中"烛龙"的造型，而柱形器则具有图腾柱的性质，或是由图腾树演化而来的图腾崇拜孑遗。有人认为爬龙柱形器是夏初族标，属于王族分封的册命礼器。还有认为青铜爬龙柱形器上那条"烛龙之身乃是蚕身"，是集烛龙、羊、蚕、虎等古羌与蜀族曾拥有过的多种图腾于一体的复合图腾象征①。这些看法，均不失为一家之言，但也有不少值得商榷之处。

蚕与古蜀的密切关系，由来已久。从文献记述和考古资料看，中国的蚕桑文化可上溯至新石器时代晚期，可谓源远流长。而古蜀是中国蚕桑文化的重要发祥地之一，则是不争的事实。传说最早发明育蚕技术的就是黄帝的正妃嫘祖。古本《淮南子》引《蚕经》中就有"黄帝元

———————
① 屈小强、李殿元、段渝《三星堆文化》第200页，四川人民出版社1993年版。

妃西陵氏始蚕"之说①，《礼记·礼运》有"后圣有作"，"治其麻丝，以为布帛，以养生送死，以事鬼神上帝"之说②。《礼记·月令》则记述了每年季春之月"命有司无伐桑柘，乃修蚕器，后妃斋戒，享先蚕而躬桑，以劝蚕事"的活动③，说明西周时期享祀先蚕已成为一项重要的礼仪制度。唐代杜佑《通典》和宋代郑樵《通志》，也都记述了西周以来祭享先蚕这一礼仪制度④。所以《纲鉴易知录·五帝纪》中说嫘祖"始教民育蚕，治丝茧以供衣服……后世祀为先蚕"。此外，古代蜀地曾长期流传着"蚕马"与蚕女马头娘的传说。《山海经·海外北经》有"欧丝之野在大踵东，一女子跪据树欧丝"的记述，袁珂先生认为这是"'蚕马'神话之雏型"⑤。《太平广记》卷479引《原化传拾遗》则说"蚕女旧迹，今在广汉"⑥。古代蜀地还有祭祀青衣神的传统习俗，据记载青衣神便是教人养蚕的蚕丛氏。一些古籍还记述了蜀地每年春天都有热闹的蚕市⑦。这些由来已久的习俗，不仅说明了蚕丛教民养蚕的影响，也展示了自蚕丛以来古蜀蚕桑丝绸业的兴旺发展。

　　蚕丛是古蜀历史上的一个重要时代，古蜀由氏族部落而建立古蜀国就是从蚕丛开始的。我们知道，蜀山氏是文献记载中古代蜀族最早的名称，是黄帝时代的一个重要部族。由蜀山氏转变为蚕丛氏，其年代大概在传说中的颛顼时代，而颛顼原名高阳，是黄帝的孙子。正因为蚕丛氏上承蜀山氏，所以建国称王之后，仍以蜀作为氏族名称和国号，以后的历代蜀王也都继承了这一传统，袭蜀名而不改，保持了蜀的称号。

① (清)鄂尔泰、张廷玉等《授时通考》卷72引，乾隆七年(1742)武英殿刻本。
② (清)阮元校刻《十三经注疏》下册第1416页，中华书局1980年影印版。
③ (宋)李昉《太平御览》卷825，第4册第3675页，中华书局1960年影印版。
④ 参见(唐)杜佑《通典》第2册第1290页，中华书局1988年版；参见(宋)郑樵《通志二十略》上册第631页，中华书局1995年版。
⑤ 袁珂《山海经校注》(增补修订本)第290页，巴蜀书社1993年版。
⑥ (宋)李昉等《太平广记》第10册第3944页，中华书局1961年版。
⑦ (宋)祝穆《方舆胜览》第11册页7，上海古籍出版社1986年影印线装本；参见(明)曹学佺《蜀中名胜记》第24、219页，重庆出版社1984年版。

民间传说中的青衣神以及古代蜀地的祭祀习俗

三星堆祭祀坑新见丝绸遗痕

学术界通常认为，古代的巴与蜀分别是以蛇和蚕作为图腾的两个部族。《说文》解释蜀字，就是"葵（桑）中蚕"的意思[1]，说明这与古代蜀人很早就发明和驯养桑蚕有关。因为植桑养蚕促使了蜀族的兴旺发展，所以蚕成了古代蜀人敬奉的图腾，而且以"桑中蚕"之意的蜀字作为族名。

从出土文物看，古代蜀人有着丰富多样的图腾观念，这与古蜀泛灵崇拜思想有着很大的关系，也与古蜀族和古蜀国的起源演进和形成发展密切相关。比如三星堆出土的鱼、鸟、蛇、龙、虎、羊，以及树和山等

_____

[1]（汉）许慎撰，（清）段玉裁注《说文解字注》第665页，上海古籍出版社1988年版。

等，都有图腾的含义。但对蚕图腾的敬奉，无疑是古蜀族历史上占据主导地位的一种图腾观念。极具象形意义的"蜀"字，便是这一图腾观念的充分概括和生动体现。秦汉之前，"蜀"字已见于殷墟甲骨文，这说明殷人也采用了这个字作为对蜀族的称呼。

甲骨文中的蜀字

在造型艺术方面，古代蜀人的这一图腾观念也有生动形象长体现。由于早期蜀族是由岷江流域和西南地区部落间融合形成的民族，并接受了华夏族的诸多影响，因而在图腾形象方面表现出丰富多样、兼容并存的情形。蚕图腾形象往往和龙图腾形象、虎图腾形象相互融化，或合二为一、整合在一起。这也可能是古代蜀人在多种图腾观念兼容并存情形下，在造型艺术表现方面给予了富有想象力的发挥。其目的也可能是为了取长补短，将蚕的可敬可亲，同龙的神异和虎的威孟综合在一起，以追求更加典型强烈、富有震撼力的艺术效果。三星堆考古

三星堆一号坑出土的青铜龙虎尊

三星堆一号坑出土的青铜龙虎尊拓片

三星堆二号坑出土的青铜神坛

发现告诉我们，古代蜀人在造型艺术方面特别喜欢写实与夸张相结合的手法，并运用得极其娴熟高超。比如千姿百态的青铜造像群以及生动奇异的各种青铜鸟，可谓达到了出神入化的境界。龙、虎、蚕的图腾形象，也同样体现了这种风格，给人以内涵丰富的神奇之感。

其实在古人的观念意识中，龙与蚕是可以变化的。《管子·水地》就说："龙生于水，被五色而游，故神。欲小则化如蚕蠋，欲大则藏于天下。"①《荀子·蚕赋》也称蚕"其状屡化如神，功被天下，为万世文"，唐代杨倞注文引用东汉学者郑玄的说法"故蚕书曰蚕为龙精"②。《山海经》中更有大量关于多种图腾组合形象的记述，如人面鸟身、人面龙身、人面虎身、龙首人身、鸟身龙首等等。这些怪异的形象，其实都是组合图腾的展示，是各地部落氏族丰富多彩的图腾象征。以此来看三星堆青铜爬龙柱形器，其羊角、龙首、蚕身的神奇形态，显然就是古代蜀人对多种图腾形象兼容并存，以及龙与蚕可以相互变化观念的一种造型体现。类似的情形也表现在蚕与虎的组合图腾造型上，例如三星堆出土的虎形金饰，就兼具虎与蚕的特征，其虎身显然就是一弯曲的蚕体。还有三星堆出土的青铜龙虎尊上用高浮雕方法塑造的虎首也长着蚕身，兼具虎与蚕的特征，而且造型构图表现为虎头双蚕身，更是充满了神奇的

---

①《二十二子》第 147 页，上海古籍出版社 1986 年版。
②《二十二子》第 351 页，上海古籍出版社 1986 年版。

想象，展示出古代蜀人富有特色的图腾观念和极强的艺术魅力。

从图腾文化研究的角度看，世界上各民族崇奉多种图腾的现象并不鲜见，通常以其中一个为主要图腾，其余则为次要图腾。比如河南濮阳西水坡仰韶文化遗址墓葬中，就既有蚌壳摆塑的龙图案，又有虎图案，显示了墓主人部族既崇龙又崇虎的图腾观念，透露了新石器时代南北文化的相互碰撞和吸纳，以及游牧文化与农业

三星堆一号坑出二的青铜龙虎尊

文化的整合。三星堆考古发现向我们揭示了古蜀时代同样有主要图腾和次要图腾，同样展现出多种文化的兼容和整合。

在古代蜀人的图腾观念中，对虎的崇拜显然也占有很重要的地位，三星堆出土的金虎、青铜虎，以及造型生动的青铜龙虎尊，对此便是一个很好的说明。巴人就是崇虎的部族，称为白虎之后。考古发现巴族器物中大都有虎纹装饰，在巴族墓葬中出土有虎纽錞于，在不少地方出土有巴式虎纹图形青铜戈。彝族也流行虎崇拜，以黑为尊，崇奉的是黑虎图腾。《山海经·海外北经》说"有兽焉，状如虎，名曰罗

四川郫县出土战国虎纹青铜戈

三星堆遗址出土的青铜虎，遍体嵌饰有绿松石

罗"①。而彝族称虎为罗，自称为罗罗，可知《山海经》中所说青虎罗罗即是彝族的虎图腾。有学者认为，古蜀人曾是古彝人的先民，《史记·三代世表·正义》就说"蚕丛国破，子孙居姚、嶲等处"②。姚，即今云南姚安；嶲，即今四川西昌一带，正好是中国西南部的彝族地区。仲牟由是涉及彝族起源的一个非常重要的人物，我们查阅史籍，《元史·地理志》《大明一统志》《蜀中广记》《天下郡国利病书》《读史方舆纪要》等书，都说彝族是仲牟由之裔。杜宇失国后，带着追随他的族人流亡到了凉山和云南，根据彝族从古至今的口碑流传，仲牟由即是杜宇的彝语音译，彝语又称杜宇为居木。仲牟由是彝族传说中的六祖，从仲牟由开始才形成了真正的彝族。杜宇（仲牟由）有三个儿子，繁衍的彝族后裔云南一支、贵州一支、四川凉山一支，现在的彝族便是杜宇的后人。彝族崇奉黑虎，而古蜀祭祀青衣神说明有尚青的习俗，可知古蜀族崇尚的很可能也是黑虎图腾，与巴族的白虎图腾有所不同。三星堆出土的青铜虎遍体嵌饰绿松石，显然就是崇奉黑虎图腾的写照。

其实，无论从人类学、民族学还是考古学的角度看，崇拜虎或以虎为图腾的部族部落，在整个人类的原始时期相当普遍，这与先民们的狩猎活动和生存环境显然有着很重要的关系。由于族系的不同和心理习俗等方面的差异，即使同样崇拜虎和以虎为图腾，也显示出不同的特色，从而形成了或宗白虎、或祖黑虎的情形。值得注意的是，虎崇拜在北起甘青，南抵滇、黔的整个横断山区各部落中是一种普遍现象，尤其

①袁珂《山海经校注》（增补修订本）第 294 页，巴蜀书社 1993 年版。
②（汉）司马迁撰《史记》第 2 册第 507 页，中华书局 1959 年版。

是在这一地区占据主导地位出自古氐羌系的西南各部族,崇拜白虎或崇拜黑虎最为盛行。这对西南诸族文化乃至整个华夏文化,都产生了极为重大的影响。

综上所述,可知古代蜀人崇奉的蚕图腾、虎图腾和龙图腾都由来已久,在古蜀族丰富多样的图腾观念中,呈现出兼容并存的状态。对蚕的崇拜可能是古蜀族最悠久的传统,但在黄帝族和夏禹族的龙图腾、古氐羌系各部族的虎图腾的强大影响下,古

相传出土于湖南的商代虎食人卣

蜀族的蚕图腾也吸纳了龙、虎图腾文化,并在造型艺术上通过想象发挥而融化整合在一起,创作出了具有丰富内涵和鲜明古蜀特色的龙、虎形象。值得指出的是,在相当于中原殷商王朝的三星堆时期,古蜀族的图腾崇拜已经由盛而衰,占据主导地位的则是千姿百态的青铜造像群、具有多种复合特征和象征含义的青铜神树以及绚丽多彩的太阳神话等等,说明古蜀国已由早期图腾崇拜阶段,进入了更加发达昌盛的青铜文明时代。盛大的祭祀活动,已成为古蜀国神权和王权日益强化的展示和体现。

九、通向远方的商道

三星堆考古发现为我们揭示了古蜀文明的灿烂辉煌,使我们看到

河南偃师二里头文化遗址出土
的陶盉

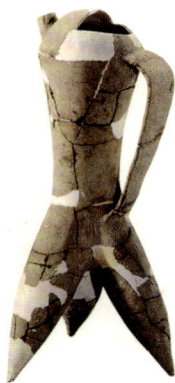

三星堆出土的陶盉

河南郑州商城出土的青铜
牛首尊

三星堆二号坑出土的青
铜尊

了古蜀国丰富多彩的社会生活。而古蜀文明与中原殷商以及周边其他区域文明之间的关系，也是一个非常值得探讨的话题。

　　学术界过去在中华文明的起源问题上，由于受古代"内诸夏而外夷狄"文化观念的影响，自上古以来即盛行中原诸夏王朝为正统，很长时期都将中原视作唯一的文明中心。随着考古新发现提供的丰富资料日益增多，中华文明起源呈现为满天星斗、多元一体的格局已为学术界所公认。三星堆考古发现便为中华文明起源多元论提供了重要佐证，揭示了古蜀国就是长江上游的一个重要文明中心。

　　考古材料告诉我们，古蜀文明具有自成一系的鲜明特色，与中原文明在许多方面都有所不同。这种不同或差异，不仅表现在礼仪制度、观念习俗、宗族或部族构成、社会生活、艺术情趣等诸方面，而且也表现在农业生产方式上。中原是旱作农业起源的核心地区，南方长江流域是稻作农业起源地之一。应该说，正是由于史前时期就形成了南北两大农业经济文化区和两种农业体系，从而促使和形成了南北文化体系发展的各具特色。

古蜀文明作为南方文化系统长江上游的一个重要文明中心，虽然与中原文明有许多明显的不同，但同时又有着比较密切的关系。无论是从文献记载还是从考古资料看，古蜀文明与

湖南岳阳出土的青铜罍　　　三星堆二号坑出土的青铜罍

中原文明的密切关系、相互之间的文化交流和影响，都是源远流长的。上古时期已有黄帝和蜀山氏联姻的记述，夏禹治水曾多次往返于岷江流域和黄河流域，《尚书·禹贡》对此有较多的记载。有学者提出了夏禹文化西兴东渐的见解①。考古材料也揭示了三星堆遗址第二期所出器物与中原二里头文化之间的关系。例如两者均出土有陶盉、瓠、豆、罐类器物，都是以小平底为主，尤其是三星堆遗址出土的陶盉同二里头的陶盉，除了陶质和大小以外，几乎没有太大的区别，有学者认为这是由二里头文化传来的，因为别的地方没有。又如三星堆遗址出土的陶器"将军盔"（即熔铜的坩埚），与殷墟第一期出土的非常相似。还有三星堆出土的青铜罍，类似于长江中游湖北等地发现的同类青铜罍，同陕西城固出土的青铜罍几乎没有区别，连花纹做法都一样，与殷墟的青铜罍也有许多相似之处。这些都说明了古蜀文明与中原文明特别是夏商时期的密切关系。

三星堆出土器物中，如果说陶盉、陶豆是接受了二里头文化的影响的话，那么青铜尊、青铜罍则显示出受到了殷商青铜礼器的影响。这起码说明两点：一是古蜀与中原的文化传播与交流在夏代甚至夏早就开始了；二是这种文化传播和交流在殷商时期变得更加密切了。一号坑与

———————

① 参见谭继和《禹文化西兴东渐简论》，《四川文物》1998 年第 6 期。

二号坑出土的青铜器物，就反映出这时期的蜀文化已接受了大量商文化的影响。例如青铜罍和青铜尊，就展现出在造型艺术和青铜铸造工艺方面具有高超水平的古代蜀人对商文化中青铜礼器的模仿。但这种模仿主要是仿造罍和尊，其他礼器极难见到，说明这是有保留和有选择的模仿，是不失主体的一种文化交流。

关于古蜀与中原的关系，历来是学术界讨论的一个热门话题。晋代常璩《华阳国志》卷12提到"孔子'述而不作，信而好古，窃比于我老彭'，则彭祖本生蜀，为殷太史"①。关于老彭，《世本》有"在商为藏史"之说，《大戴礼记》卷9也有"商老彭"之称。顾颉刚先生指出："老彭是蜀人而仕于商，可以推想蜀人在商朝做官的一定不止他一个。古代的史官是知识的总汇，不论自然科学和社会科学，他应当都懂。蜀人而做王朝的史官，可见蜀中文化的高超。"②这也透露了殷商时期古蜀国

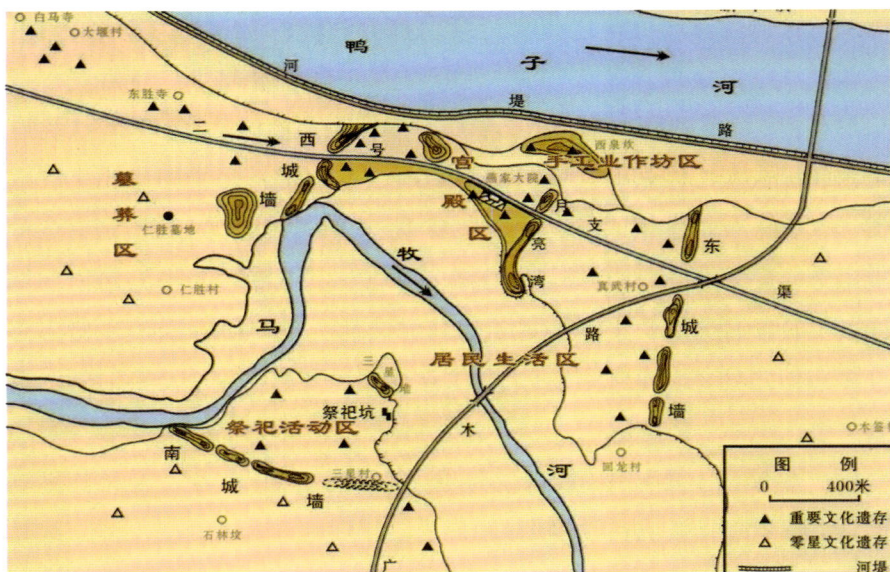

三星堆古城遗址区平面示意图

---

① (晋) 常璩撰，刘琳校注《华阳国志校注》第897页，巴蜀书社1984年版。
② 顾颉刚《论巴蜀与中原的关系》第19页，四川人民出版社1981年版。

与中原王朝关系的密切。总的来说传世文献中这方面的记载是比较少的，自从甲骨文大量出土，资料才多起来。在甲骨文中不但发现了"蜀"字，而且发现了商和蜀的关系。

学者们对甲骨文中的蜀，其地理位置究竟在哪里，曾有不同的看法。陈梦家先生认为卜辞有蜀、羌、微、濮四国，皆殷之敌国，大约在殷之西北、西南①。胡厚宣先生认为蜀在鲁地，也就是在山东泰安南至汶上皆蜀疆土②。董作宾先生认为蜀约当今之陕南或四川境③。日本学者岛邦男认为蜀在河曲西南，约在今陕西东南商县、洛南附近④。郭沫若先生认为蜀乃殷西北之敌⑤。除了殷墟卜辞中有许多蜀的记述，在陕西岐山西周遗址出土的甲骨卜辞中也有蜀字。李学勤先生认为周原卜辞中的蜀也在鲁地⑥，这同胡厚宣先生的观点是一致的。李伯谦先生认为蜀在汉水上游，只是到西周时期才转移到成都平原⑦。段渝先生则认为陕南之蜀并非独立方国，它是成都平原蜀国的北疆重镇，故也称蜀⑧。这些争论百家争鸣，虽然对殷墟卜辞和周原卜辞中的蜀有不同解释，但三星堆考古发现已经充分揭示具有鲜明特色和丰富内涵的古蜀文明，告诉我们殷商时期的古蜀国，不仅在三星堆建立了雄伟的都城，而且有着同中原一样灿烂而又独具特色的青铜文化，在长江上游成都平原形成了自成一系、辉煌的文明中心。

古蜀与中原一直有着比较密切的关系，有着文化上的交流和经济的往来，但古蜀与中原这种关系究竟属于什么性质？是相互隶属还是

① 参见陈梦家《殷代地理小记》，《禹贡》第七卷，第六、七期合刊，北平禹贡学会1937年6月出版。
② 参见胡厚宣《卜辞中所见之殷代农业》，《甲骨学商史论丛》第二集（1944年）。
③ 参见董作宾《殷代的羌与蜀》，《说文月刊》第三卷，第七期（1942年）。
④ 参见［日］岛帮男《殷墟卜辞研究》第374—383页，（台北）鼎文书局1975年出版。
⑤ 参见郭沫若《卜辞通纂》，《郭沫若全集·考古编》第2卷第453页，科学出版社1983年版。
⑥ 见李学勤《西周甲骨的几点研究》，《文物》1981年第9期。
⑦ 见李伯谦《城固铜器群与早期蜀文化》，《考古与文物》1983年第2期。
⑧ 参见段渝《四川通史》第1册第44—45页，四川大学出版社1993年版。

长江三峡是古蜀与华夏往来的主要途径

相对独立？这也是学术界争论较多的一个问题。有学者认为古蜀应是殷商的西土外服方国，还有学者曾认为蜀文化是受商文化传播影响发展起来的。但也有学者认为，从卜辞看蜀与殷商王朝和战不定，是国际关系，而不是方国与共主的关系，蜀国并未成为殷商王朝的外服方国。从考古资料看，三星堆古蜀都城大于早商都城并和中商都城不相上下，若按照殷商王朝的内外服制度和匠人营国之制是严重逾制的，只能表明古蜀国与殷商王朝分属于两个不同的政权体系，二者之间不存在权力大小的区别。三星堆青铜造像群浓郁的古蜀特色，在王权与神权方面自成体系的象征含义，对此也是一个很好的印证。而三星堆青铜器中的尊、罍，玉石器中的璋、戈等形制，则反映了对商文化的模仿，说明了商文化对蜀文化的影响。但古蜀与中原的文化交流是不丧失主体的交流，在接受商文化影响的时候，以高超的青铜雕像造型艺术为代表的古蜀文化特色始终占据着主导地位。这就是我们客观认识和正确评价古蜀文化与殷商文化相互交流影响的关键所在。

古蜀文化与殷商文化之间的交往，可能有水、陆两途，而顺长江上下则是一条主要途径。徐中舒先生曾指出："古代四川的交通有栈道和索桥，并不如想象的困难，而且长江由三峡顺流东下，更不能限制习惯于水居民族的来往。"从考古资料"可以清楚的看出，古代四川与中原地区的联系，其主要道路就是沿江西上的"[①]。李学勤先生通过对出土青铜器物的比较研究，也认为以中原为中心的商文化先向南推进，经淮

———————

① 见徐中舒《论巴蜀文化》第 3、5 页，四川人民出版社 1982 年版。

至江，越过洞庭湖，又溯江穿入蜀地，"这很可能是商文化通往成都平原的一条主要途径"[1]。他认为蜀文化发展与商文化的发展是平行的，彼此影响传播也是畅通的，不过这种影响不是直接传入当地，而是由湖北、湖南地区当时的文化作为媒介。三星堆礼器的饕餮纹为最接近湖北、湖南所发现的一样，便反映了这种媒介作用的存在[2]。总之，蜀文化有着自身的渊源和演变，在接受了长时期的中原和其他地区的文化影响之后，才逐渐融合到中国文化进程中去。

蜀地通往秦陇的古栈道

古蜀与中原的交流，北经汉中之地或通过陇蜀之间，也是一个不可忽视的途径。西周初武王伐纣，联合西土八国会师牧野，古蜀巨人马就是由这条途径参与征伐行动的。在开明王朝开凿石牛道之前，古蜀国北面的交通显然早就存在了，文献记载和考古出土资料都为此提供了印证，古代蜀人使用栈道的历史，可能远比见诸文字记载的要久远。扬雄《蜀王本纪》中有"蜀王从万余人东猎褒谷"的记述，这种大规模的行动也是对这种交通情形的一个说明。《华阳国志·蜀志》说杜宇时期"以褒斜为前门"，开明三世卢帝"攻秦至雍"，褒斜即褒谷与斜谷，雍城在陕西凤翔县南（或说在宝鸡），都说明了古蜀国北面的交通状况。褒斜道早在商代即已开通，在商周之际开通的可能还有故道，因其沿嘉陵江东源故道水河谷行进而得名。《散氏盘》铭文中有"周道"，据王国维先生考证，"周道即同道谷，大沽者，即漾水注之故道"[3]。而据《史

---

① 见李学勤《商文化怎样传入四川》，《中国文物报》1989年7月21日。
② 李学勤《三星堆饕餮纹的分析》，《三星堆与巴蜀文化》第79页，巴蜀书社1993年版。
③ 王国维《观堂集林》第3册第887页，中华书局1959年版。

陕西城固出土的商代亚伐方罍

陕西城固出土的商代青铜面具

陕西宝鸡强国墓地出土的小型青铜人像（男相）

陕西宝鸡强国墓地出土的小型青铜人像（女相）

记·货殖列传》所述，商周时期雍、蜀之间已有商业往来。邓少琴先生认为："是则蜀当夏、殷、周之世均与中原有其交通之迹也"，"下至石牛道之开凿，以蜀饶资用，南御滇僰，西近邛笮，栈道千里，无所不通"[①]。

从考古发现看，陕西城固出土的青铜器群中，既有属于殷商文化的器物，如鼎、尊、瓿、簋、戈、钺等；又有属于古蜀文化的器物，如青铜面具、铺首形器，以及陶器中的小底罐等。由于三星堆文化同类器物都早于或等于城固青铜器群的年代，说明陕南乃是商与蜀接壤、两种文化相互交错共存的边缘地区。对古蜀国来说陕南是其北境，而对商王朝来说陕南则为其西土。三星堆出土的青铜罍与城固出土的青铜罍，在器形和纹饰上都相似，显然便是两种文化交流的结果。

古蜀文化通过陕南接受了殷商文化的传播，仿造了中原礼器中的青铜尊与青铜罍，同时也使古蜀文化在与殷商文化接壤的地方产生了影响，留下了富有古蜀文化特色的遗存。在陕西宝鸡地区茹家庄、竹园沟、纸坊头等处发掘出土的一批西周时期弓鱼国墓葬，就呈现出一种复合的文化面貌。学者们认为有三种文化因素并存："居址和墓地的出土遗物，从各个不同的侧面揭示出商周时期传统的周文化，同西南地区早期蜀文化、西北地区寺洼文化（主要是安国文化类型）的有机联系，展现出一幅五彩缤纷的历史画面。毫无疑问，这对研究当时的民族关系、文化交流与融合都具有重要意义。"[②]值得注意的是茹家庄一、二号墓出土的青铜人像，那夸张的握成环形的巨大双手，完全继承了三星堆青铜立人像双手造型的风格。这对商周时期蜀文化的影响，应是一个绝好的说明。林向先生认为："弓鱼国文化中明显占优势的早蜀文化因素是不能单用外部传播来解释的，必然是与蜀人势力直接抵达渭滨、蜀文化圈在此与周文化圈相重叠有关。"[③]段渝先生认为"从各种文化现象分析，弓鱼氏文化是古蜀人沿嘉陵江向北发展的一支，是古蜀国在渭水上游的

① 邓少琴《巴蜀史迹探原》第 156 页，四川人民出版社 1983 年版。
② 卢连成、胡智生《宝鸡弓鱼国墓地》上册第 6 页，文物出版社 1988 年版。
③ 林向《巴蜀文化新论》第 71 页，成都出版社 1995 年版。

彭州竹瓦街窖藏出土的青铜罍

一个拓殖点"①，展示了"古蜀文化具有强烈的扩张性或辐射性"②。

从考古学的角度来看中原与各区系文化的关系和影响，苏秉琦先生曾指出：在历史上黄河流域确曾起到重要的作用，常常居于主导的地位，但在同一时期内其他地区的古代文化，也以各自的特点和途径在发展着。而影响总是相互的，中原给各地以影响，各地也给中原以影响③。三星堆考古的大量材料所揭示的辉煌的古蜀文明，以及古蜀文明和中原文明的交流与影响，便是很好的例证。古蜀文化以三星堆青铜造像群为代表的文化主体始终占据着主导地位，同时也接受了许多外来文化因素，但外来文化影响只居于次要地位，而且大都在模仿过程中给予了新的发挥，这就是古代蜀人既善于学习外来文化的长处，又对本土文化的优越充满自信的表现。值得一提的是，三星堆一号坑出土模仿商文化的礼器数量较少，二号坑出土的礼器种类和数量却大为增多，两坑时代相差约百年左右，说明随着历史的发展，古蜀文化与殷商文化的交流比以前增多了。联系到彭州竹瓦街窖藏出土的青铜器物来看，中原商周文化的影响随着时间的推移而变得强烈了，这显示的正是中华文明多元一统发展的历史趋势。

总之，关于古蜀国与殷商王朝的关系和文化交流，应该给予客观、恰如其分的认识。古蜀文化接受商文化的影响，主要来自湖北、湖南、江西等长江中游以及陕南地区。但古蜀文化主体还是本土的，外来文化

① 段渝《嫘祖文化研究（之四）》，《成都文物》1998 年第 2 期第 52 页。
② 屈小强、李殿元、段渝《三星堆文化》第 601 页，四川人民出版社 1993 年版。
③ 参见苏秉琦《关于考古学文化的区系类型问题》（原载《文物》1981 年第 5 期），《苏秉琦考古学论述选集》第 226 页，文物出版社 1984 年版。

影响只占极次要的地位,而且受长江中游的影响远比黄河流域深。殷商崇尚青铜礼容器,发展出一套繁复的系统。古蜀国也同样重视青铜器的铸造,同样有礼容器,可是礼容器在整个青铜资源运用系统中只扮演次要的角色。古蜀国赋予青铜的意义与殷商王朝以及其军政文化势力所及的长江中下游地区明显不同。可以说,三星堆文化与殷商文化各自具有的鲜明特色,充分展现了长江流域和黄河流域南北两个文化系统的绚丽多彩。随着相互间的交流融合,从而在中华文明发展史上谱写了青铜时代杰出而辉煌的篇章。

如果从更广阔的视野来看,三星堆文明同世界上的其他区域文明也有着商贸与文化方面的交流。过去通常认为,古蜀国地处中国内陆四川盆地,由于水土丰茂、物产富饶,曾有学者将其形容为中国的后花园。也有人认为自古以来这里受地球环境限制,是个比较闭塞的地区,三星堆考古发现告诉我们,古蜀国其实并不封闭,也并非蛮荒之地,而是具有很大的开放性和兼容性。古代蜀人不仅有极其丰富的想象力和创造力,而且显示出强烈的开拓精神。

彭州竹瓦街窖藏出土的西周时期蟠龙盖兽面纹青铜罍

彭州竹瓦街窖藏出土的西周时期的云纹青铜罍

　　童恩正先生曾指出，四川恰好位于黄河与长江两大巨流之间，又正当青藏高原至长江中下游平原的过渡地带，曾是古代中国西部南北交通的孔道，又是西部畜牧民族和东部农业民族交往融合的地方，使四川自古就有众多的民族迁徙、栖息，在历史上留下了十分丰富的内容①。三星堆青铜造像群就生动地展现出，这是以蜀族为主体联盟了西南其他众多部族，创造出的一种灿烂的青铜文化。三星堆青铜文化具有浓郁的古蜀特色，又显示出吸取了许多其他文化因素。通过比较研究可以发现，三星堆青铜文化与古代西亚文明也有许多相近的因素，相互间也可能有过交流并产生过影响。

　　从世界文明发展的角度来拓展我们的视野和思路，将三星堆青铜文化与中东和西亚青铜艺术进行比较研究，虽然有些问题尚不能得出明确、肯定的结论，有些观点、看法目前也还有争论和分歧，但这种比较研究方法的积极意义，则是应该给予充分肯定的。霍巍先生认为，

古印第安文明的重要遗址特奥蒂瓦坎古城

----

① 参见童恩正《古代的巴蜀》第 3 页，四川人民出版社 1979 年版。

三星堆出土的海贝

三星堆出土的铜贝

三星堆青铜文化与西亚青铜文化的确存在着某些类似的因素，三星堆青铜文化显然是在土生土长的古蜀文化的基础之上，既吸收了中原殷商文化的因素，又可能吸收了来自西亚古老文明的因素形成的一种复合型文化体系①。范小平先生也认为，三星堆青铜文化与美索不达米亚文化、两河文化、腓尼基及安纳托利亚等西亚上古文化中所表现的大批雕刻、雕塑作品在其文化内涵及美术特征上确有共同之处，在一定意义上可以探寻出三星堆青铜文化与西亚上古文明在东方文化体系中的相互作用和联系②。应该说，这些都是很有见地的看法。

以前通常认为，中国同世界的交往联系是从丝绸之路开始的。而根据考古发现提供的大量资料，参照古代文献透露的信息，其实在商时代的中原与古蜀，就与世界其他地区有了文化交流和经济往来，甚至有了人口的迁移。这种交流往来可能在新石器时期就已开始了。贾兰

① 参见霍巍《广汉三星堆青铜文化与古代西亚文明》，《四川文物》1989 年"广汉三星堆遗址研究专辑"第 38—43 页。

② 参见范小平《三星堆青铜雕像与西亚上古雕塑艺术比较》，《四川文物》1991 年第 5 期第 52 页。

坡先生曾指出，大致在两万年前，亚洲人已经开始经过白令海峡进入美洲大陆，形成了美洲最早的居民印第安人。张光直先生也认为，中国文明和中美文明实际上是同一祖先的后代在不同时代、不同地点的产物。还有学者通过大量的研究后认为，"印第安"（Indian）应是"殷地安"，是殷人东迁美洲后的自称。董作宾先生和郭沫若先生也曾指出，周武王灭商之际，商纣王的25万大军正在进攻开拓东夷，没有退路，后来全部失踪了，很可能是面临亡国又不甘屈服，就只有东迁和东渡了[①]。越来越多的事实和深入研究结果证明，这种看法是成立的。既然这种大规模的迁移并非无稽之谈，那么古蜀国与南亚和西亚的文化交流以及商贸往来，也是很正常的事情。

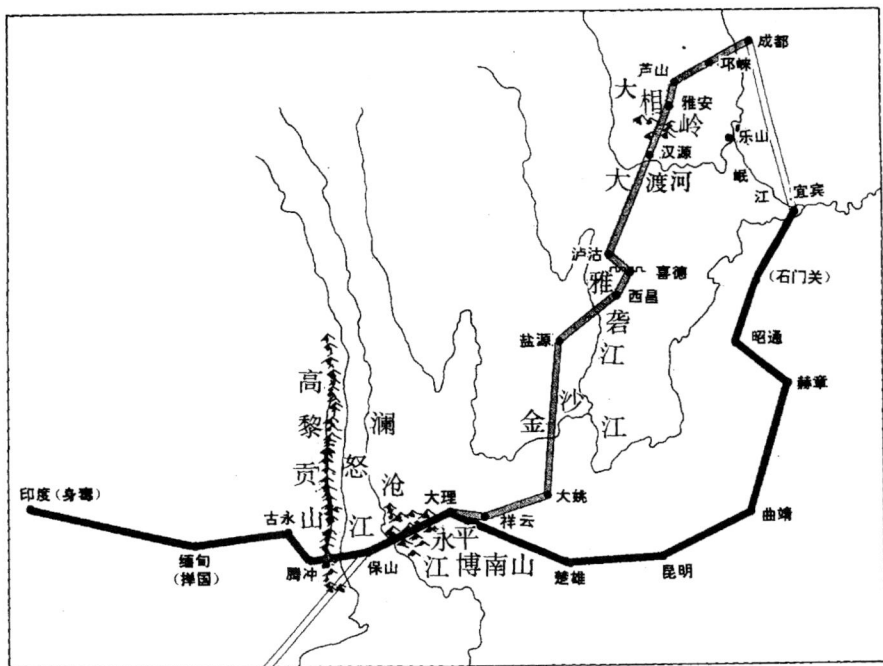

西南丝绸之路示意图

[①] 参见王大有、宋宝忠《图说美洲图腾》第23、29、35、40—44页，人民美术出版社1998年版。

　　在三星堆出土遗物中，除了青铜造像群所显示的一些外来文化因素外，三星堆出土的大量海贝，也充分说明了古代蜀人与外界的交往。在河南安阳殷墟妇好墓中出土有海贝6880枚，在安阳大司空村南仁墓葬和车马坑中也出土有数量不等的海贝，在山东青州市苏埠屯南仁晚期墓中也出土有殉贝3990枚。这些海贝当时已有原始货币的职能。从数量来看是一笔不小的财富。中原和古蜀都不产海贝，这些海贝显然都是由太平洋和印度洋沿岸地区辗转而来的舶来品，反映了当时在商贸活动区域是相当广阔的。

　　西南丝路可能是我国历史最为悠久的一条商道，其最早开通还比我们从文献记载中知道的还要久远。方国瑜先生指出："中、印两国文化发达甚早，已在远古声闻相通为意中事，最早中、印往还经过西夷的交通线，各家所说是一致的，至于取道南海及西域，则为汉武帝以后之事"。可知很早的时候，巴、蜀、楚商贾在西南地区活动，不乏远走身毒（古印度）之徒，从而开通了中、印之间的经济文化交流[1]。三星堆出土的海贝，可能就是由这条古道而来自于南亚印度等地，因为其中的齿贝就产于印、缅温暖的海域。与古蜀文化关系密切的四川茂汶地区的早期石棺葬中，曾发现不含钡的琉璃珠，应是由中亚或西亚输入的。在云南江川李家山战国时代的墓葬中，也出土有外来

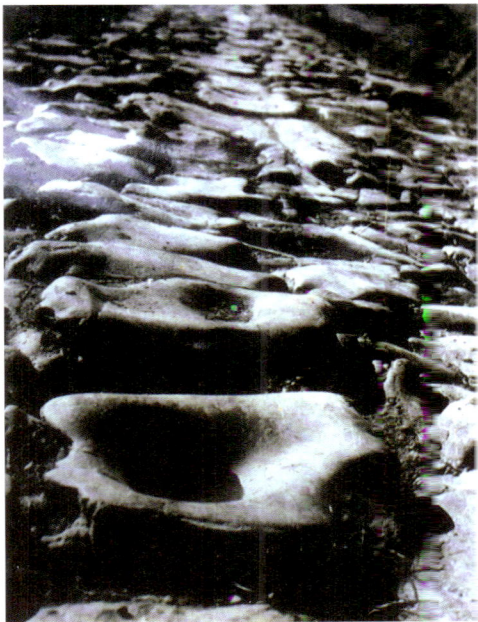

西南丝路滇缅道上的蹄印

[1] 方国瑜《中国西南历史地理考释》上册第7—8页，中华书局1987年版。

的琉璃珠与来自西亚的蚀花肉红石髓珠。这些都印证了古蜀与南亚、西亚的商贸联系，同时也说明了西南丝路历史的悠久。古代蜀人通过这条古商道而走向了广阔的世界，不仅为古蜀国带来了大量的海贝和象牙，同时也带来了诸多异域文化因素，促使了古蜀商业的繁荣和三星堆青铜文化绚丽多彩特色的形成。随着商贸往来和文化交流，繁荣辉煌的三星堆古蜀文明，对周边区域也产生了积极而广泛的影响，比如对楚文化、滇文化以及东南亚文化的影响等等，考古发现在这方面同样为我们提供了丰富的资料。

　　总之，三星堆古蜀文化不是一个封闭的体系，与外界有着广阔的经济往来和文化交流。正是古蜀民族开放兼容的襟怀，善于学习并加以创造发挥，从而形成了三星堆青铜文明的灿烂和辉煌。

十、发达的制作工艺

　　三星堆出土的轰动世界的青铜造像群和众多精美的青铜器物，不仅向我们展现了这个时期古蜀青铜文明的灿烂辉煌，同时也显示了制作工艺的高度发达。

河南二里头遗址出土的陶器

　　我国古代青铜冶炼的起源甚早，大约在新石器时代晚期，黄河流域和长江流域的先民们就开始了对铜的冶炼和使用。在西安半坡仰韶文化遗址中曾发现有黄铜片，在山东胶州市三里河龙山文化遗址出土有铜锥，在甘肃东乡马家窑文化遗址发现有青铜小刀，在豫西和晋南的二里头文化中已发现有铸造技术比较成熟的青铜器。到了商代，青铜技术和造型工艺有了突破性的提高，种类更是日益繁多，有礼器、乐器、兵器、水器、生活用具和生产工具等等。学术界通常认为，中国的青铜时代从公元前2000年左右形成，经夏、商、西周和春秋时代，大约经历了15个世纪。

　　有学者对我国青铜器时代按形制分为5期：夏商之际为滥觞期，商末周初为鼎盛期，周朝中期经春秋中叶至战国末年以后分别为颓败期、中兴期、衰落期。如果从技术发展阶段来看，夏商之际为青铜的萌生时期，商中期至西周初为青铜的成熟时期[①]，三星堆青铜造像群便是青铜成熟时期在长江上游古蜀地区盛开的一朵青铜艺术奇葩，是人类青铜文明史上一颗璀璨的明珠。

　　先民的炼铜技术是在制陶技术的基础上发展起来的。这不仅表现在制范和采用耐火材料冶炼上，还反映在丰富多彩的纹饰上。正如陶器的类型是判断考古学文化类型和断代的重要依据一样，青铜器的形制和纹饰图案，也同样是断代和研究区域文化传播影响的重要参照。三星堆出土的青铜尊和青铜罍，便为学者们进行对比研究、推断古蜀与殷商的关系以及判断其年代、探讨其制作工艺方面的特色，提供了重要印证。例如一号坑出土的青铜容器中尊的形制、与商代前期的龙虎尊一致，时代也与之相当，考古发掘者由此推测一号祭祀坑的相对年代相当于殷墟文化第一期[②]。二号坑出土的青铜尊多为侈口、高领、束颈、鼓腹，这种形制的尊主要流行于商代晚期，均与晚商文化特征相

_____

[①] 见田长浒《中国金属技术史》第15—16页，四川科学技术出版社1988年版。
[②] 见《广汉三星堆遗址一号祭祀坑发掘简报》，《文物》1987年第10期第13页。

三星堆二号坑出土的青铜罍，与同时代商代青铜罍极为相似

同，约相当于殷墟二、三期[①]。三星堆出土的青铜造像群，则充分显示了古代蜀人在青铜造型艺术方面的独创性，展现了杰出的才智和高超的技艺，具有浓郁的古蜀特色。三星堆出土的陶器"将军盔"，是熔铜用的坩埚，从它的样子来看同殷墟第一期的非常相似。这种容积不大的坩埚，在熔化铜液和浇铸大型青铜造像和青铜器物时，需要很多技术熟练的工匠一起操作、互相配合、同时进行才行。这说明古蜀国当时已拥有大型铸铜作坊，还有采矿、运输、后勤人员与之协作，提供保障。可见当时的手工行业已有明确的分工和完善的管理。

　　三星堆青铜造像群和青铜器物显示，这个时期古蜀国的铸铜手工业已经高度发达，青铜熔炼水平也已达到高级阶段。无论从冶金水平还是从制作技术上看，与同一时期的殷商文明青铜器处在相同的水平线上，相比毫不逊色，并显示出了自身的鲜明特点。由此推测，在三星堆时期之前，古代蜀人对铜的冶铸和使用，已有一个较长时期的发展过程。只有在经过长期的技术发展和经验积累之后，随着农业的昌盛和副业的兴旺以及社会分工的日益明确与手工行业的高度繁荣，才能形成三星堆青铜文明的辉煌。

　　根据对三星堆出土青铜器成分的取样测试分析，出土铜器按合金成分大致可分为红铜、铜锡、铜铅、铜铅锡和铜锡铅五类。这可能与当时的矿石来源于几处不同的产地有关，也可能是冶炼时投放的原材料比例不一致。值得注意的是，在三星堆出土青铜器测试的样品中，均未发现锌的踪痕。古代蜀人用来冶炼青铜的这种无锌伴生的铅矿，与

———————————

[①] 见《广汉三星堆遗址二号祭祀坑发掘简报》，《文物》1989 年第 5 期第 18、19 页。

殷商含锌的矿石不同，估计可能
采于金沙江矿区，利用水运或翻
越崇山峻岭运到川西平原，进行
冶炼和大规模铸造。朱提（云南
昭通）、西昌、荥经等地都产铜，
史书记载汉文帝把蜀郡严道铜山
（今荥经县北30里）赏赐给宠臣
邓通铸钱，《华阳国志·蜀志》说
临邛也出铜，推测这几处地方也
为古代蜀人采集铜矿提供了可能。

三星堆二号坑出土的青铜纵目人面像

　　三星堆出土青铜器金相分析还发现，在铜锡类与铜锡铅类青铜器
物中，大都含有微量磷的成分。磷是铜合金的良好脱氧剂，加入铜合金
熔液中能增加锡青铜的流动性，可减少青铜内部结构中的气泡，增加
密度，提高青铜器物的强度、硬度、弹性等。这说明当时古蜀国的能工
巧匠们，在掌握和运用青铜合金的脱氧技术方面，已达到了很先进的水
平。将三星堆青铜器物的金相分析结果与中原的青铜冶金技术成分相比
较，可以发现古蜀在锡青铜的使用上有自
己的标准，与商文化不同，表明古蜀和殷
商是两个完全不同的青铜文化系统。

　　在铸造工艺上，三星堆青铜造像群
大致可分成两类。一类是使用浑铸法。即
多范合铸，一次成型，如铜人头、小型铜
面具、小型铜人等。二类是使用分铸法。
它是在浑铸法的基础上发展起来的。此
法是分步浇铸成型，如铜人和像座是采
用从下至上分三次浇铸才成型的，粗大
的双手是后来才浇铸上的。青铜罍、青铜
尊、大型青铜面具，也都是采用此法铸

三星堆考古新发现三号坑内青铜器
发掘现场（局部）

三星堆考古新发现三号坑青铜器和象牙发掘现场（局部）

造的。不同的是，青铜罍和青铜尊上的兽头、铜面具上突出的双眼都是事前浇铸成型，然后嵌放在主体范的适当位置，再进行浇铸。学术界通常认为，分铸法是殷商时期中原地区广泛使用的一种铸造青铜器的技术①。三星堆出土青铜器揭示，古代蜀人对这项技术的掌握和运用，同样达到了娴熟、高超的程度。高大的青铜立人像由于是采用分铸法分段浇铸合成，因而体内的泥芯一直保留着，直到出土后进行清理时才被取出。其外观浑然一体，华丽精美，显示了分段浇铸后粘合、打磨、修整的高超技艺，若不仔细观察，很难看出粘合的痕迹，可谓是青铜时代造型艺术的杰作。

三星堆二号坑出土的青铜纵目人面像侧面

古代蜀人在铸造工艺方面还采用了热补、焊铆等技术。热补主要是用于对青铜器物铸造时某些部位发生的裂痕和缺陷进行修补，有些青铜头像里面以及青铜太阳形器和青铜神树底座下，均有热补痕迹。焊接与铆接，也是运用得较多的一项技术。例如爬龙柱形器，柱身系用两范合铸而成，爬龙与夔纹装饰为分铸好之后，再焊接或铆接在柱身上的。又例如青铜纵目人面像，凸出的圆柱形眼珠也是先铸好后再焊接补铸在面具眼眶中的，长大的耳朵也是采用焊接与铆接相结合的方

① 参见《中国冶金简史》第22—34页，科学出版社1978年版。

法固定在面具脸侧的。青铜神树座底，可能铸造时发生裂缝，因而留有焊接铜片并加以铆钉固定的痕迹。青铜神树上的龙，身上留有接榫，显然也是为了便于铆接，使龙和树能连接在一起。青铜纵目人面像额间留有方孔，是为了安装额饰用的，其中有一具额头正中便有采用焊接和套铸法安装的夔龙状奇异额饰，显示出神秘华美的风格。古代蜀人在商代晚期就已熟练地掌握了分铸法、浑铸法，并已开始运用铜焊、热补、铆接等方法，比起中原等地青铜铸造技术在周代晚期至春秋中期之际才出现铜焊的工艺来说要早几百年。

　　古代蜀人不仅熟练地掌握了各种青铜铸造技术，而且在运用过程中还有许多匠心独到之处。例如在处理外范的合模时，常巧妙地将两范合缝处留在扉

三星堆二号坑出土的青铜纵目人面像正面

棱的中部，这样就不会因为铸痕影响青铜器纹样的装饰和器物的美观。在纹饰的制作处理方面，也独具匠心，在范模上精心雕刻，有意地浇铸出一种浮雕的艺术效果。在造型线条的创造上，也极其高明。这些都充分表现了古代蜀人高超的青铜铸造技术，以及在青铜造型艺术方面非凡的创作才能。创作和铸造出了这些具有浓郁的古蜀风格和鲜明民族特征的青铜造像群，在三千多年之后仍焕发着巨大的艺术魅力，震撼着人们的心灵。

　　三星堆出土了大量的玉石器，不仅种类繁多，而且制作工艺也相当高超，反映了古蜀国玉石器制作行业的发达。在三星堆古城内外，还发现了多处玉石器加工作坊遗址，也是这一手工行业发达情形

三星堆一号坑出土的鱼嘴形玉璋

的印证。三星堆出土的大量玉石器，绝大多数都与古蜀国的祭祀活动有关，反映了当时宗教祭祀活动的昌盛。例如玉璋、玉琮、玉璧、玉环、玉瑗之类。其次是与当时古蜀国社会生活关系密切的大量玉石制品，有的与礼仪有关，如玉戈、玉刀之类；有的具有工具与武器性质，如玉斤、玉锛、玉凿、玉锄、玉匕、玉斧、石斧、石铲、石矛、石凿之类；还有的属于装饰品，如玉佩、玉片、玉钏、玉玦、玉珠、玉管穿、绿松石以及琥珀坠饰等。

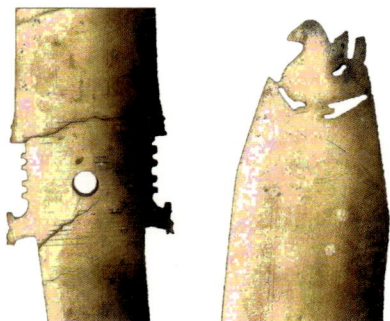

三星堆一号坑出土的玉璋顶端镂刻的玄鸟形图案

从制作工艺看，古代蜀人在制作这些玉石器的过程中，不论是对玉石料的选择、切割，还是琢制加工、钻孔、雕刻、研磨抛光等技术的使用，都有着丰富的经验，显示出很高的水平。玉石器上面的图案纹饰以及透雕飞鸟之类，显示了古代蜀人娴熟的雕刻技艺。二号坑出土的一件刀形玉璋上采用线刻与平雕手法，刻画了两组象征神山祭祀和天门观念的图案，凝聚着丰富的文化内涵，堪称是三千多年前的玉雕杰作。

从三星堆玉石器的质地看，石器其质地大多为碳酸岩、火层岩、石英片、绿石英片岩、云母石、圭质岩、页岩、砂岩等制作而成，这些石器和玉器材料主要产于川西平原的龙门山等地。此外，玉垒山、岷山、邛崃山脉，也很可能是古代蜀人采集玉石材料之处。《山海经·中山经》中有"岷山，江水出焉……其上多金、玉，其下多白珉"之说[1]。《华阳国志·蜀志》中也有"其宝则有璧玉"的记述，佚文则有"玉垒山，出璧

---

[1] 袁珂《山海经校注》（增补修订本）第189页，巴蜀书社1993年版。

玉，湔水所出"，刘琳先生说"至今灌县仍产玉石"①。可知古蜀国境内有不少产玉的山川，为当时采集玉料与石料提供了丰富的资源。我们知道玉的种类主要分为软玉与硬玉两大类，软玉自古以来就产于我国西部地区。如昆仑山脉、新疆和阗、陕西蓝田等，都是古代著名的软玉产地。安阳殷墟妇好墓出土的755件玉器便是软玉制成的，商都与当时玉的产地路程比较遥远，很可能是通过贸易交换获得的。相比较而言，古蜀国采玉于自己境内，就要相对便利得多。

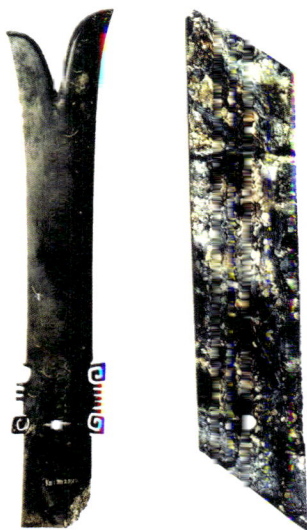

三星堆二号坑出土　三星堆二号坑出的树枝形玉璋　土的几门形玉璋

　　三星堆出土了大量玉石器，后来金沙遗址也出土了数量众多的三石器。加工制作玉石器的过程中，不仅需要大量分工合作的工匠，从玉石器的切割下料、琢治研磨、雕刻加工、钻孔抛光等工序，还需要大量的开采人员和运输人员。此外还需要一定数量的后勤人员和管理人员，可知这是一支相当庞大的行业队伍。我们由此也可以想象，三星堆与金沙遗址当时在玉石器加工制作行业方面的繁荣景象。

三星堆遗址出土的陶盉　三星堆遗址出土的陶罐

① (晋)常璩撰，刘琳校注《华阳国志校注》第178页，巴蜀书社1984年版

三星堆二号坑出土的用漆液黏贴金面罩的青铜人头像

陶器的制作加工，也是古代蜀人一个非常重要的行业。三星堆时期古蜀国的制陶业非常昌盛，制作工艺以手工制作和慢轮加工为主，少数为轮制。其烧制可能是以小型的馒头形窑进行的，这种方法在蜀地有着长久的流传。三星堆发现的窑址，其窑炉平面为心形，呈浅床斜坡式。从结构看，烧制时火焰由火膛进入圆形窑，其火膛为袋状的心形坑，对充分燃烧、提高窑温是比较有利的。其器形大都以实用为主，按当时各类陶器的用途，大致可分为饮食器、炊煮器、储藏器等数类。有的陶器可能兼具几种用途，如有的罐类可作酿酒也可用于储物，还有的一些器形可能既是水器也是酒器。三星堆遗址出土的陶器，无论工艺还是装饰，都显示出朴实的风格，与绚丽多彩的青铜铸造和丰富多样的玉石器制作，在风格特色方面有着明显的不同。分析推测，这与当时蜀人只注重陶器的简单实用有很大的关系。

髹漆工艺的掌握和使用，也是三星堆时期古蜀国手工行业中不可忽视的一大特色。我国用漆是世界文明史上最悠久的国家，考古揭示新石器时代先民们，已有对漆液的涂饰使用。商周时期，已有随葬的漆器实物和用漆髹饰车马器和弓矢、皮甲、屋楹的记载。古人有尧、舜开始使用漆器之说，如《韩非子·十过》中便记述："尧禅天下，虞舜受之，作为食器，斩山木而财之，削锯修之迹，流漆墨其上，输之于宫以为食器，诸侯以为益侈，国之不服者十三。舜禅天下而传之于禹，禹作为祭器，墨染其外而朱画其内。"[1]可知并非虚说。古蜀国也是中国最早使用髹漆工艺的地区之一，在三星堆遗址的考古发掘中，曾发现有镂刻雕花的漆木器，以木为胎，外施土漆，器表雕有花纹，表明当时已

---

[1]《二十二子》第 1127 页，上海古籍出版社 1986 年版。

熟练地掌握了割漆、生漆加工、制胎、上漆等工艺技术。

长沙马王堆汉墓出土的漆器　　　　　　　成都商业街船棺葬遗址出土的漆盒

　　三星堆考古发现揭示，古代蜀人还使用漆液将金面罩黏贴于青铜人头像上，这是古代蜀人在漆艺方面很有创意的一种使用方法。《华阳国志·蜀志》提到蜀地有"桑、漆、麻、纻之饶"，无疑为古代蜀人对漆的使用提供了丰富的资源。古代蜀人的髹漆工艺在以后的历史岁月中有了更加突飞猛进的发展，到秦汉时期已成为著名的生产漆器地区。正如徐中舒先生所说："成都漆器在蜀王时代就已著名于世。西汉时代成都与蜀郡王官、广汉工官所产漆器，远销我国长沙、江陵及朝鲜、外蒙诸地，也是在这个基础上成长起来的。"[1]童恩正先生也说：'长沙马王堆一号汉墓所出的大部分漆器，就是成都所制。除此以外，远至朝鲜半岛，也有这种漆器发现。1916年，朝鲜平壤附近的古墓中即曾出土了一批蜀郡和广汉郡的漆器。"[2]这些都说明了古蜀以来用漆历史的悠久、髹漆工艺的源远流长和漆器生产发展的繁荣兴旺。

　　综上所述，三星堆时期古蜀国的手工业不仅已有明确的分工，技术工艺水平也已达到很高的程度。特别是青铜铸造、金器加工与玉器制作，极富特色，展现出绚丽多彩的情形。

---

① 徐中舒《成都是古代自由都市说》，《巴蜀考古论文集》第 152 页，文物出版社1987 年版。
②《童恩正文集·古代的巴蜀》第 241 页，重庆出版社 1998 年版。

马王堆汉墓出土的漆器餐具

成都商业街船棺葬遗址出土的漆盒

十一、三星堆的重要意义

举世瞩目的三星堆考古发现，向我们揭示了3000多年前古蜀国绚丽多彩的社会生活情景，以百科全书式的文化内涵，形象生动地展现了一个湮没的内陆农业文明的辉煌。在中国考古史上和世界考古史上，三星堆都称得上是前所未有、令人耳目一新的考古发现。三星堆考古发现提供的，并不仅仅是珍贵的资料，更重要的是将使学术界重新审视东方文明，人类文明发展史将因之而谱写新的篇章。三星堆考古发现揭示的，也不仅仅是一个湮没的文明，更展示出一种穿越时空、无与伦比的永恒魅力，所以它轰动了世界。

三星堆考古发现揭示的辉辉的古蜀文明，具有多方面的重要意义。归纳起来，大致有以下几个方面：

（一）揭开了古蜀国神秘面纱

以前我们对古蜀历史的了解是相当有限的，古文献记载的古蜀历史只是一些简略而朦胧的轮廓，从蜀山氏、蚕丛氏、柏灌氏、鱼凫氏，到杜宇、鳖灵，都显示出比较浓郁的神话传说色彩，笼罩在一片神秘的迷雾之中。

三星堆惊人的考古发现，特别是1986年夏秋之际一号坑、二号坑的相继发掘，终于揭开了千百年来笼罩在古蜀历史上的神秘面纱，使我们看到了湮没达数千年之久的古蜀国的真实面目。在此之后，成都平原上又有了宝墩文化等八座早期古城遗址的发现，以及成都商业街船棺葬遗址等重要考古发现。联系到以前成都北郊羊子山土台建筑遗址、成都十二桥商周遗址、彭州竹瓦街商周青铜器窖藏等考古发现，从而使学术界对古蜀历史文化的发展脉络有了更加清晰的认识。通过这些考古发现，使我们清楚地看到夏商周时期，成都平原的确存在着一个以古蜀族为主体的古文化类型，使我们触摸到了古蜀文明的壮丽和辉煌。

成都十二桥商周时期古蜀建筑遗存

成都十二桥商周时期古蜀建筑遗存

　　三星堆出土文物的精美程度、数量的庞大、种类的繁多、文化内涵的无比丰富，以及其展示的鲜明而自成体系的地域特色，都是罕见的，是20世纪以来考古史上一个巨大的收获。三星堆青铜造像群，形象生动地表达了古代蜀人丰富多彩的意识观念和传统习俗，具有强烈而浓郁的象征意义。我们知道，黄河流域夏商周时代的帝王贵族们，是用青铜礼器特别是九鼎来象征统治权力和等级制度的，并盛行祭祀宴飨；三星堆古蜀国的祭祀活动，同样是社会生活中最重要的内容，但在祭祀方式以及神权与王权的象征表现方面却有极大的不同。古代蜀人精心铸造了大量代表大巫（蜀王）和群巫（各部族首领）以及神灵偶像的青铜造像，作为祭祀活动和日常供奉的主体，而中原殷商王朝用青铜彝器作为等级象征与祭祀供奉的宗庙常器，这应是古蜀文化与殷商文化最大的区别。古蜀国统

三星堆二号坑出土的青铜人面鸟身像

治阶层所控制的神权与王权，正是通过这些青铜人物造像强烈地展现出来，而这也正是古蜀国有效统治各部族的奥妙所在。

三星堆青铜造像群反映了古代蜀人对造型艺术的偏爱，擅长形象思维，具有极其丰富的想象力和高超的青铜铸造技术，在社会礼俗与民族心理方面均有自己鲜明的特色。对于人神交往观念，神权与王权的象征含义，给予了精彩而深刻的体现。三星堆青铜人物造像群，还为我们研究古代蜀人的来源与族属问题提供了重要资料。灿烂的三星堆青铜文化，就是以古代蜀族为主体，联盟了西南其他部族共同创造的一种地域文化，它有自成体系的鲜明特点，同时又吸纳和融会了一些外来文化因素，加以创造发挥和利用，并对周边区域产生了广泛而深远的影响。

（二）中华文明多元一统的例证

三星堆考古发现揭示了古蜀国是长江上游的一个重要文明中心，为中华文明起源多元一体、多元一统的发展格局提供了重要佐证。过去学术界重视中原文明的作用影响而忽略其他区域文明的地位，曾在较长时期内左右着学者们对文明起源的看法。随着考古新发现提供的大量材料，学者们对满天星斗、多元一统的中华文明起源发展格局有了越来越清晰的认识。三星堆考古发现便证明，三四千年前的成都平原已具有了可以同中原殷商文明媲美的高度发达的青铜文明形态。古蜀文明与中原文明有许多明显的不同，同时又有着比较密切的关系，相互之间有着源远流长的文化交流和影响，并以各自的鲜明特色展现出了长江流域和黄河流域南北两个文化系统的绚丽多彩。

概括起来说，三星堆考古发现揭示的古蜀国作为长江上游的重要文明中心，具有几个显著特点：一是源远流长，高度发达；二是自成体系，具有鲜明的地域特色；三是在南方文化系统中有着重要的作用和强大的影响；四是和中原文明保持着密切的关系，在不失主体的文化交流中吸纳、融会了诸多外来文化因素；五是展现出百科全书式的丰厚文化内涵，特别是独树一帜的青铜文化，在中华文明起源和发展进程中写下了神奇的一页。

成都商业街船棺葬遗址

成都商业街船棺葬遗址

古蜀文明的这些特点，展示出与其他区域文明不同的个性色彩，充满活力，富有魅力，是古蜀先民们的辉煌杰作。在中华文明起源发展过程中的六大文化区系中，辉煌的三星堆古蜀文明高度发达，充分说明了中原以外的周边区域并非都是蛮夷落后之区，在中华文明多源一统和中华民族多元一体的格局中，都有着各自的重要地位，都发挥了重要作用。正由于近万年以来这些区系文化的交汇、撞击、相互影响、相互作用、文化逐渐认同、经济逐渐融合，才有了中华民族根深叶茂的坚实的历史基础，形成了中华文明浑厚的兼容性和强劲的凝聚力。可以说，三星堆古蜀文明并不单纯是一个辉煌的区域文明，更是中华文明的一个重要组成部分，是中华文明的骄傲。

（三）东方文明的新篇章

成都商业街船棺葬出土器物

古蜀文明以其丰富的文化内涵和独特的造型艺术魅力，堪称世界东方文明的一颗明珠。学术界过去通常将繁复的纹饰作为中国青铜文化的主要特征，三星堆千姿百态的青铜造像群打破了这种看法，展示了与中原殷商文明并不完全相同的一种特色和魅力，给人以耳目一新之感。以美术考古角度来看，三星堆古蜀遗址出土的青铜造像群和大量精美文物，不仅在中国古代艺术发展史上记录下了辉煌的一页，也在世界美术史上谱写了新的篇章。

辽宁红山文化泥塑女神头像

仰韶文化人头形陶壶（陕西商县出土）

中国古代雕塑艺术起源甚早，最初的原始雕塑艺术也许只是出于对生活和自然的模仿和想象表现，后来便有了习俗和宗教的含义。黄河流域仰韶时期的彩陶制品中，曾发现有半身人形器盖，辽宁红山文化遗址曾出土有女性裸体雕，均属于质朴的原始雕塑。到了高度发达的青铜时代，中原与长江中下游地区的华夏雕塑艺术，主要表现在各类青铜器物的装饰性雕塑方面。三星堆青铜造像群

商代人面纹方鼎（现藏于湖南省博物馆）

则独树一帜，作为真正有独立雕塑意义的人物形象作品，在许多方面都显示出了无可替代的重要性。它不仅将中国原始雕塑发展到了前所未有的高度，而且开启了后世大型雕塑之风。同时也纠正了西方艺术史上的偏见，说明古老的中国同古希腊和古埃及一样，在人物雕像艺术方面也有着悠久的历史，曾铸造了大量神奇、精美的千古杰作。

三星堆青铜造像群的艺术特色可归纳如下。

（一）三星堆青铜造像采用写实与抽象夸张相结合的艺术手法，运用娴熟而高超的青铜冶铸制作技巧，表现神秘复杂的社会内容，展示独特的观念习俗、审美情趣以及对天地万物的丰富想象，达到了内容与形式的和谐统一。古代蜀人在创作和铸造这些青铜造像群时，所表现出的雕塑手法的灵活和技艺的高超，可以说已达到了相当成熟、完美的境界。

（二）张扬人物身份个性，突出华贵威武、神奇圭严的象征特色，贯彻浓郁的族群意识，表现人神交往的宏大祭祀场面，是三星堆青铜造像群一个非常显著的特点。古蜀国的能工巧匠们在创作和铸造这些青铜造像群的时候，显示了相当高超的审美意识。无论是人像或面具，

都特别注重面部刻画，既做到形似，更注重神似，突出了人物的神态和气韵，达到了生动传神的效果。从雕塑风格上看，三星堆青铜造像群又具有简洁性、整体性、和谐性等特点，融个性与共性于和谐统一之中，从而形成了鲜明的主题和强烈的艺术魅力。

（三）采用夸张的艺术手法，追求特殊的艺术意蕴，表现复杂深刻的象征内涵，是三星堆青铜造像群的又一鲜明特色。最有代表性的便是青铜立人像那双巨大而又姿势奇特的手，夸张得使人惊讶，充分显示了这尊象征蜀王与群巫之雕像的超凡神奇。还有纵目人面像那凸出的双睛和尖长的兽耳，以及唇吻三重直达耳际的阔嘴和鼻梁上高竖的卷云纹装饰物，都夸张到了神奇诡异的地步，洋溢着强烈的象征意味。可以说，古代蜀人的宗教观念和审美意识，正是通过这种夸张艺术手法的娴熟运用，而获得了巧妙和成功的体现。

（四）三星堆青铜造像群，在纹饰图案的装饰塑造方面，也极其精美，富有特色。最具代表性的是青铜立人像服装上的纹饰，由龙纹、异兽纹和云纹等组成，图案清晰，华丽精美，突出了人物的雍容华贵，

商代人面龙身盉（现藏于美国华盛顿弗利尔美术馆）

三星堆二号坑出土的青铜立人像巨大而又姿势奇特的双手

具有很高的审美价值。此外还有青铜雕像群、青铜动植物和青铜器上的各种纹饰与装饰图案等，都显示了浓郁的古蜀特色。这些丰富多彩的纹饰，不仅是研究古蜀族群服饰文化和社会典章制度的宝贵资料，也是探讨古蜀国与中原殷商以及周边区域文化交流的重要依据。

三星堆二号坑出土的鸟形青铜铃、花形青铜铃、兽面纹青铜铃

　　总之，三星堆青铜造像群既有绚丽多彩的文化内涵，更展现出异彩纷呈的艺术特色，是中国古代雕塑艺术发展史上最使人叹为观止的

三星堆博物馆

神奇创造。其高超的创作技艺、形式多样的人物造型、鲜明而独具一格的艺术特色,完全可以与西方同时代的写实性雕塑相媲美。

　　三星堆考古发现所揭示的百科全书式的文化内涵和穿越时空的艺术魅力,将永远闪烁着灿烂的光芒。

下 篇

金沙遗址 举世瞩目

十二、惊人的考古发现

被国家文物局评为2001年全国十大考古新发现之一的成都金沙遗址，是继三星堆古蜀遗址之后又一非同凡响的重要考古发现。金沙遗址出土文物不仅数量众多，而且文化内涵极其丰富，充分揭示了商周时期古蜀文明的灿烂真容。消息

成都十二桥遗址"干栏式木构建筑"复原想象图

经新闻媒体报道后，立即震惊天下，再次引起海内外的广泛关注。

自20世纪中叶以来，为寻觅古蜀文明遗踪，四川省和成都市的文物考古工作者们付出了大量心血。天道酬勤，工夫不负有心人，经过长期不懈的努力，终于获得了丰硕的结果。他们相继发现了成都十二桥遗址、新津宝墩遗址等八座早期古城遗址、成都商业街船棺和独木棺遗址等，为揭示古蜀先民们的栖息、迁移活动情形和古蜀文明的繁荣

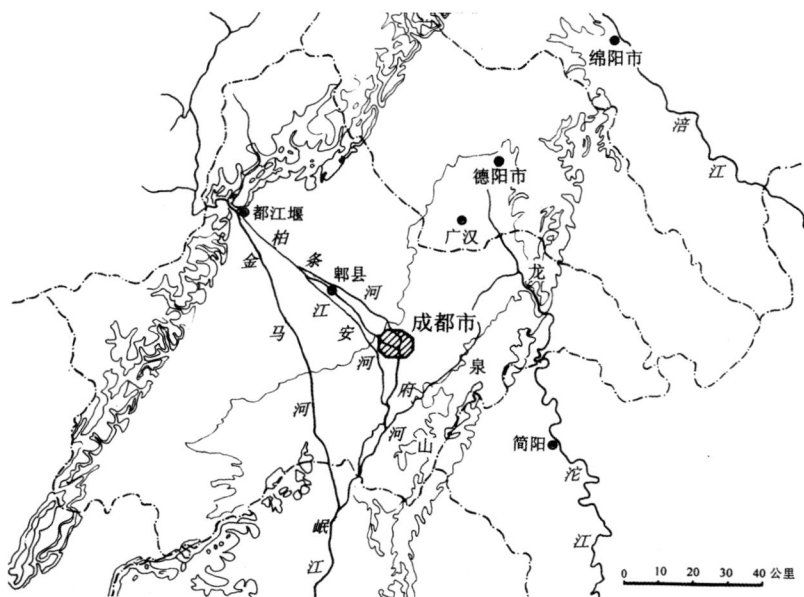

成都地区位置与周边地形示意图

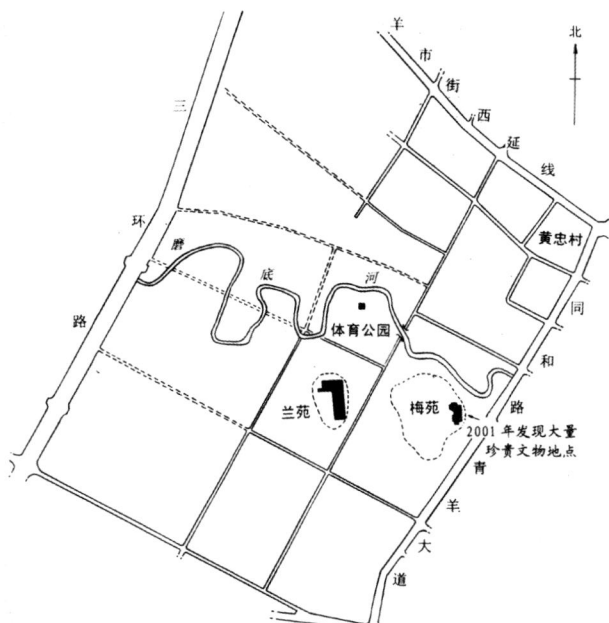

成都金沙遗址位置示意图

灿烂，提供了丰富而珍贵的实证。考古发现往往带有很大的偶然性，成都商业街船棺和独木棺遗址的发现便是如此。由于四川省委修建食堂，在施工过程中发现这里竟是数千年前古蜀王国的一处重要墓地，出土的船棺和独木棺体形庞大、数量众多，堪称世界之最。如今该遗址已被国务院批准为全国重点文物保护单位，将来这里会成为展示古蜀王国灿烂文化的一个重要窗口。

　　成都商周时期金沙遗址的发现，同成都商业街船棺和独木棺遗址的发现一样，也带有很大的偶然性。由于房地产开发商的建设施工，在挖掘取土时惊醒了沉睡地下数千年的古蜀宝藏，由此而开始了抢救性的考古发掘工作。成都平原上的这些重大考古发现，对揭示扑朔迷离的古蜀历史文化之谜大其重要。三星堆考古发现的重要意义已举世公认，成都金沙遗址的考古发现更是非同凡响。如果说三星堆一号坑、二号坑出土的璀璨文物为我们揭开了古蜀文明的神秘面纱的话，那么成都金沙遗址的考古发现，则使我们更清晰地看到了古蜀王国的真实面貌。

　　新世纪的第一年，是成都文物考古工作者意气风发、文博事业蓬勃发展的新开端，一个极其重要的考古发现，突然伴随着明媚的春风再次降临在了他们面前。2001年2月8日下午，正在绵阳开会研究工作发展规划的成都市考古队负责人接到紧急报告，中房公司在成

金沙遗址考古发掘现场情景

都市苏坡乡金沙村进行"蜀风花园城"小区道路的工程作业时，在挖出的泥土中发现了大量白色骨状物和古代玉石器遗存，有人推测是不是发现古墓或重要遗址了？消息来得非常急迫，情形紧急，刻不容缓，成都市考古队的同志立即驱车奔赴金沙村工地。接到群众举报的成都市110巡警，也迅速赶赴现场。考古队的同志在挖开的沟内发现了大量的残断象牙，并在泥土中发现了一些石璧和石雕人像残片。他们根据多年从事田野考古的经验，立即意识到这是极为重要的发现，这里很可能是一处古蜀文明的重要遗址。在绵阳开会的成都市考古队领导，也星夜赶回成都，立即调派精兵强将，对发掘现场进行抢救性发掘保护。当天晚上，公安部门关于追缴出土流失文物和确保金沙遗址发掘现场安全的通告，便已张贴在现场的显著位置。考古工作人员随即进驻现场，金沙遗址的清理和发掘工作就此拉开了帷幕。

尽管考古工作人员得到消息后以最快的速度保护了金沙遗址发掘现场，但出土文物的地层关系已遭到破坏，而且最令人痛心的是发生了部分文物的流失。后来经过公安部门努力追缴，挽回了损失，但破坏了的地层关系以及被挖掘机械严重毁坏的遗物却是无法恢复的，考古工作人员为之庆幸的同时，内心仍有一种深深的遗憾。成都是著名的历史文化古城，自夏、商、西周、春秋战国以来，遗留在地下的文物与珍贵遗迹很多，如今城市建设快速发展，特别是道路修建和房地产开发的速度如此迅猛，而考古工作和文物保护的力量又太薄弱，由此而发生的一些情形不能不使人扼腕叹息。金沙遗址的清理和发掘，就是在庆幸和遗憾的心情中开始的。

金沙遗址发掘现场

考古工作人员首先对金沙遗址发掘现场进行了清理。当时的情形是地上一片狼籍，到处是玉石残片和象牙残渣。在挖掘机挖开的深沟剖面上发现有三处象牙堆积，沟壁上显露出残存的大量玉器与石器，沟底散落着象牙和玉璋、玉琮、石璧残片。考古工作者随即分为五组对现场的四堆散土和外运泥土分别进行了清理。一件件精美的文物不断出现在眼前，第一天就从散土中翻查出金、铜、玉、石、象牙、骨器等文物400余件。

在以后的两个多月里，考古工作者对发掘出来的散土进行了一遍又一遍清理，惟恐有少许遗漏，每个人都希望尽量多找到一些出土器物，哪怕是小的残片也不放过。经过耐心细致地搜寻清理，最后据统计共出土金器、玉器、铜器、石器、象牙、骨器等各

金沙遗址出土的金箔饰（金沙博物馆藏）

类珍贵文物1300余件。其中金器30多件，铜器约500件，玉器约500件，石器250余件。

在这些出土文物中，有许多都堪称是精美绝伦、令人叹为观止的发现。例如金器中的金面具、太阳神鸟金箔饰、金冠带、金箔蛙形饰、金喇叭形器、金盒等；铜器中的青铜立人像、青铜立鸟、青铜牛头、青铜兽面、青铜三鸟纹有领璧形器、青铜眼形器等；玉器中的神面纹青玉琮、兽面纹斧形玉器、玉面具头像、玉剑鞘、玉璋、玉璧、三戈、玉矛、玉剑、玉锛、玉凿、玉镯、玉贝、玉牌形器等；石器中的石跪人像、石虎、石蛇、石斧形器等。这些器物展现了生动别致的造型、精湛高超的制作工艺、绚丽多彩的文化内涵，具有极其珍贵的价值，其中许多都是国宝级的。在仔细清理过程中，考古工作者面对着这些出土器物，常常

金沙遗址出土的人面形青铜器

金沙遗址出土的陶盒

抑制不住内心的惊喜。越来越多的迹象表明，他们的判断是准确的，这里是一处类似于三星堆的古蜀遗址。这是多么重要的考古发现啊！整个考古界都为这一重要发现而津津乐道。毫不夸张地说，金沙遗址的发现，不仅是成都市和四川省考古事业的一个新的巨大收获，也是全国乃至世界考古史上的一件大事。

金沙遗址清理出土的大量文物，其中有些器物造型与三星堆出土器物非常相似。例如金面具、青铜立人像、玉面具头像、青铜立鸟、青铜牛头等，以及玉器中的玉璋、玉璧、玉戈等等，还有大量的象牙，这些都说明了金沙遗址与三星堆遗址之间有着密切的关系。同时我们也看到，金沙遗址出土的许多器物与三星堆出土器物有着明显的差异，比如神面纹青玉长琮，又比如金冠带上的图案。更有一些器物是迄今从未有过的发现，例如太阳神鸟金箔饰、蛙形金箔饰、喇叭形金器、金盒、玉板状槽形器（玉剑鞘）、玉牌形器等，向我们透露出了大量的新内容。我们由此可知，数千年前湮没于地下的古蜀文明不仅有过三星堆时期的繁荣辉煌，还有金沙遗址所展示的兴旺灿烂。金沙遗址出土的大量器物，使我们对古蜀文明有了更多的触摸和了解，同时也将许多新的未解之谜摆在了我们面前。比如金沙遗址和三星堆遗址之间究竟是什么关系？金沙遗址是和三星堆遗址同时出现，还是在三星堆遗址湮

三星堆遗址出土的玉琮（左）；三星堆一号坑出土的玉琮（右）

金沙遗址出土的玉琮

没之后出现的另一个新兴的古蜀王国都邑所在？金沙遗址究竟是哪个古蜀王朝的遗存？这些未解之谜，吸引了学者们的热切关注，也激发了考古人员深入探寻的浓厚兴趣，而这也正是金沙遗址巨大的魅力所在。

对散土进行抢救性清理的同时，正式的考古发掘工作也随之展开了。考古人员从挖掘机挖开的深沟附近开始，从地表按地层向下发掘，对每个地层与出土器物都做了规范而详细的记录。地层关系与器物类型是判断遗存时代与文化属性的重要依据，金沙遗址的考古发掘工作从此纳入了科学而规范的步骤。在第六层开始出土玉器、铜器。到第七层时，玉器、铜器的数量大增，还出土有大量的象牙。这种情形，在成都平原发现的其他古蜀遗址内是较为罕见的。这些器物与大量白象牙为什么会密集地放置在一起？是古代蜀人有意埋藏于此？还是由于某种原因导致了这些器物与大量象牙的遗弃与湮没？许多费人猜思的疑问，随着考古发掘的进展而不断涌出。

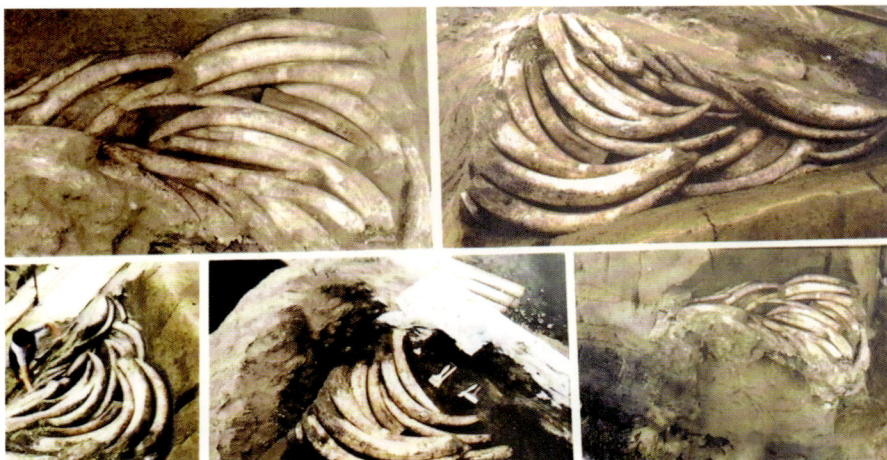

金沙遗址象牙堆积坑发掘现场

　　之后随着发掘面积的扩大，又有了许多新的发现。在发掘区西北部的第五层内发现了大量的陶器，在第七层下发现了大面积的玉器、野猪獠牙、鹿角、象牙、陶器和美石。其中野猪獠牙均为野猪的下犬齿，而无上犬齿。考古人员推测，从这些遗物的集中分布情形来看，这片面积约300平方米的遗存，可能与古代蜀人的宗教礼仪活动有关，从中还可以了解古蜀社会生活的许多情形。譬如大量的野猪獠牙和鹿角，便透露了古代蜀人频繁的狩猎活动和当时良好的生态环境，很容易使人联想到当时林木茂盛、鸟兽繁多的情景。此外，在发掘区南部则发现了石璋、石璧等石器分布区，这些石器大都为半成品，呈倾斜放置，层层叠压，层与层之间有泥土相隔，分布面积同样达300平方米左右。由于附近尚未发现玉石器作坊遗迹和加工制作后留下的废料，而在其他发掘区域也有石璧等半成品石器出土，所以目前还不能判断这片区域的性质。

　　考古工作者对沟内的象牙堆积坑也进行了清理，令人遗憾的是该坑在挖掘机施工中遭到了严重破坏，仅坑的西南角残存完好。清理后发现，坑内层层叠放的象牙共有八层，坑底和坑壁还放置了大量的玉

金沙遗址"梅苑"发掘情形

金沙遗址"兰苑"发掘情形

器和铜器。那些叠放的象牙都很长、大而且数量众多,埋在泥土中数千年之后仍显露出细腻的光泽。由于对远古时期的象牙尚无成熟有效的保护方法,所以并没有急于将象牙从坑中取出。对象牙坑清理的另一重要收获,是对遗址年代的判断,考古工作者从地层和出土遗物分析,象牙坑的时代应为西周早期到春秋前期,推测象牙坑的性质很可能与古代蜀人的宗教礼仪活动有关。

　　考古工作者在春夏之际,主要对金沙遗址发现现场和附近地段(蜀风花园城的"梅苑"东北角)进行了清理和考古发掘。从9月开始,又集中力量对蜀风花园城的"兰苑""体育公园"进行了发掘。在进行考古发掘的同时,考古工作者又对金沙遗址附近大范围内做了全面的文物勘探,勘探面积达100万平方米,这对探明金沙遗址的分布范围起了非常重要的作用①。

金沙遗址"体育公园"发现的古蜀族墓葬区

　　"兰苑"位于金沙遗址的中南部,考古工作者从2001年9月至2002年1月,在这里做了13450平方米的大面积的发掘,发现了大量的木骨泥墙式建筑、400多个灰坑、90余座墓葬及成排的窖穴。这些窖穴大都呈圆形,平底,坑壁较为规整,出土了大量器物。在这个区域内还发现了小型馒头窑3座,出土了一批完整的陶器。例如小平底罐、高柄豆、高领罐、陶瓶等,它们与三星堆出土的同

---

① 参见成都市文物考古研究所、北京大学考古文博院《金沙淘珍》第7—10页,文物出版社2002年版。

金沙遗址黄忠小区发掘揭示的古代蜀人聚居遗迹

类器物十分相似。这里也出土了尖底盏、尖底杯、翻足罐等陶器。它们与成都十二桥文化的典型器物几乎一样。此外还出土了扁壶、高柄环形器座等一些较为特殊的陶器。从地层关系和出土器物类型分析，考古工作者初步推断遗址时代为商代晚期至西周早期。在金沙遗址范围内，这片区域可能是古代蜀人的居住区和墓地。

　　"体育公园"位于金沙遗址的中部，经过勘探，该区域内的文化堆积分布面积达到36000平方米。考古人员在两个地点先做了160多平方米的试掘，发现了一些房屋建筑遗迹和15座墓葬。墓葬年代大约在西周早期。从墓葬打破文化层和房屋建筑遗址的情况，考古人员推测该区域原先可能是古代蜀人的居住生活区，后来被废弃而成为墓地。

　　值得一提的是，考古人员在此之前于金沙遗址北部的黄忠小区"三和花园"区域内做考古勘探发掘时，曾发现了一组布局较有规律、规模较大、面积达1000平方米的特殊建筑群。将其同金沙遗址于整个勘探和考古发掘收获联系起来分析推断，可以初步确定金沙遗址应是古代蜀人的一个大型遗址，在整个遗址范围内已形成一定的功能分布区。在金沙遗址范围内，目前已经比较清楚的布局，大致可以分为宫殿区、宗教礼仪活动区、一般居住区和墓地等。此外还有陶器制作场地和陶窑群所在地、玉石器加工作坊等。考古工作者认为：金沙遗址的东部"梅苑"东北角区域可能是宗教仪式活动区,金沙遗址的中南部"兰苑"文化堆积区显然是居住区,金沙遗址的中部"体育公园"文化堆积区可能先是居住区后来废弃成为墓地,金沙遗址北部的黄忠小区"三和花园"发现的大型建筑群则可能是宫殿区的一部分。在金沙遗址范围内还发现了较为宽阔的辅有卵石的场地,其性质如同中心广场,推测有可能是古代蜀人的聚集之处或是举行大型祭祀类活动的场地。在金沙遗址还发现有庞大的树桩和古树,与古蜀建筑大量使用树木有着密切的关系。因为当时工具十分简单,砍伐树木和加工木料需要较长时间和多人合作,据此推测在遗址范围内很可能会有阶段性的加工木料的场地。当时由于金沙遗址范围内的考古发掘还在继续进行,虽然对功能分区的看法只是初步推断,要等考古发掘全部完成后才能得出最后结论,但出土的大量文物已经充分展现了金沙遗址的性质,其规模的宏大和文化遗存的辉煌,说明它绝非一处普通遗址[①]。

金沙遗址出土的古树木

显而易见,金沙遗址应是古蜀文化的一个中心遗址,很可能是商周时期古蜀王国的一个都邑所在。我们知道,在金沙遗址发现之前,古蜀文明在三星堆湮没之后的去向曾使人深感困惑,成为学术界难以回答的一个问题。金沙遗址的考古发掘,使人们对此有了新的认识,提供了极其重要的研究线索。从时间上看,金沙遗址的年代与三星堆相衔接并略晚于三星堆。金沙遗址出土文物与三星堆出土器物在文化内涵、造型艺术、制作技艺诸方面,既有许多显著的相

① 参见成都市文物考古研究所、北京大学考古文博院《金沙淘珍》第10—11页,文物出版社2002年版。

似之处，又有自身的一些鲜明
特色，这对我们探讨和弄清两
者之间的关系具有非常重要的
启迪作用。关于三星堆遗址的
性质和地位，前面已做了较为
深入的探讨。金沙遗址的考古
发现，使我们对古蜀时代的历
史文化又有了更进一步的认识
与思考。

金沙遗址出土的金面具

　　如果说三星堆遗址是鱼凫、杜宇时代古蜀王国的都邑所在，那么
金沙遗址会不会就是开明时代古蜀王国的都邑呢？或者说，当三星堆
都城遭到洪水侵袭破坏或其他天灾人祸以及改朝换代等原因而逐渐废
弃，金沙遗址则继之而起并日趋兴盛。三星堆灿烂的青铜文化突然湮
没后的去向，曾是一个很大的谜，金沙遗址的辉煌遗存是不是给了我
们一种解释呢？当然，这只是一种联想和推测，我们并不能因之而排除
其他的分析。

　　在金沙遗址栖息活动的先民们，也有可能是古代蜀人的另一支部
族，并不是由三星堆迁来的。商周时期的成都平原，很可能栖息着许多
这样的古蜀部族，而由这些部族联盟共同组成了古蜀王国。西南地区
自古以来就是小邦林立、部族众多，文献记载透露大大小小的部落至
少有百数个，是世界东方典型的多民族地区。史料中称这些部落首领
为"戎伯"，或称为"诸侯"与"邑君"。《尚书·牧誓》记述协助周武王
伐纣的就有"庸、蜀、羌、髳、微、卢、彭、濮人"[1]。这些都是比较大的
部族，才有实力出兵参与伐纣。其中的蜀，当然是势力最强的，被称为
"西僻之国，而戎狄之长也"[2]。诚如蒙文通先生所述："蜀就是这些

————————

① 《尚书·周书·牧誓》，（清）阮元校刻《十三经注疏》上册第183页，中华书局
　1980年影印版。
② 缪文远《战国策新校注》（修订本）第91页，巴蜀书社1998年版。

戎伯之雄长。古时的巴、蜀，应该只是一种联盟，巴、蜀不过是两个霸君，是这些诸侯中的雄长。""可见巴、蜀发展到强大的时候，也不过是两个联盟的盟主"①。这种多部族联盟的形式，正是古蜀王国与中原和其他地区在社会结构方面的不同之处。古蜀王国部族多，结构比较松散，内部常发生矛盾。当一支显赫的部族走向衰落，另一支部族则逐渐兴盛起来。古蜀王国的兴衰更替，显然与这些部族的强弱变化有着很大的关系。三星堆和金沙遗址，便正是古蜀王国兴衰更替的遗存。它们不仅使我们触摸到了古蜀的历史发展进程，更使我们看到了古蜀文化的璀璨，感受到了古蜀文明穿越时空的永久魅力。

十三、璀璨的黄金器物

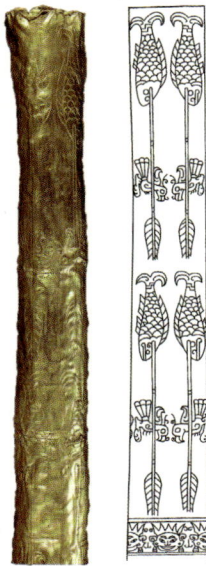

考古发现告诉我们，古代蜀人是世界上最早开采、使用黄金的古老部族之一，三星堆考古发现对此做了充分的揭示，金沙遗址出土的金饰器物，则提供了更为丰富的例证。三星堆出土的金杖、金面罩、金虎、金鱼、金璋、金叶饰等黄金器物，展现了古代蜀人高超的黄金加工制作技艺，以丰富的文化内涵和浓郁的古蜀特色在中华文明史上谱写了灿烂的篇章。金沙遗址出土的金面具、金冠带、太阳神鸟金箔饰、金箔蛙形饰、喇叭形金器、金盒等数十件金饰器物，更以诡异的图案和奇特的风格给人以耳目一新之感，进一步印证了古蜀文明的神奇和瑰丽。三星堆与金沙遗址出土的黄金制品，既充分反映了文化内涵上的一致性，同时又显示出一些异彩纷呈的不

三星堆一号坑出土的金杖
与图案

---

① 蒙文通《巴蜀古史论述》第30—31页，四川人民出版社1981年版；又见《蒙文通文集》第2卷《古族甄微》第199—200页，巴蜀书社1993年版。

同特点。

金沙遗址清理出土的大量珍贵文物，最令人惊叹的便是璀璨的金器了。其中有一件小型金面具，与三星堆出土的同类器物非常相似。金冠带上的纹饰图案则使我们油然联想到三星堆

金沙遗址出土的金面具

出土的金杖图案，两者既相似又有各自不同特色。太阳神鸟金箔饰则是从未有过的发现，是金沙遗址出土的最具神奇色彩的典型器物。

金沙遗址出土的小型金面具，高 3.74 厘米，宽 4.92 厘米，厚 0.1— 0.4 厘米，重 5 克，制作工艺采用质地较纯的黄金整体捶揲成形，虽然经历了数千年的湮没，仍给人以金光灿灿的华贵之感。这件金面具在捶揲成形时可能垫有模具，具有五官分明、形态生动的特点。考古工作者推测，金沙遗址出土的这件金面具可能是青铜人头像上的面部装饰。清理出土时，这件金面具并未覆盖在青铜人头像上，或已经从所装饰的青铜人头像上脱落下来，嘴部也残断为上下两部分[①]，遗憾的是未发现与之相配的青铜人头像。金沙遗址出土的仅有一件小型青铜立人像，从面部形态和造型风格来看，金面具与之非常相似，尺寸大小也相近，由此推测金面具装饰的会不会就是青铜立人像或者与之类似的青铜造像呢？

金沙遗址出土的这件金面具，从造型看为杏状眼，弯月形眉，大耳高鼻，眉部凸起，双眼镂空，耳垂有凹痕（应为穿孔位置），颧骨较为突出，镂空的大嘴成微张状，给人以略呈笑意之感。从整体上来看，这件

[①] 参见成都市文物考古研究所、北京大学考古文博院《金沙淘珍》第 21—22 页，文物出版社 2002 年版。

三星堆一号坑出土的小型青铜人面像

金面具五官匀称，表情温和，具有较强的写实风格。其造型与三星堆一号坑出土的一件小型青铜人面像比较相近，都是宽脸、大眼、高鼻、阔嘴、圆下颌，但制作更为精致小巧。三星堆一号坑出土的这件小型青铜人面像，高7厘米，宽9.2厘米，厚0.4厘米，在体型庞大的三星堆青铜造像群中算是最小的一种[1]。而金沙遗址出土的金面具在尺寸上还要小得多，这是体现了一种造型上的时代风格？还是反映了使用性质上的差异？确实耐人寻味。

古代蜀人很早就开始使用黄金制品了，而将黄金制成面罩作为青铜人头像的面部装饰，更是古代蜀人的一大杰作。在世界考古史上，古

古埃及第18王朝图坦卡蒙墓中出土的黄金面具

埃及和古希腊也都出土有黄金面罩，如公元前14世纪古埃及第18王朝图坦卡蒙墓中出土的人形棺和黄金面具，公元前16世纪古希腊迈锡尼墓葬中出土的金面罩等。古希腊和古埃及出土的这些黄金面罩，大都置于死者和木乃伊面部，具有保护和再现死者面容的用意，"目的是想为死者保留一个不朽的面容，以便死者的灵魂游荡在外时也能找到自己的归宿"[2]。迈锡尼墓葬与图坦卡蒙陵墓中给死者或木乃伊戴黄金面罩的习

[1] 参见四川省文物考古所《三星堆祭祀坑》第26页，第525页彩图，文物出版社1999年版。

[2] 朱伯雄主编《世界美术史》第3卷第83页，山东美术出版社1989年版。

俗，也是西方古代丧葬习俗与等级观念的体现。三星堆出土的黄金面罩主要粘贴于青铜头像的面部，并非施于死者脸上，在形态造型、装饰手法、用途含义等方面都独具特色，与古希腊、古埃及金面具相比有许多不同之处。因为三星堆青铜头像是古蜀王国大型祭祀活动中巫师或部落首领的象征，所以黄金面罩在古代蜀人的观念中与丧葬死亡似乎没有什么联系。黄金面罩可以使青铜人头雕像的面容焕发出灿烂的金色，以突出神权与王权象征者容貌的光芒，很可能含有原始宗教的奇特作用。金沙遗址出土的金面具与三星堆出土的黄金面罩一脉相承，都显示出了这一重要特点，在造型艺术和黄金制作工艺方面都有着极高的水平，是古蜀文明的璀璨遗存，展现出了极其丰富的文化内涵。

从人类文明发展史看，世界上形式丰富多样的面具全都产生在古代文明最发达的国家和地区，如古埃及、古希腊、古罗马、古代的中国和印度，以及古代美洲文化最发达的中美洲。考古发现也告诉我们，古代先民使用面具，其实是一种较为广泛的现象。世界各地的面具都具有深厚的文化积淀，作为特殊的宗教文化的产物，并不仅是某种娱乐和表演的简单道具，更是神灵、权力、地位的象征，为我们在人类学、民俗学、宗教学、文化学、历史学等研究领域提供了丰富的信息。三星堆和金沙遗址出土的黄金面具，便向我们透露了深刻的内涵和丰富的信息。面具双眼镂空，嘴部微张，包贴在青铜人头像上，似有让偶像观看祭祀场景并与司祭者"密语交谈"的含义；其显示出的异常华贵的气势，给人以神奇和赏心悦目之感，具有增强祭祀场面庄严气氛的作用。《周礼·夏官司马·方相氏》中有"方相氏掌蒙熊皮，黄金四目"的

三星堆二号坑出土的戴黄金面具的青铜人头像

记述，注疏说这是一种"魌头"的状态①。而在甲骨文和钟鼎文中就有不少"魌"的象形字，都是人戴面具的特征。这说明古代使用面具（包括黄金制作的面具）进行祭祀活动，可能是一种相当久远的习俗。这种习俗在长江上游成都平原的古蜀地区可能特别盛行。

如前所述，金沙遗址和三星堆出土的黄金面具在整体风格上和制作工艺方面都具有惊人的一致性，但又有一些细微的差异。如三星堆出土的金面罩眉毛镂空，呈前粗后细形，金沙遗址出土的金面罩眉毛为前后对称的弯月形并不镂空。在面部形态上，三星堆金面人头像棱角分明、气势威严，金沙遗址金面具则线条圆润、神情温和。还有尺寸上的巨大差别，三星堆金面罩装饰的青铜人头像体形较大，通宽20厘米左右，通高40厘米以上，与真人大小相近，它们和其他千姿百态的三星堆青铜造像群一起，营造出规模宏大的祭祀场面。金沙遗址金面具，高不足4厘米，宽不到5厘米，与之相比较未免过于袖珍小巧。为什么体形相差这么悬殊？根据三星堆与金沙遗址文化内涵上的一致性来推测，袖珍型的金沙遗址金面具，是否用于小型祭祀活动？或是古蜀某个部族宗庙中的陈设？从时间上看，三星堆一、二号坑相当于殷商早期与晚期；金沙遗址与三星堆相衔接并略晚于三星堆，相当于殷商晚期

金沙遗址出土的黄金面具

和西周时期。上述金沙遗址与三星堆出土黄金面具的差异，是否是由于时间的早晚关系而形成的一种时代风格变化呢？由此推测，它们的制作者可能代表着不同的部族，对器物形制的大小，可能有着不同的理解与嗜好；对某些形态特征，也有不同的审美要求和表现方法。

---

① 见（清）阮元校刻《十三经注疏》上册第851页，中华书局1980年版。

概括起来说，关于金沙遗址出土的金面具，通过与三星堆考古发现的比较研究，我们大致可以得出这样几点看法：一、金沙遗址出土的黄金面具与三星堆黄金面罩，都是作为青铜人头雕像的面部装饰，都显示出了浓郁的古蜀特色，说明了两者之间密切的亲缘关系。二、在造型风格上，它们具有明显的一致性，同时又有差异，说明了金沙遗址和三星堆遗址的统治者在族属上的同一性和连续性；但他们很可能属于同一族属中的不同部族，并由于兴衰更替的关系，而显示出了风格上的一些变化。三、金沙遗址出土的金面具，由于特别精致小巧，很可能是金沙遗址统治者宗庙中的陈设和供奉物。这与三星堆黄金面罩和青铜造像群在祭祀活动的规模上，有着较为明显的区别。但它们用于祭祀和供奉的性质则是一致的，在神权与王权方面的象征意义也是显而易见的。四、在制作工艺上，金沙遗址出土的黄金面具和三星堆黄金面罩，都是用很薄的整块金片或金箔，采用锤揲、模冲、剪切、镂空等多种手法制作而成，然后粘贴于青铜人像面部，技巧娴熟，工艺精甚，显示出了很高的水平，堪称是商周时期金器加工工艺的代表之作，是商周时期古蜀王国灿烂文明的经典产物。

金沙遗址出土的圆圈形的金冠带，直径略呈上宽下窄，出土时断裂为长条形。圆圈的直径为19.6—19.9厘米，带宽2.68—2.8厘米，厚0.02厘米，重44克。在制作工艺上，

金沙遗址出土的金冠带

同样是锤揲成形，并采用錾刻等手法，在金冠带的表面刻画了精美的

图案纹饰①。从形态功能与尺寸大小看，这件工艺精湛的金冠带，很显然是镶嵌或缝缀在冠帽上的装饰品和象征物。能戴这种冠帽的，应是古蜀王国中非同凡响的权贵者或大巫师，或许就是金沙遗址统治者所戴用的华贵冠帽上的的金带饰。当然我们也不能排除古蜀族首领与巫师之类重要人物在举行盛大祭祀活动时，将金冠带直接戴在头上使用的可能性。

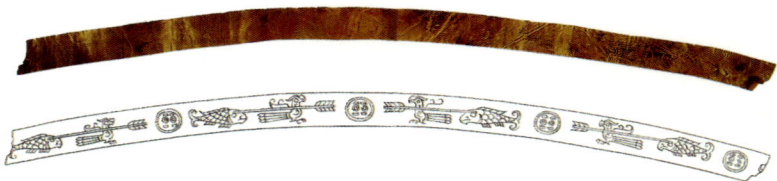

金沙遗址出土金冠带上奇妙的图案

　　特别值得注意的是金冠带上的图案纹饰，制作者采用精湛的錾刻工艺刻画于金冠带的表面，由四组相同的图案构成，线条流畅，寓意丰富，在整体上为对称性布局，显示出绝妙的构思和高超的刻画技巧。其中每组图案分别有一鱼、一鸟、一箭和一圆圈。最醒目的是横贯图案的长杆羽箭，有较为粗长的箭杆和尾羽，箭杆横贯鸟颈，箭头射入鱼身。鱼的体形较为肥硕，大头圆眼，鱼身上的鳞片和背腹部的鱼鳍以及卷曲的鱼尾，都刻画得十分逼真。鸟的形态为粗颈钩喙，羽冠长尾，腿爪前伸，炯炯的大眼和向上腾起的双翅，显得极其生动。在表现手法上，鸟

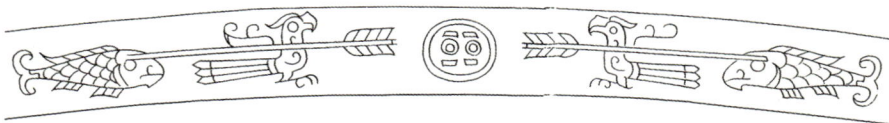

金沙遗址金冠带上奇妙的图案（局部）

---

① 参见成都市文物考古研究所、北京大学考古文博院《金沙淘珍》第23—26页，文物出版社2002年版。

较为抽象夸张，而鱼则较为写实，相互映衬，更增添了图像的意趣。昂起的鸟头和鱼头都朝向羽箭射来的方向，并被羽箭横贯射中，显然有着特殊的寓

金沙遗址出土的两件金带

意。其构思如此奇异，夸张而又真实，充满了动感和活力。在箭的尾羽与另一组图案之间，还刻画了双圆圈纹，中间又有两个对称的小圆圈，在每个小圆圈的上下又各有两个对称的小圆圈，正每个小圆圈的上下又各有一个粗短的横纹，从而形成了类似于人面或兽面的图案纹饰。金冠带的正前方中央即以圆圈纹为中心，其两侧便是对称排列的射鱼纹图案。这似乎告诉我们：象征圆日与人面或兽面的双圆圈纹，在整个画面中占据着主导的地位，强大有力的长杆羽箭就是从这里射向两侧的鱼、鸟的，以此来表明主宰着鸟与鱼的命运。被羽箭贯射中的鸟和鱼，既可能是古蜀时代渔猎生活的真实写照，也可能是古蜀族群中一些部落的标识。无论制作工艺，还是图案纹饰的刻画，以及寓意构思，都可谓独具匠心。

金沙遗址出土金冠带上的图案纹饰，不仅显示了制作者丰富的想象力，更向我们透露了古蜀时代的大量信息。在那些使人赏心悦目的图像背后，隐藏着许多古蜀之谜。当我们观赏金冠带的时候，会油然地联想到三星堆一号坑出土金杖上的图案纹饰，金杖上也同样刻画了长杆羽箭横贯鸟颈射入鱼身的情景。图像的构思与表现手法几乎完全一样，二者的差别主要是图案的排列方向不同。金冠带上的图案横向排列，金杖上的图案则为纵向排列，这与二者不同的使用性质显然有着较为密切的关系。金冠带是作为冠饰戴在头二

三星堆二号坑出土的铜鱼形圭饰

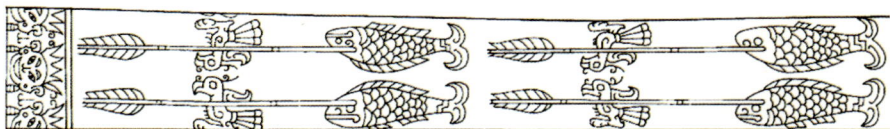

三星堆一号坑出土金杖及图案

的，金杖则是执于手中竖直使用的，因而很自然地形成了图案排列方式
上的差异。金冠带与金杖的主体图案都由四组相同的图案构成，但在组
成方式上也有明显的差别。金冠带上的四组图案为单行对称排列，金
杖上的四组图案则是双列同向排列。金冠带上图案单行排列，可能是
受到了金冠带宽度的限制；金杖上图案双行排列，则是因为金皮展开
捶打加工时较宽（约7.2厘米，为金冠带宽度的2倍多）①，在包卷木芯
制成金杖后，由于杖身为圆形，双行图案恰好布满圆形杖身，给人以连
绵不绝之感。图像都朝着同一个方向，自然是由于金杖执握于手中竖
直使用的缘故。这种不同的图案排列，充分显示了制作者巧妙的构思和
匠心。此外在整体图案上还有一个显著的区别，金冠带上每组图案之
间均刻画了一个双圆圈纹形成的人面或兽面纹饰，与四组图案相配一
共四个；金杖的主体图案下边则刻画了前后对称的两个人物头像。金冠
带上的四个兽面像较为抽象，金杖上的两个人物头像则有较强的写实
风格，头戴锯齿纹或花瓣状王冠，耳垂上挂着三角形耳饰，圆脸和五官

---

① 参见四川省文物考古所编《三星堆祭祀坑》第60—61页文与图，第528彩图，文
　物出版社 1999 年版。

呈现出开怀欢笑状。尽管与这些差异和不同，但它们在文化内涵和象征含义上的一致性则是显而易见的。有学者因而认为，金沙遗址金冠带上的双圆圈纹，应当就是三星堆金杖上的人头像图案。值得提到的是，金沙遗址金冠带上的兽面图案，与三星堆二号坑出土的一些圆形铜挂饰上的图案十分相似，也向我们透露了相同的崇尚情趣。

我们知道，古蜀时代文字出现较晚，而图像甚为发达。古代蜀人不仅崇尚巫术和祭祀活动，而且长于形象思维，极富想象力，擅长将丰富的内容融化在简洁的形式之中，这些在造型艺术和图案纹饰中都有绝妙而高明的体现。通过图像来表达心中的崇尚，诉说古蜀历史上发生过的故事，这也是古代蜀人久远的一个传统。那么，三星堆金杖和金沙遗址金冠带上的图像又告诉了我们些什么呢？

根据古代文献记载，在古蜀历史上先后有蚕丛、柏灌、鱼凫、杜宇、开明等氏族兴衰和王朝更替，考古发现证明这些迷茫的古蜀传说并非子虚乌有。有学者认为三星堆一号坑出土的金杖更是鱼凫氏的遗存，还有学者认为金杖图案描绘的是鱼凫氏败亡的故事，而金杖则是古蜀王国最高统治者执掌的王权和神权的象征，或是大巫师使用的法器。这些看法，仁者见仁，智者见智，曾在学术界引起过热烈的争论。而在金沙遗址出土的金冠带上，又发现了类似的图案纹饰，说明绝非偶然现象，在古代蜀人的心目中，这些图案纹饰确实有着非同寻常的深刻含义。从考古资料看，中国大约在夏代就已出现黄金制作的器物饰件，商周时期的黄金器物已呈现出明显的地域特色，但整个来看开采和制作使用黄金的数量还是较为有限的。三星堆一号坑出土的金杖和金沙遗址出土的金冠带，应是商周时期古蜀王国最重要也是最富有地域特色的黄金器物，制作者在上面精心刻画的图案纹饰显然有其很深的用意。

从美术考古的角度看，金杖和金冠带上的图案纹饰，都起着重要的装饰作用，无论是其巧妙的构思或是生动的图像和流畅的线条，皆堪称是古蜀族在雕刻艺术上的杰作。这些图案所表现的内涵，应是当

金沙遗址出土的小型青铜立人像

时古蜀先民们的社会生活以及宗教信仰和审美观念的综合反映，并具有族属意识的象征含义。羽箭横贯鸟颈射入鱼身的画面以及圆形的人面和人头画像，说明古代蜀人已能熟练制造使用羽箭，似与古代蜀人频繁的渔猎活动有着十分密切的关系，同时也透露了古蜀王国流行的太阳神话和昌盛的太阳崇拜。虽然画面上有较多的神话传说的意蕴，还有一定的巫术色彩，但张扬的仍是人的精神，折射的则是当时古蜀王国传统崇尚与民俗民风的一些真实情形。如果进一步探讨，这些画面内容还洋溢着一种大无畏的英雄气概，寓含着古蜀族统治者无往不胜的信念。在雕刻工艺上，制作者采用写实与夸张相结合的艺术手法，充分发挥丰富的想象力和独创性，显示了极其娴熟而高超的水平。三星堆和金沙遗址所蕴含的古蜀时代绚丽多彩的精神文化内涵，正是通过这些画面而得到了精妙而生动的展现。

如果说三星堆出土的金杖是蜀王和群巫之长的使用之物，那么金沙遗址出土的金冠带显然也只有古蜀族中身份显赫的权贵者才能使用。它们都是古蜀王国统治者的专用品，是特地为古蜀时代王权和神权的掌管者所精心制作的。显而易见，金杖和金冠带上面刻画的图案纹饰，也具有这种专用的性质。从考古发现看，商周时期蜀地尚无文字，古代蜀人特别擅长于利用"图语"来描述和表达他们的意思。这些"图语"既生动又神秘，具有极其丰富的内涵，往往费人猜思。金杖和金冠带上的图案纹饰，应是迄今所发现的古蜀时代最经典也是最为形象生

动的"图语"了。它们不仅透露了与神权和王权的密切关系，而且表达了浓郁的族属意识。那些连贯的画面，似乎还向我们描

金沙遗址出土的金冠带纹饰局部特写

述了洋溢着神秘色彩的古蜀王国兴衰更替的历史故事。

　　值得注意的是，金沙遗址还出土了两件鸟首鱼纹金带，一件长21.1—21.6，宽2.01—2.03厘米，厚0.02厘米；另一件长21.1—21.35厘米，宽2.01—2.03厘米，厚0.02厘米，共重11克[①]。它们与金冠带十分相似，采用整块金片锤揲成形，并在上面錾刻了精致的图案纹饰。从形态尺寸看，它们也很可能是冠帽上的黄金饰物，或许为地位仅次于金冠带佩戴者的古蜀族人物所使用。但它们上面刻画的图案纹饰却与金冠带不同，表现的是一对鱼鸟合璧的造型。粗看图案极其简明，金带的表面都刻画了两条鱼尾相对、鱼头向外的大鱼，形成一种对称的图案纹饰。细看两条大鱼的形态却非常奇特，其身为鱼，前部却为鸟的长喙，而长喙前端上翘并略向后勾，与通常所见的鸟喙不同，刻画的长喙下缘作波浪形曲线，令人联想到鹈鹕之类的鸟嘴。它们的眼睛也很奇特，呈梭形状，前后皆有尖尖的眼角，与常见的鱼眼和鸟眼都不一样，而与人眼或兽眼却有几分类似。再者是鸟首，因未刻画冠羽而与鱼头又颇为近似。

金沙遗址出土鸟首鱼纹金带

① 参见成都市文物考古研究所、北京大学考古文博院《金沙淘珍》第27—28页　文物出版社2002年版。

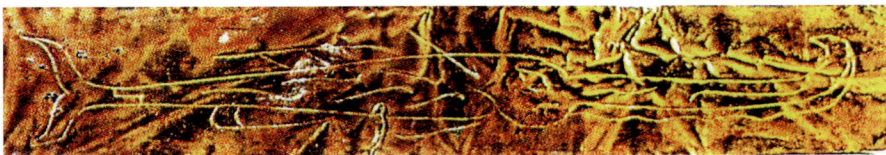

金沙遗址出土金带上的图案（局部）

这种鸟首鱼身的造型，在自然界中绝无实例，是如此奇异，令人惊叹。有学者认为，传说记载古蜀王朝谱系中的鱼凫，应是以鱼和凫为祖神标志的氏族，由崇鸟与崇鱼的两个部族组成的王族因而称之为鱼凫。三星堆出土的金杖和金沙遗址出土的冠带，上面刻画的鱼、鸟图案便透露出了这种强烈的族属意识。金沙遗址出土的鸟首鱼身纹饰金带，则采用巧妙的艺术手法，将鱼和鸟两个氏族标志融合为了一体。它是否象征着两个氏族的联姻？并由此而形成了一个新的蜀族标志？或者是为了更加简明清晰、直截了当地表达两个崇奉鱼鸟的氏族亲密无间的团结？当然也可能是象征着鱼族向鸟族的蜕变转化呢？扬雄《蜀王本纪》说鱼凫田于湔山，神化不死，其民亦颇随王化去，到杜宇"自立为蜀王，号曰望帝，治汶山下邑曰郫，化民往往复出"[1]，似乎就透露了这方面的信息。总之，这种奇特的图案带给了我们丰富的联想。尽管我们目前还不能确切无误地弄清它复杂的内涵，但有一点则是肯定的，这种鸟首鱼身在自然界中并不存在的奇异动物，应是一种抽象的"图语"，它是古代蜀人的独创，具有浓郁的古蜀特色。它不仅向我们透露了与古蜀传说中鱼凫氏族标志有关的信息，而且展现了古代蜀人对鱼和鸟大胆而奇妙的想象。解读其中的奥秘，将永远是一件引人入胜的事情。

金沙遗址出土的太阳神鸟金箔饰，也是一件令人惊叹的神奇之物。其外径12.5厘米，内径5.29厘米，厚0.02厘米，重20克。在制作工艺上，这件金饰也采用了捶揲技术，整体为极薄的圆片形。最为奇妙的

---

[1]《全汉文》卷53，（清）严可均校辑《全上古三代秦汉三国六朝文》第1册第414页，中华书局1958年影印版。

令人惊叹的太阳神鸟金箔饰

是纹饰，如同一幅均匀对称的剪纸图案，可能采用了精湛的切割技术，并有相应的模具。采用镂空方式表现的图案可分为内外两层，内层为一圆圈，周围有12道等距离分布的象牙状的弧形旋转芒，外层是四只逆向飞行的鸟。整幅图案充满了动感，

犹如一个神奇的旋涡，又好像是旋转的云气或是空中光芒四射的太阳。考古工作者曾将这件奇妙的金饰放在红色的衬底上观看，发现其旋涡形图案如同一轮旋转的火球，周围飞鸟图案犹如红色的火鸟[1]。那火红的圆盘和耀眼的光芒，分明就是古代蜀人对太阳的一种表现形式，而且表现得是如此精妙绝伦并富有创意。

我们知道，由于太阳和自然万物的密切关系，先民们自远古以来就崇拜太阳。在世界各民族中都流传着绚丽多彩的太阳神话，阿波罗是古希腊神话中众所周知的太阳神，中国古代则广为流传着具有

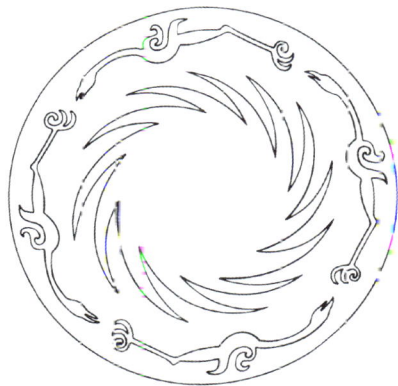

金沙遗址太阳神鸟金箔饰线描图

[1] 参见成都市文物考古研究所、北京大学考古文博院《金沙淘珍》第29—31页，文物出版社2002年版。

战国铜镜上的三鸟环日图

浓郁东方特色的十日神话。根据《山海经》中的记述，十日是帝俊和羲和的儿子，每日轮流从东极的扶桑飞向西极的若木。也就是说，每天早晨太阳从东方扶桑神树上升起，到了晚上太阳便落在西方若木神树上，它们被古人描述为金乌的化身，是会飞翔的太阳神鸟。我们在出土的汉代画像石与画像砖上，可以看到许多日轮金乌图，便是太阳神话的流传与反映。三星堆考古发现告诉我们，早在夏商周时期，古蜀先民们就已有崇奉太阳的习俗，并留下了大量与太阳神崇拜有关的遗物和图像。例如三星堆一号坑和二号坑出土的青铜神树、青铜太阳形器、金杖上的太阳神形象、人面鸟身像胸前的圆日图案、神殿屋盖上的太阳形图案纹饰等。三星堆考古发现还揭示了古代蜀人有崇鸟的信仰，并以鸟为图腾，特别是凤鸟与太阳神鸟在古代蜀人精神观念中占有特殊地位，三星堆出土的众多铜鸟便是很好的说明。而蜀族的崇鸟观念与鸟图腾，又与太阳崇拜和太阳神话相互交融，两者通常有着极其密切的关系。金沙遗址出土的太阳神鸟金箔饰，对此又是一个绝好的例证。

　　中国自古以来就有着丰富多样的地域文化，从历史发展的进程来看，古蜀文明与中原华夏文明都属于地域文化的范畴，各自的不同特色是和其农业生产方式密切相关的。我国的农业起源甚早，距今8000多年前，在长江流域就出现了稻作农业，黄河流域已出现了旱作农业。原始农业不仅提供了粮食，也促使了人口繁衍，衍生了丰富多样的文化习俗。正是由于史前时期就形成了南北两种农业体系，从而促进和形成了南北文化体系发展的各自特色。对自然的认知，对祖先的传说，古蜀与中原都有各自的说法。譬如神话传说方面，中原黄河流域和北方地区崇尚的主神是黄帝，长江流域和南方地区崇尚的主神是帝俊。在中国的传世文献中，代表中原文化传统的一些古籍如《竹书纪年》《世本》，以及后来的《大戴礼记·五帝德》《史记·五帝本纪》《帝王世纪》等，都是以黄帝作为传说中心的。而代表南方文化传统的《山海经》中关于帝俊的记载，则构成了一个帝俊神话传说的体系。在中国远古时代流传下来的许多神话传说中，帝俊和黄帝都是世界东方的大神，具有类似于古希腊神话中最高神祇——宙斯一样的煊赫身份。如果说传世文献中记述的黄帝，是黄河流域远古先民们心目中掌管天庭和人间的最高统治者，那么《山海经》等古籍中记载的帝俊，就是南方文化系统中主宰宇宙和世界的天帝了。帝俊不仅与羲和生有十日，还和常羲生了十二个月亮，同娥皇生三身之国，此外还有许多后裔。特别值得注意的是，《山海经》中帝俊的后裔，都特别崇尚神鸟，大都有"使四鸟"的记述。譬如《山海经·大荒东经》中说"帝俊生中容，中容人食兽、木实，使四鸟：豹、虎、熊、罴"；《山海经·大荒南经》中说"帝俊妻娥皇，生此三身之国，姚姓，黍食，使四鸟"等等。据袁珂先生考证，"使"是役使之意，"使四鸟"或"使四鸟：虎、豹、熊、罴"，可能是说役使的既有四鸟，也有四兽，而只有帝俊的后

金沙遗址出土的青铜三鸟纹有领璧形器

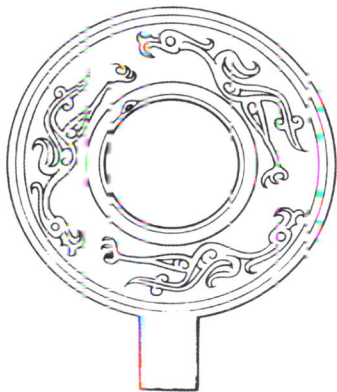

金沙遗址出土的青铜三鸟纹有领璧形器图案线描图

裔，才有这种役使四鸟与四兽的能力①。在这些神话色彩很浓的传说记述中，除了十日神话与崇鸟观念，似乎还反映了一种驱使和驾驶太阳神鸟的想象，透露了古代先民们战胜自然的气概与希望。金沙遗址太阳神鸟金箔饰上刻画的绕日翱翔的四只飞鸟，显然就是"使四鸟"的生动写照了。制作者和使用者，大约想以此来表明他们都是帝俊的后裔，以及他们对太阳神的无限崇奉之情。这件构思绝妙的神奇之物，不仅表达了古蜀族强烈的信仰观念，而且贯注了浓厚的情感。至于有人猜测说四鸟代表四季、十二道光芒代表十二个月，其实并不准确，只是一种想当然的揣度而已。当然，这件神奇之物的象征含义是极其丰富的，飞翔的四鸟也是金乌和太阳神鸟的写照，表现的应是金乌托负着太阳在天上运行的情景。

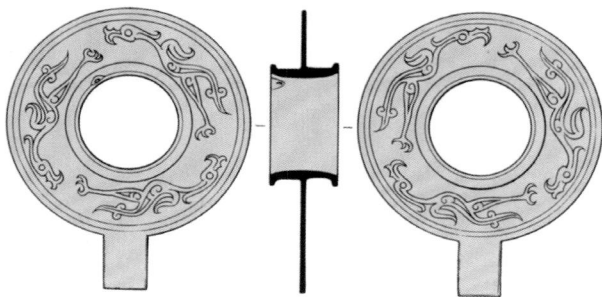

金沙遗址出土的青铜三鸟纹有领璧形器两面图案线描图

与之密切相关的文物，我们还应提到金沙遗址出土的青铜三鸟纹有领璧形器，整体为圆形，中央是圆孔，圆孔周围有凸起的高领，器上的扁平矩形短柄较短，可能是插在基座上使用的。该器直径10.24—10.36厘米，孔径4.03—4.31厘米，领高2.9厘米，轮宽2.67厘米，柄长2.26厘米，厚0.2—0.33厘米，重280克。边轮两面均铸刻有相同的飞鸟图案②。围绕着璧形器的圆孔，刻画了三只首尾相接、展翅飞翔的神鸟，手法简练，线条流畅，形象生动，栩栩如生。三只神鸟同样为鸟颈向前，鸟腿后伸，作腾空飞翔之状，从飞鸟的钩喙、圆眼到华丽的长

① 参见袁珂《山海经校注》（增补修订本）第396—397页，巴蜀书社1993年版。
② 参见成都市文物考古研究所、北京大学考古文博院《金沙淘珍》第60—62页，文物出版社2002年版。

冠和飘逸的羽尾，都
显示出了浓郁的古蜀
特色。同太阳神鸟金
箔饰相比，这件青铜
三鸟纹有领璧形器，
不仅尺寸大小相近，
而且在图像纹饰所
表达的象征含义上，

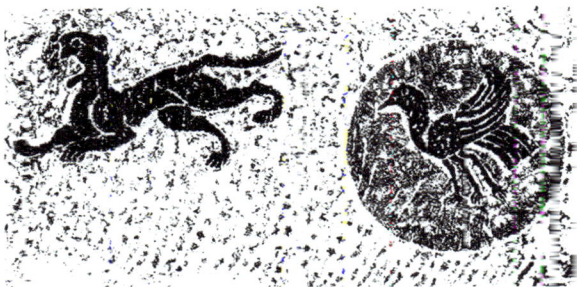

河南南阳出土的汉画像石中的白虎、三足乌图

也有异曲同工之妙。那周围有凸起高领的圆孔，不就是圆日的象征吗?
三只神鸟所表现的不同样是托负着太阳在宇宙中由东向西飞行的情景
吗? 很显然，这件器物同样是古蜀时代昌盛的太阳神话传说和太阳崇
拜观念的产物，是古蜀族以太阳崇拜为母题的祭祀活动中的一件重要
器物。从古籍文献中的记载看，《山海经》中不仅有多处关于帝俊之孙
"使四鸟"的叙述，还有关于三青鸟与五采鸟的记载。如《大荒西经》
说大荒之中，西有王母之山，"有五采鸟三名：一曰皇鸟，一曰鸾鸟，一
曰凤鸟"；《海内北经》说："西王母梯几而戴胜杖，其南有三青鸟，为
西王母取食，在昆仑虚北。"①这些记述中的三青鸟与五采鸟都非同凡

响，显然也是古代先民崇鸟
观念的反映。郭璞等人认为
三青鸟即为三足乌，《淮南
子·精神训》中说的"日中
有踆乌"，即为三足乌，又称
阳乌或金乌，被认为是日之
精魂。古籍《洞冥记》中，则
又说三足乌是为羲和役使的
日驭。由此可知，它们实际

四川汉代画像砖上的人首鸟身、胸负日轮飞翔的羽人，
日轮内刻画有三足乌（彭州太平乡出土）

① 袁珂《山海经校注》(增补修订本)第 453、358 页，巴蜀书社 1993 年版。

上都是太阳神鸟,属于十日神话与太阳崇拜观念母题范围内的不同传说。关于三足乌究竟是什么形态?因古籍中并无记述而不得其详。求诸于出土资料,我们在汉代画像石、画像砖上可以看到许多关于三足乌的描绘,有的在圆日中刻画一只飞翔的金乌,有的将圆日刻画在阳乌的胸部作展翅翱翔状,还有的则将三足乌雕刻成有三条鸟腿的奇异模样立于日轮之中。这些描绘丰富多样,并无统一的模式,大概都是后世对于远古神话的一种想象式的解释和表现。实际上在商周以降的图像纹饰中,还有另外一种表现方式,常常将三足乌描绘成绕日飞翔的三只神鸟。例如战国时期和秦代一些铜镜上的三鸟环日图,三鸟均为一足,有学者认为"可能为三足乌传说的演变"。还有汉代瓦当上绕日飞行的三鸟纹,表现的也应是同一个主题,可知三足乌的数量应为三只,"也可以看作是以'三青鸟'形式表现的日精"[1]。将这些图像资料作为参考,现在再来看金沙遗址出土的青铜有领璧形器,上面刻画的三只神鸟也是典型的长颈单足、羽尾华美、展翅绕日飞翔之态,显而易见就是对太阳神话传说中三足乌的一种形象表现。

汉绕日三鸟纹瓦当拓片(汉长安城遗址采集)

总的来说,太阳神鸟金箔饰上的图案纹饰,应是古代蜀人崇鸟观念和太阳崇拜信仰生动而绝妙的展现。需要指出的是,崇鸟和崇拜太阳,不仅是古代蜀人精神世界中的主题观念,而且是古蜀各部族的共

---

[1] 见芮传明、余太山《中西纹饰比较》第144—146页,上海古籍出版社1995年版;参见孔祥星、刘一曼《中国铜镜图典》第83页图,文物出版社1992年版。

同信仰。古蜀历史上的柏
灌、鱼凫、杜宇等王朝和氏
族部族都是崇鸟和崇拜太阳
的，开明王朝也不例外。三
星堆和金沙遗址的考古发
现对此便是很好的说明。关
于太阳神鸟金箔饰的用途，
有学者认为可能是红色漆器

徐州汉画像石中的神鸟

上的装饰品。因为这件金饰为极薄的圆片形，难以作为单独器物来使
用，只能贴附于其他质地较厚或较硬的器物上作装饰，这一点应该是
没有多大疑问的。但象征着古蜀各氏族部族最高精神崇尚的这件太阳
神鸟金箔饰，显然不会作为实用器物上的装饰，应是备受尊崇的供奉
之物，或在举行祭祀活动时使用。从其尺寸和精美的程度来看，这件神
奇的金饰，很可能是金沙遗址统治者宗庙或神庙中的供奉品，是古代蜀
人心目中的神圣象征。

　　太阳神鸟金箔饰虽然形制不大，显得小巧袖珍，展示的却是对太
阳和宇宙的观察与想象，蕴含着极其丰富的象征含义。它以旋转的火轮
作为宇宙中光芒四射的太阳的象征，以飞翔的四鸟作为金乌和太阳神
鸟的写照，通过金乌托负着太阳在宇宙中翱翔运行情景的描绘，对古
代蜀人的崇鸟观念和太阳崇拜信仰做了生动而绝妙的展现。太阳神鸟
金箔饰用简练而生动的图像语言，向我们透露了古蜀太阳神话传说的
大量信息，记述了商周时期古蜀国极为盛行的太阳崇拜习俗，为我们了
解古代蜀人的精神观念和追溯古蜀时代一些重要祭祀活动的真实情形
提供了极大的便利。金沙遗址太阳神鸟金箔饰在考古史上的重要意义
远不止于此，作为成都出土的一件最令人赞叹的神奇之物，如今它已成
为中国文化遗产标志，同时也是成都南延线立交桥上光芒四射的城市
标识，向人们张扬着一种巨大的古蜀魅力，为成都这座西南地区著名的
历史文化名城增添了无穷的光彩。

金沙遗址出土的蛙形金箔饰

三星堆遗址出土的石蟾蜍

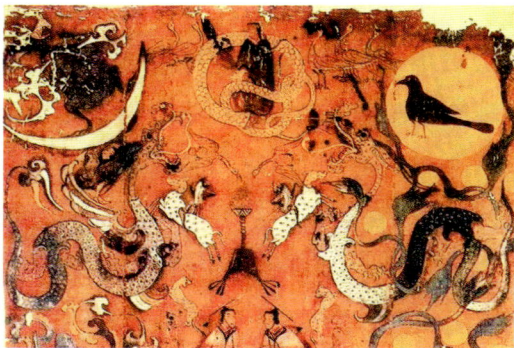

湖南长沙马王堆一号汉墓出土帛画上的弯月、蟾蜍

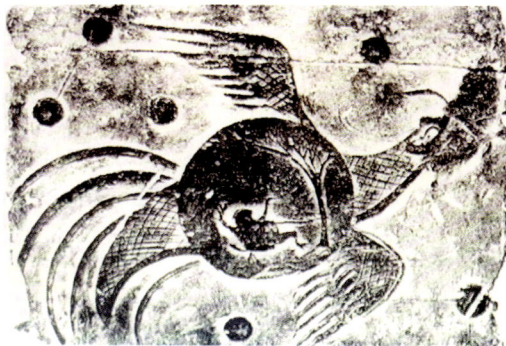

四川邛崃花牌坊出土的汉代画像砖上的人首鸟身、胸负月轮飞翔的羽人，月轮内刻画有蟾蜍与桂树

金沙遗址还出土了两件金箔蛙形饰。一件长6.96厘米，宽6厘米，厚0.004—0.16厘米，重3克。另一件长6.94厘米，宽6.17厘米，厚0.012—0.1厘米，重4克。这两件金饰也是锤揲成片形后，采用切割、錾刻等工艺制成[1]。其形态好似一只抽象变形的动物，身上有凸起的连珠状乳丁纹，从总体造型和细部特征仔细观察，很可能是青蛙或蟾蜍的艺术表现。在三星堆遗址，曾出土有石蟾蜍，张口露齿，呈爬行状，周身满布疙瘩，形态逼真而又生动，与金沙遗址

[1] 参见成都市文物考古研究所、北京大学考古文博院《金沙淘珍》第32—34页，文物出版社2002年版。

仰韶文化彩陶盆上的鱼蛙纹（陕西临潼姜寨
遗址出土）

云南晋宁出土的蛙矛

汉代画像石上的"常羲捧月"图，
月亮中刻画有蟾蜍（河南南阳出土）

云南江川出土的蛙鼓

出土的金箔蛙形饰有异曲同工之妙。我们知道，青蛙和蟾蜍曾是古代西南地区一些民族的喜欢之物，在云南、广西等地出土的汉代铜鼓上，有的鼓面周围就铸有青蛙或蟾蜍的造型。湖南长沙马王堆一号汉墓出土的帛画上，也对此做了生动的描述，在弯月上就画了一只口吐云气的蟾蜍。在考古发现的一些汉代壁画和出土的画像石、画像砖上，也有类似的画面。

汉代画像石上的"嫦娥奔月"图，月亮内刻画有蟾蜍（河南南阳出土）

在有些古文献记载中，蟾蜍又是月中之物，《淮南子·精神训》就有"日中有踆乌，而月中有蟾蜍。日月失其行，薄蚀无光"的记载。按照学者们的注释，踆乌谓三足乌，蟾蜍即俗话说的癞蛤蟆。意思是说，日中有只三足乌，月中有只蟾蜍，日月如果不按常规运行，就会被咬蚀而失去光辉。《淮南子·说林训》中又有"月照天下，蚀于詹诸"之说[1]，詹诸也就是蟾蜍，表达的是同一个意思，认为月蚀是由于月中有蟾蜍在咬蚀的缘故。由此可知，远古时代不仅有广为流传的太阳神话，而且有月亮神话。踆乌（即三足乌，又称金乌或阳乌）是驮日飞行的太阳神鸟，蟾蜍则被古人认为是月中神灵的象征。关于月亮神话，《山海经·大荒西经》中有"有女子方浴月，帝俊妻常羲，生月十有二，此始浴之"的记载。《吕氏春秋·审分览·勿躬》也有"羲和作占日，尚仪作占月"之说，毕沅等注释说尚仪即常仪，后世的嫦娥奔月神话，即由此演变而来[2]，这同样也说明了月亮神话的久远。根据传世文

---

① 见《二十二子》第1234、1285页，上海古籍出版社1986年版。

② 陈奇猷《吕氏春秋校释》第3册第1077页，第1082页注[十三]，学林出版社1984年版；袁珂《山海经校注》（增补修订本）第463页注释"羲、仪声近，常羲即常仪也"，巴蜀书社1993年版。

献记录透露的信息可知。关于月亮的神话传说起源相当古老，而且流传甚广，在古人心目中常羲（后演化为嫦娥）是人格化的月神，蟾蜍则被视为月亮的象征。古代先民观察天象时常发挥想象，并与动物联系起来。比如古人可能发现太阳有黑子现象，便认为日中有三足乌；看见月亮有阴影，便说月中有蟾蜍。古代先民可能很早就有了崇拜月亮的习俗，常羲"浴月"便是具有浓郁神话传说色彩的原始社会祭祀月亮法术行为的反映。月中蟾蜍的神话传说，显然也是祭月习俗的产物。这在上古时代很可能同太阳崇拜一样，也是一种非常盛行的自然崇拜现象。

从考古发现看，彩陶上已出现大量蛙纹，原始岩画中也有对蛙的描绘。古代先民对蛙与蟾蜍怀有特殊的崇奉习俗也是由来已久。主要有三大原因：其一是因蛙与女性有密切的比喻联系而成为生殖崇拜象征；其二是蛙可以预报天气的变化。如通过蛙鸣声音的变化，可以预知

汉代画像石上的日轮金乌与满月蟾蜍（河南南阳出土）

汉代画像石上的蟾蜍（河南南阳出土）

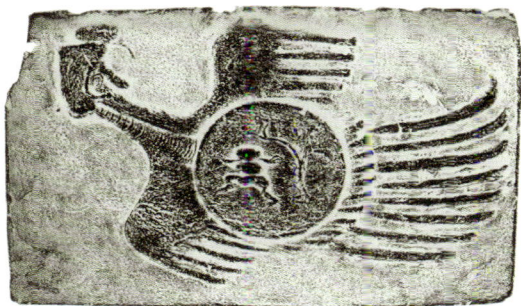

汉代画像砖上的人首鸟身、胸负月轮飞翔的羽人，月轮内刻画有蟾蜍与桂树（四川彭州太平乡出土）

雷雨是否即将来临、天气是否大旱等，认为蛙身上具有神秘属性，促使了蛙崇拜的形成；其三是蛙的叫声与婴儿的哭叫声相似，有些上古氏族因而将蛙奉为图腾。有学者认为，不仅月亮神话与蛙崇拜有关，女娲的神话传说也与远古先民的蛙类崇拜观念有着密切的关系，女娲可能是以蛙为图腾的远古部落首领，后来被神化成了蛙神和创世神[1]。远古时期不仅将蛙神作为生殖崇拜的象征，还流行祭蛙求雨的习俗。先秦时代这种祭蛙求雨的遗俗在汉代仍十分盛行，董仲舒《春秋繁露》卷16就对此做了记述[2]，充分说明了其影响力的强大。

　　金沙遗址出土的金箔蛙形饰，说明古代蜀人也是喜爱和崇奉青蛙或蟾蜍的，并具有多重象征含义。首先，制作者的目的显而易见是为了用于当时盛行的蛙祭仪式，所要表达的很可能是祭蛙求雨的寓意。其次，金箔蛙形饰那种写意和抽象的造型风格，洋溢着浓郁的神秘意味，展示了制作者丰富的想象力，显然绝非自然界中常见的凡俗之蛙，其形态造型可能是古代蜀人心目中的月中蟾蜍或月中神蛙象征。再者，也不

金沙遗址出土的喇叭形金箔器　　　　　　金沙遗址出土的喇叭形金箔器线描图

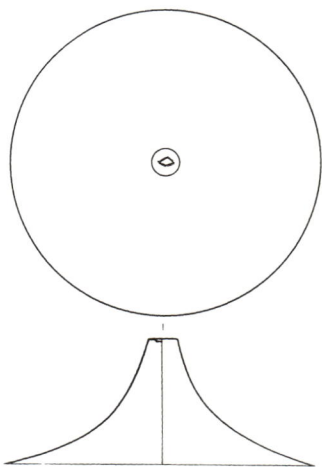

---

[1] 参见田兆元《神话与中国社会》第10—11页，上海人民出版社1998年版。
[2] 参见《二十二子》第803—804页，上海古籍出版社1986年版。

金沙遗址出土的喇叭形青铜器（俯视图）

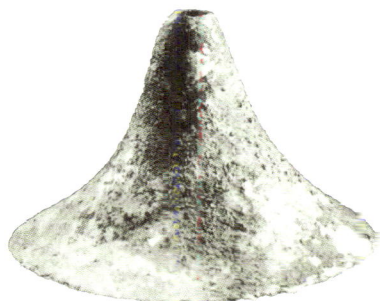

金沙遗址出土的喇叭形青铜器（正视图）

金沙遗址出土的喇叭形青铜器线描图

三星堆二号坑出土的铜令

三星堆二号坑出土的铜铃

金沙遗址出土的铜铃

能忽略和排除它们透露的生殖崇拜意识。重视农业发展与人口繁衍，肯定是古蜀族群中的大事，希望五谷丰登、部族强盛，最能体现这种心愿和期盼的便是生殖崇拜。此外，金箔蛙形饰也可能是古代蜀人喜欢和崇奉的吉祥物，甚至可能是古蜀某个氏族或部族的具有图腾含义的标志。总之，金沙遗址出土的金箔蛙形饰具有丰富的多重内涵应是不争的事实。关于金箔蛙形饰的使用方式，单独使用的可能性较小，有学者认为很可能是附贴于其他质料器物上作为装饰。如果与远古以来就广为流传的日月神话传说联系起来思考，金箔蛙形饰也可能与太阳神鸟金箔饰一样，都是金沙遗址统治者宗庙或神庙中的供奉物，或是重要的祭祀器饰或献祭品。金箔蛙形饰确实是古代蜀人的一个绝妙创造，它们所展示的丰富内涵，不仅对我们了解商周时期古蜀社会绚丽多彩的神话传说和祭祀活动情形提供了新的材料，而且揭示了新的内容。

金沙遗址出土的金器中，还有喇叭形金箔器，口径11.62厘米，顶径1.12厘米，高4.81厘米，厚0.02厘米，重51克。同时出土的还有一件尺寸相近的喇叭形青铜器，从两件器物的形状推测，喇叭形金箔器很有可能是粘贴在喇叭形青铜器表面的金饰[1]。三星堆二号坑出土有喇叭形青铜铃，但尺寸较小，未有金饰；金沙遗址也出土有铜铃，形状类似，也无金饰；可知喇叭形器与铜铃是用途不同的两种器物。金沙遗址出土的这件喇叭形金箔器物，器表为素面，未作纹饰。值得重视的是其重量，超过了金冠带和其他金器，是金沙遗址出土金器中用金量最重的一件。这件喇叭形金箔器重达51克，而具有王权与神权以及族属意识等象征含义的金冠带只重44克，作为特殊崇奉象征的太阳神鸟金箔饰也仅重20克，由此也可知制作者对喇叭形金箔器的重视，否则是不会花费这么多黄金来制作这件器物的。据此推测，应该是古代蜀人祭祀活

---

① 参见成都市文物考古研究所、北京大学考古文博院《金沙淘珍》第35—36、67—68页，文物出版社2002年版。

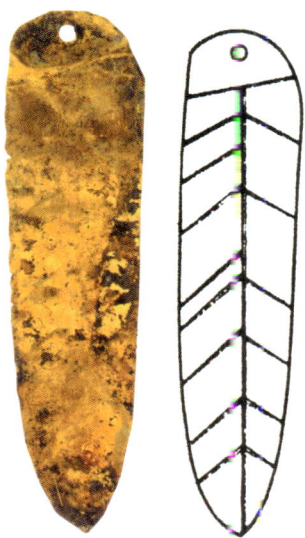

金沙遗址出土的鱼形金饰

金沙遗址出土的三角形金器

金沙遗址出土的金盒

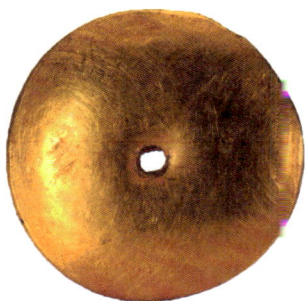

金沙遗址出土的圆形金器

动中的一件重要用品或供奉物,也可能是古蜀族的某种特殊象征物,代表着某种习俗和崇尚观念,具有特殊的象征含义。

通过上面的介绍可知,金沙遗址出土的金器不仅种类很多,而且内涵丰富,展现出绚丽多彩的古蜀特色。其中有些器物,如太阳神鸟金箔饰,神奇精妙,可谓是从未有过的考古发现。金沙遗址出土的黄金制品中还有金盒、鱼形金饰、圆形金器、球拍形状的三角形金器等。这些金饰器物形式多样,内容丰富多彩,真实地反映了殷商时期古蜀族制作、使用黄金的情况。这些璀璨的遗存,为我们了解辉煌的古蜀文明提供了珍贵的资料。

十四、奇异的青铜人像

金沙遗址出土的青铜立人像

金沙遗址清理出土的青铜器已有470多件,约占出土器物总数的三分之一还多,数量、品种都相当丰富。但出土的青铜人物造型却极少,只有青铜立人像一件,及小型青铜人头像一件[1]。考古工作者推测,在整个遗址范围内可能还会有类似的青铜人物造像。是否如此,尚有待于今后的考古发掘。

清理出土的这件青铜立人像,立人高14.61厘米,插件高4.99厘米,通高19.6厘米,重641克。整体为圆雕造型,由立人和插件相联组成,从残留的泥芯范土看,系一次浇铸而成,并在器表做过打磨抛光处理[2]。立人头戴

---

[1] 参见成都市文物考古研究所《金沙——再现辉煌的古蜀王都》第40—43页,四川人民出版社2005年版。

[2] 参见成都市文物考古研究所、北京大学考古文博院《金沙淘珍》第43—47页,文物出版社2002年版。

环形冠帽, 帽环周缘有十三道旋转状的弧形冠饰, 犹如太阳闪烁的芒芒, 与太阳神鸟金箔饰奇异的内层旋涡图案有异曲同工之妙, 很可能寓含着类似的象征含义。立人的脑后有隆起并列下垂的三道发辫, 下边有宽带束之, 直拖至臀部。身穿衣袍, 腰间系带, 双脚不现脚趾, 似穿有鞋袜, 立于上端分开呈丫字形的插件之上。立人的脸形较为瘦削, 粗眉大耳, 直鼻方颐, 颧骨凸起, 嘴巴微张, 大眼圆睁, 神情肃穆。其两边耳垂皆有穿孔, 胸腹前的腰带上斜插一件器物, 像是一柄短杖, 或许是用于祭祀活动的某种法器。立人的双臂做出环抱举物的姿势, 左臂弯肘于胸前, 右臂上举与肩齐, 双手虚握, 中空的双拳上下呈斜线相对, 显示出两手之间可能握有某种祭祀用品。

金沙遗址出土的青铜立人象脑后的发辫   金沙遗址出土的青铜立人像线描图

　　金沙遗址出土的这件青铜立人像, 从其冠帽穿着、形态姿势到五官神情, 都给人以神奇之感。特别值得注意的是其双手的姿势, 与三星堆二号坑出土的大型青铜立人像以及另一尊兽首冠青铜人像的双手姿势几乎完全一样。它们表现的都是献祭的姿势, 扮演的都是祭祀者的造型。如果说三星堆非同凡响的大型青铜立人像是古蜀王国举行盛大祭祀活动中的蜀王和群巫之长的象征的话, 那么金沙遗址青铜立人像也同样具有古蜀部族首领与巫师身份的含义, 它们都形象生动地反映了商周时期古蜀王国祭祀活动的昌盛，透露了神权与王权在当时古蜀社会生活中的地位和作用。

另一个特别值得重视的是青铜立人像头上戴的冠饰，为十三根象牙状的弧形饰，组成一个旋转的圆环帽圈，与太阳神鸟金箔饰内层镂空图案中十二道象牙状弧形旋转芒在造型构思上完全一致。虽然冠饰与金箔饰的旋转芒一为十三、一为十二，但它们都是等距离分布，形似略呈弯曲的象牙，组合在一起，如同神奇的旋涡，充满动感，使人很容易联想到太阳耀眼的光芒。显而易见，制作者可能赋予了它们同样的象征含义。我们在前面已经对太阳神鸟金箔饰做过探讨，那火红的圆盘和耀眼的光芒应是古代蜀人对太阳的一种富有创意的神奇表现，展示的是崇拜太阳的信仰观念。青铜立人像头戴的奇异冠饰，显然也是太阳崇拜观念的反映。进而推测，头罩太阳光环的青铜立人像，可能就是帝俊后裔的象征，代表着古蜀族中地位显赫的贵族形象，并具有巫师的身份。在古蜀族举行的祭祀活动中，青铜立人像扮演的可能是光明的使者，承担着祭祀太阳、祈祷丰年的职责；也可能作为太阳神的代表，起着沟通人神的作用。

青铜立人像双手所执何物，目前还是一个谜。由此联想到三星堆高大的青铜立人像，学者们对其握成环形、大得出奇的双手所执何物曾有过多种猜测：有认为是祭祀天地的玉琮，有认为是某种法器，或认为可能是象牙。通过深入

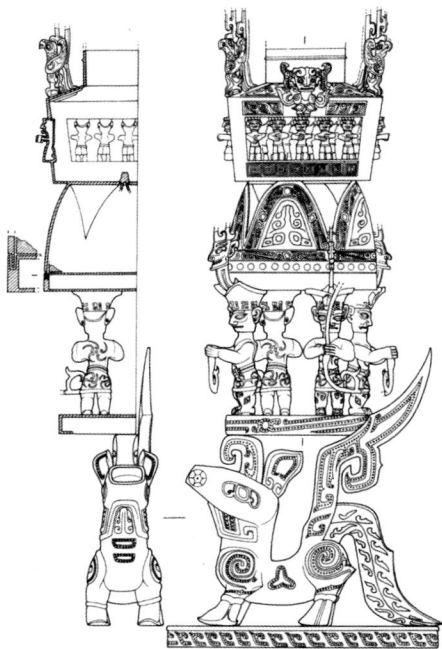

使人浮想联翩的三星堆出土的青铜神坛，经过修复后的线描图

研究，三星堆青铜立人像双手握玉琮的可能性不大，而执握弯曲的象牙或某种法器则有较多的合理性。还有三星堆青铜兽首冠人像手中所握何物，同样费人猜思。有学者认为，从其双手相距较近、握孔明显错位来看，也有可能握的是两件东西，或者干脆就是一种手势。此外还有陕西宝鸡地区与古蜀文化关系极其密切的弜国墓葬出土的青铜人像，如茹家庄一、二号墓出土的两件青铜人像，一件青铜人像（男相）双手举于右侧肩上前后相对握成夸张的圆形，另一件青铜人像（女相）双手干脆伸于左右两侧，好似做舞蹈状，一上一下握成巨大的环形[①]。这些可供对照比较的出土实物说明，

商周时期古蜀王国或古蜀族雕铸的青铜人像，在双手作执握状的造型方面确实有多种手势。也有学者认为三星堆二号坑出土神坛上的小人像手中所握牙璋与象征瑞枝祥草的藤状物，应是很重要的参照。可知它们手中所握，应为性质类似的祭品或祭器。以此来看金沙遗址出土的青铜立人像，因其体态较为矮小，双手虚握的拳空亦小，故而有学者推测执于青铜立人像手中的可能是弯曲的树枝。这种树枝当然不是普通的树枝，而是具有神话传说中迎送太阳的神树枝的象征含义，表示的都是强烈的太阳崇拜观念。参

金沙遗址出土的青铜立人像侧面

[①] 见卢连成、胡智生《宝鸡弜国墓地》上册第 315、375 页，下册彩图 23、图版 69、图版 202，文物出版社 1988 年版。

三星堆遗址出土的神殿修复前顶部的圆日图案

三星堆遗址出土的颈下呈尖三角形的青铜
人头像

三星堆遗址二号坑出土的圆日形铜挂饰

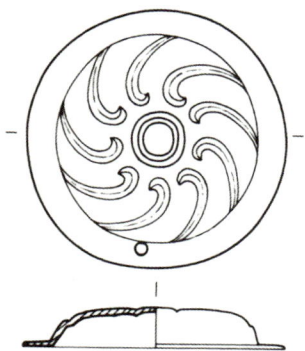

三星堆遗址出土的圆日形铜挂饰图案与金沙遗址出土的太阳神鸟金箔饰比较

照文献记载,《楚辞·离骚》便有"总余辔乎扶桑,折若木以拂日"的说法。这只是一种假设,当然也有可能青铜立人像双手所执是其他形态的某种吉祥物,或是献祭神灵或用于人神沟通的某种祭祀器具或物品。

　　青铜立人像站立在重件之上,也是很有意思的一个现象。插件略呈方形,上端分开,很像是农耕初期的一个倒置耒耜形器。分开的上部之间有两根支撑,并夹着布满铜锈的横梁,上面残留有少量朱砂。在重件下端,尚有一些残存的木质痕迹。将青铜雕铸的人像与木质部件结合起来使用,很可能是古蜀族与古蜀王国的一种传统,或者是商周时期蜀人的习惯做法。三星堆出土的众多青铜人头像,颈下呈尖三角形,很可能就是装在木质身体之上的。三星堆出土的人面像,有的学者认为也可能是与木制或泥塑的身躯配合安装使用的。据此推测,金沙遗址青铜立人像下面可能也有木质的基座,用插件固定于上。进一步推测,这种基座,会不会就是古蜀族宗庙或神庙中的木质神坛或祭坛呢?因蜀地潮湿,木质易腐,在经过了数千年的湮没之后,已很难见到古蜀族这种木质神坛的遗存了。但结合成都商业街船棺与独木棺的重要考古发现来看,春秋战国时期的开明王朝,曾利用巨大的桢楠木制作了数量众多的船棺和独木棺,并出土有许多工艺精美的漆器,那么商周时期

成都商业街船棺葬挖掘现场

以金沙遗址为都邑的古蜀族，采用桢楠之类的材料制作宗庙或神庙中的神坛或祭坛，显然也是可能的。当时蜀地可能生长着大片茂盛的森林，为蜀人采伐使用提供了极大的便利。

在金沙遗址出土的青铜器物中，有尖喙青铜鸟与三鸟纹有领璧形器，可能都是插在大型器物或基座上使用的，说明青铜立人像的插件使用方法并非偶然现象，而是金沙遗址统治者具有自身特色的一种祭

金沙遗址出土的尖喙青铜鸟

金沙遗址出土的青铜鸟

三星堆二号坑出土的青铜鸟

三星堆二号坑出土的青铜凤鸟

祀活动习俗。尖喙青铜鸟通长6.6厘米，通高5.1厘米，重67克，其造型为昂首尖喙、长尾下垂，突出的圆眼和刻有卷云纹的双翅，给人以栩栩如生的亲切之感[①]。其形态与三星堆出土青铜鸟绚丽夸张的风格颇不同，具有较多的写实倾向，而在范铸工艺上则是一脉相承的。青铜鸟的腹部下面有残断的柱形器，可能是插件，也可能是连接在某件大型青铜器上的，如青铜神树之类或某种器具顶盖等，因无实物可证，目前尚是一个疑问。金沙遗址同时出土的青铜三鸟纹有领璧形器，器上的扁平短柄，形同榫头，因其太短不能握在手中，显然是为了竖插在基座或其他器物上使用的。值得注意的是璧形器两面的图案纹饰，在圆形的边轮上布列着三只首尾相接的飞鸟，简练流畅的线条将鸟展翅腾飞飞翔的形态刻画得栩栩如生，与太阳神鸟金箔饰上镂空表现的四只飞鸟一样，充分展示了制作者非凡的创意和匠心。圆形的青铜三鸟纹有领璧形器和神奇的太阳神鸟金箔饰，在表现手法和象征含义上有着惊人的一致性，反映的都是远古神话传说中太阳由神鸟托负着在天空中运行的情景，是古蜀族太阳崇拜观念的精妙展示。

金沙遗址出土青铜立人像的穿着服饰，寓含着丰富的信息，值得特别关注。我们知道，衣着服饰往往是人物身份的象征，在讲究和重视等级制度的古代尤其如此。仔细观看，立人像自身穿的是一件窄紧身下端过膝的衣袍，透过锈斑可知衣袍为素面未见花纹图案。腰上所系像是一条较窄的革带，也无花纹。双手腕部有管形凸起，像是卷起的袖口，也可能是戴的腕饰。领口情况不详，未见分衽。双脚不现趾且形态较为宽厚，可能穿有鞋袜，未戴脚饰。整个来说，立人像展现的是一种朴实的穿着风格，与三星堆大型青铜立人像衣饰华丽、典雅尊贵有着很大的不同。在造型上，金沙遗址出土的青铜立人像较为矮小，且站立于简朴的插件之上，这与三星堆大型青铜立人像伟岸的身

[①] 参见成都市文物考古研究所《金沙——再现辉煌的古蜀王都》第45—46页，四川人民出版社 2005 年版。

金沙遗址出土的青铜立人像（左）与三星堆遗址出土的青铜立人像（右）比较

躯、矗立于高大的方座之上所展现出来的宏伟壮观的气势，也有明显的差异。由此可知，三星堆大型青铜立人像是蜀王和群巫之长的象征，金沙遗址青铜立人像则是古蜀部族首领和巫师的造型。考虑到三星堆与金沙遗址在年代与文化内涵上的先后和衔接关系，在三星堆青铜文化高度昌盛时期，金沙遗址统治者可能只是古蜀王国中的一个部族；在三星堆王都由辉煌而突然湮没之后，金沙遗址才逐渐兴盛起来，并形成了取而代之的趋势。金沙遗址青铜立人像以及其他出土文物向我们透露的，似乎就是由部族聚居之地向王国都邑发展过程中的情形。在发掘中，考古工作者曾发现有十多块大型青铜人物造像头部的铜板铸件，呈圆角长方形，其大小形态与三星堆青铜人头像的顶盖非常相似，据此推测金沙遗址很可能也有类似的青铜造像群。如以后的考古发掘证实果真如此，那将有利于我们的研究探讨，对金沙遗址的认识将进一步深化。

金沙遗址出土青铜立人像的神态也值得关注，瘦削的脸形和圆睁的双眼充满了肃穆和神秘，而微凸的眼珠又给人以逼视与惊讶之感。直身端立双手作献祭状的姿势，加上奇异的冠饰，更加渲染和加强了那种神秘的气氛。微微张开的梭形的嘴，仿佛在悄声说着什么，也许是在念祭文或向神灵密语吧！在古代的祭祀活动中，巫师常常扮演着双重角色，起着沟通人神的作用。对神灵来说，他是人间的献祭者；而在氏族或王国中，他又是神权的执掌者。巫师不是神灵，但也不是凡俗之人，而是介于人神之间的超人。他拥有直接同神灵对话的权力，并可以代表神灵，充当神灵的使者。金沙遗址出土的这件青铜立人像，塑造的便是古蜀时代的巫师形象，反映的正是巫师在进行祭祀活动时的特殊神态。值得注意的是，它与三星堆青铜造像群虽然在形态和造型上较为类似，但在神态风格上却并不一样。三星堆青铜造像群那带突棱的杏状大

金沙遗址出土的青铜立人脸部特写

眼和紧抿的阔嘴，充满了英武之气，给人以强烈的威严神奇之感；金沙遗址青铜立人像"两眼翻白""与神密语"的样子，与之相比较很明显有着风格上的差异。这种差异不仅向我们透露了其时间上的早晚先后关系，同时也从另一个侧面向我们展示了古蜀族丰富多样的祭祀活动情形。这对深入了解古代蜀人的族属关系和社会生活情形，无疑是非常重要的参照。

金沙遗址出土的还有一件青铜人头像，高4.5厘米，也比较袖珍，造型颇为独特[①]。人头为圆顶，头顶中部有一长条形孔洞。面部五官，双眼呈橄榄型，长眉，直鼻，阔口，双耳已残缺，耳垂穿孔，颈部中空。与三星堆出土的青铜人头像对比来看，这件青铜人头像不仅体量很小，而且造型与五官都别具风格。这也同样显示了金沙遗址与三星堆在青

金沙遗址出土小型青铜人头像

① 参见成都市文物考古研究所《金沙——再现辉煌的古蜀王都》第43页图与介绍，四川人民出版社2005年版。

铜人物造型上的不同特点，为深入研究二者的关系提供了重要佐证。

总之，金沙遗址出土的小型青铜立人像与青铜人头，造型独具一格，是极其珍贵的文物，具有丰富的文化内涵和独特的艺术魅力，可谓是商周时期古蜀王国在青铜造像群方面的又一杰作。

金沙遗址出土的石跪人像之一

十五、神秘的石跪巫师

金沙遗址清理出土的石器有223件[1]，数量和品种都比较丰富。从石器种类和文化内涵来看，大都和当时古蜀族的宗教礼仪活动有关。在石器中，不仅有形式多样的礼仪器物，如石钺、石璧等，也有实用器具如斧形器、矛形器之类，同时还有人物雕像和石虎、石蛇、石龟等动物造型。特别值得关注的是石器中的人物雕像，已经出土有十余件，其娴熟简朴的雕刻技艺和独特神秘的造型风格，令人耳目一新。这些石人的姿势，以及形态神情所蕴含的神秘内涵，更是费人猜思。古代蜀人雕造的这些石人，究竟赋予了什么象征含义呢？它们在古蜀族的祭祀活动中，又扮演的是什么角色呢？如何弄清这些问题，应该是一件很有意思的事情。现在就让我们对这些石人做一番观赏和探讨。

金沙遗址出土的这些采用石头雕造的人物造像，均为跪坐造型。它们的形态皆为裸体，跪姿为双膝着地，臀部坐于脚跟之上，赤足不穿鞋袜。这种一丝不挂的形体，显得大胆而又坦荡，在造型上展示出一种神秘的寓意和独特的风格。双手交叉背于身后，腕部被绳索反缚，

---

① 成都市文物考古研究所、北京大学考古文博院《金沙淘珍——成都金沙村遗址出土文物》第 162 页，文物出版社 2002 年版。

有的缠绕了两道或数道，手掌向下摊开，手指并拢贴于臀后。这种姿势非常耐人寻味，很可能具有非同寻常的含义。它们的发型也颇为奇特，头顶上好似顶着一片特制的瓦。中间低凹向两边翘起的形状，又很像是一本打开的书。有学者认为这是一种中分的发式，它们的前额及双鬓皆不留头发，脑后则采用线刻的方式表现出拖垂的长辫，辫子双股并列下垂，辫的下部被反缚的双手遮住。人像雕像脑后的长辫是典型的古蜀传统，三星堆出土的众多青铜人头像与人像都是如此，金沙遗址的青铜立人像也是这样，

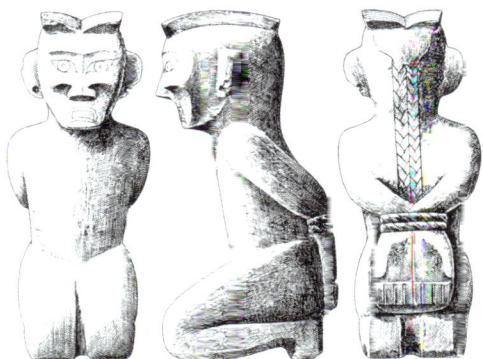

金沙遗址出土的石跪人像之一线描图

金沙遗址出土的石跪人像

石跪人像也同样展示了这一鲜明的古蜀特色。另有两件石人脑后没有线刻的长辫，推测其原因有两种可能：一是将石人雕造成型后尚未刻画，二是由于年代久远而刻画较浅已漫漶不现。

这些石人在造型艺术上展现出一种简洁朴实、粗犷豪放的风格，与三星堆青铜造像群相比，无论形态还是姿势都有很多不同。石人采用圆雕与线刻相结合的手法，造型简练，既有写实又有夸张，给人以生动传神之感。它们大都颧骨高凸，鼻高额宽，眉弓突出，脸部下边则较为瘦削，耳垂凿有穿孔，杏状大眼，眼珠与瞳仁刻画成瞪视状，嘴巴或

成都方池街遗址出土的石跪人像

抿或张，在嘴巴和耳朵上尚残留有涂抹的朱砂痕迹，可能是古蜀族举行祭祀活动时所为。涂抹朱砂，可能有增强灵异或厌胜的作用，亦或是古蜀族一种特定的礼仪习俗。值得注意的是，它们虽然造型一致，却表情多样，显示出了各种神态。但总的来说，它们的表情基调都是一副承受痛苦的样子，同时又交织着静默、企盼、祈祷、等待、苦闷与惊讶等神态上的微妙变化。这反映了雕造者对当时人物表情的观察和把握是相当熟悉的，而且在雕琢技巧上达到了较高的水平。而这些人物造型的表情神态，似乎又寓含了某种寄托和发挥，有着丰富的含义。

　　回顾成都平原20世纪以来的考古发现，以前也曾出土有商周时期石质人物造像，但数量较少。首先是在三星堆遗址范围内，曾出土有两件石跪人像，可惜头部皆已损坏，身躯的刻纹也已漫漶，双手反缚的跪姿仍依稀可辨。其次是1983年在成都方池街出土了一件青石雕刻的石跪人像，高约50厘米，造型为赤身裸体，双手被捆缚于身后，双腿弯曲跪坐于地，面部粗犷，颧高额宽，大耳阔嘴，脸形较为瘦长，头发由中间分开向左右披下，表情作严肃悲恸状[①]。这几件石跪人像的雕造使用年代亦为商周时期，造型风格与金沙遗址清理出土的石质人物造像非常相似，而在四川之外其他区域，迄今尚无类似的发现，说明它们是具有典型的时代性和浓郁的地方特征的古蜀遗物。

---

① 参见王毅、徐鹏章《方池街古文化遗址的出土文物》，《成都文物》1999 年第 2 期第 46 页。

金沙遗址出土的石跪人像，考古工作者认为，根据它们的造型特点，大致可分为A、B、C三种类型。A型的形体较为瘦小，上身微向前倾，五官雕刻得比较粗略，高约17厘米。B型的体形适中，上身亦微向前倾，高

金沙遗址中与石虎同时出土的石跪人像

约21厘米。C型的体形较高，上身较直为扁平状，高约21—27厘米。如果从观赏的角度来看，属于B型与C型的石跪人像雕刻较为精美，线刻流畅清晰，涂抹于嘴唇等处的朱砂痕迹仍明显可辨，应是古蜀族同类石质人物造像中的精心之作。属于A型的石跪人像则较为粗糙，脸部神态与五官仅显出轮廓，脑后的发辫也未刻出，使人感觉着好像只雕刻出了粗形，尚未做细致加工。若从造型风格上分析，A型石跪人像也可能是古蜀族早期的粗犷之作，B型与C型石跪人像则是积累了丰富的雕造经验之后的石雕人物造像作品。

让我们先看其中的精美之作。在金沙遗址清理出土的十余件石雕人像中，编号2001CQJC∶716，是雕刻细致和保存最为完整的一件。这件石跪人像通高21.72厘米，重2117克，充分采用了雕琢、磨光、钻孔、线刻等手法，对人物形象从整体上到细微处都作了生动逼真的表现，并在某些部位施加了彩绘，涂抹了朱砂[1]。线刻的双眼，圆睁的瞳孔，嘴角下垂唇部涂朱的方形大口，与高挺的鼻梁、竖起的大圆耳朵、奇异的双分发式、脑后下垂的大辫和反缚的双手以及双膝着地的跪坐姿势，都给人以栩栩如生之感。此件石像选用的石材为橄榄岩蛇纹石，因内

---

[1] 见成都市文物考古研究所、北京大学考古文博院《金沙淘珍——成都金沙村遗址出土文物》第174—178页图与介绍，文物出版社2002年版。

金沙遗址出土的石跪人像

含粉粒状铁矿石的缘故，石像的表面因而有一些被侵蚀后形成的黄褐色斑痕。脸部人为的彩绘和涂抹的朱砂与这些自然形成的斑痕，更增添了这件石跪人像的古朴和神秘。从造型上看，这件石跪人像应为男性裸体双手反缚跪坐形态，神情作惊讶状，双眼圆睁目视前方与方口大张的样子似乎又含有一些悲壮与愤慨的意味。身后被两道绳索捆绑住的双手显得分外夸张，以突出其双手反缚所表达的某种寓意。其双膝下面与跪坐于地的脚趾都作了磨平处理，可以平稳放置，说明是供摆放使用的。是否用于祭祀活动或作为古蜀族的宗庙与神庙中的供奉物或作为殉葬品与陪葬品，目前还是一个谜。这种微妙的神态和独特的姿势，应该说是相当耐人寻味的。

第二件编号为2001CQJC：717的石跪人像，高21.5厘米，重1951克，也是一件雕刻细致传神的精美之作[①]。这件石像同样采用圆雕与线刻相结合的方法，展现了简练而娴熟的雕刻技艺，其整体形象具有丰富而生动的特点。选用的石材亦为橄榄岩蛇纹石，因石内含有粉粒状铁矿石及方解石，使外表被侵蚀后呈现有褐色状斑与黑色条纹和白色划痕。石像也着重表现了奇异的发式和双手反缚跪坐于地的姿势，双眼同样圆睁直视前方，但阔嘴紧抿，神态显得肃穆而又凝重，并含有一些悲愤的意味。特别值得注意的是，古蜀族的能工巧匠在这件石像上

---

① 见成都市文物考古研究所、北京大学考古文博院《金沙淘珍——成都金沙村遗址出土文物》第179—181页图与介绍，文物出版社2002年版。

精美传神的金沙遗址石跪人
像之二

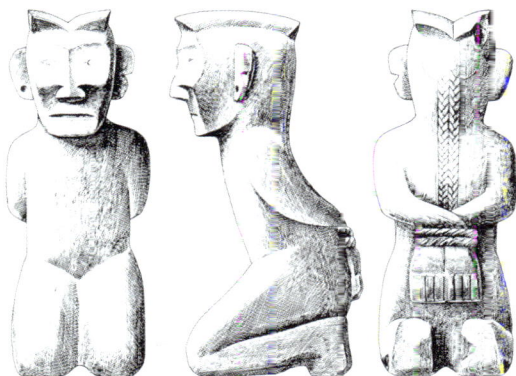

金沙遗址石跪人像之二线描图

未作细致雕琢的金沙遗址石跪
人像之三

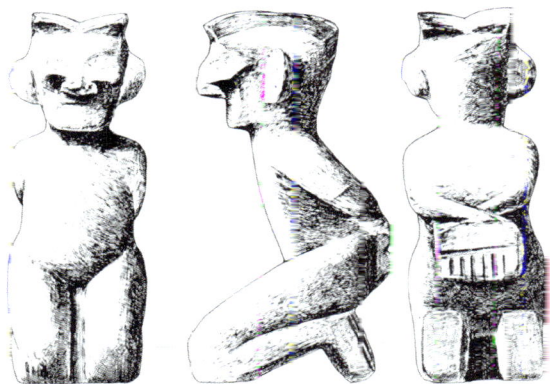

金沙遗址石跪人像之三线描图

充分运用了彩绘，以渲染和增强对人物形态的表现。最显眼的便是紧
抿的阔嘴上涂抹的朱砂，在经历了数千年的埋没之后，清理出土时仍
鲜艳如新。在竖起的招风式的双耳上，也残存有朱砂。眼睛则用彩绘形
式描绘而成，外眼眶为黑色线条，利用了石材本身的肌理效果，眼睑涂
以朱彩，眼仁描成白色，瞳孔也巧妙地利用了石质纹理，达到了层次分

明、生动传神的效果。这充分说明了商周时期的古代蜀人对彩绘形式的熟练掌握和巧妙运用，反映了古代蜀人独特的审美意识。彩绘其实并不仅是一种美术手法，从一定意义上说也是原始神秘宗教观念的体现，其中寓含着相当丰富的内涵。另一个值得注意的是石跪人像反缚的双手，其并列的双手夸张地各凿出了四个粗壮的手指，不见大拇指，掌心向内紧贴臀部。而前面介绍的（编号2001CQJC：716）一件石跪人像，其并列的双手则掌心向外，各刻出了拇指和蜷曲的四指。这也是耐人寻味的一种现象，这种形态上的差别，说明雕造者并不固守一种模式，而有灵活的创意和丰富多样的表现方式。

　　第三件编号2001CQJC：166的石跪人像，高17.4厘米，重1148克，系用浅灰黑色的大理岩雕刻而成，石质中有较多的白色条状斑纹，出土时一些部分有残损，头部与身体已断开，经拼接复原①。雕造者同样采用了圆雕、线刻、打磨等手法，但在细部表现方面特别是面部五官和反缚的双手则较为粗糙。这件石像在形态造型上同样具有颧骨高耸、脸部瘦削、发式两分、身子前倾、目视前方、表情严肃、神态悲壮的特点。鼻梁以上部位未做细致雕琢，背后交叉的双手和捆绑的绳索仅具轮廓，刻出的手指为七个，身后不见刻画的长辫。这些未做细致加工的状况，与前两件精美之作显示出很大的差异，是制作者雕琢尚未完工还是有意为之？目前仍是一个未解之谜。值得注意的是这件雕像用阴线刻出的嘴上也填涂了朱砂，并用朱砂涂目，表明这件石像已被用于供奉或祭祀活动之中。

　　第四件编号2001CQJC：159的石跪人像，高17.8厘米，重1366克，用蛇纹岩青石雕刻而成，石像的胸部和双腿处有大量酱黄色沁斑②。这件石像与第三件石跪人像形态造型一样，同样具有脸部瘦削、颧骨突出、发式中分、目视前方、神情肃穆悲壮的特点。雕刻较为粗糙，特别

---

① 见成都市文物考古研究所、北京大学考古文博院《金沙淘珍——成都金沙村遗址出土文物》第170—173页图与介绍，文物出版社2002年版。
② 见成都市文物考古研究所、北京大学考古文博院《金沙淘珍——成都金沙村遗址出土文物》第166—169页图与介绍，文物出版社2002年版。

是鼻梁以上部位未做细致雕刻，长眉由一道凸棱来表现，反缚的双手雕刻得也很粗略，仅雕刻了五个手指。人像跪坐双腿的底部也不平整，放置时略向左侧倾斜。使人觉得这件石像似乎只雕出了粗形，尚未做进一步加工。耐人寻味的是，眉棱下虽未雕出眼睛，却残留有少量的朱砂和白色颜料，推测可能是描绘眼眶和瞳孔用的。在鼻下扁平的嘴部位置，也残留有朱砂，可知口部亦用朱色描绘而成。还有半椭圆形耳朵正面一侧，也涂有朱色。这些都是石像已被正式使用过留下的遗痕。雕造石跪人像所用的青石，在成都平原西部的彭州境内较多，采集也较为方便，古代蜀人使用的石材有可能采于此地。

金沙遗址出土石跪人像

从上面介绍的四件石跪人像可知，古代蜀人在制作这些石像时，一种较为从容，精雕细刻，达到了生动逼真的效果；一种比较急迫，雕刻粗糙，未做细致加工。这是否与当时古蜀族制作使用这些石像时的急需程度有关？这些石像上残留的彩绘痕迹，说明它们一经雕成，有的比较精美，有的仅具粗形，便都派上了用场。从中也透露了古代蜀人在审美意识上的丰富和宽容，在造型艺术上既能做到精雕细琢，也能保留粗犷，展示了风格上的多样性。而在这些石质人物造像面部等处施以彩绘，可能是为了增强这些石像的神奇性，达到栩栩如生的效果；同时这也很可能是古蜀族表现宗教观念的一种方法，或是将它们供奉于宗庙或使用于祭祀活动之中时进行的一种形式。联系到三星堆青铜雕像群也有描彩涂朱现象，这种表现手法客观上确实起到了"画龙点睛"的作用，充分展示了古代蜀人表现人物手法方面的非凡创意。

这些石跪人像表现的是什么身份的人物？究竟有着什么象征意义？这个有趣的问题已引起了众多学者的关注。有的学者认为，金沙遗

金沙遗址出土的石跪人像背面

金沙遗址出土的石跪坐人像背面

址出土的这些石跪人像反缚双手，表现的应是当时社会的下层，可能是奴隶或犯人的形象。并认为这些象征着奴隶和犯人形象的石跪人像在金沙遗址大量出土，可能反映了当时古蜀部族或古蜀国中的等级与刑罚情形，透露出当时的古蜀王国很可能与殷商王朝一样已具有较为完备的刑罚制度。毋庸讳言，这只是一种简单的推测，是针对这些石跪人像双腿跪坐、双手反缚的形态姿势得出的一种分析看法。还有的认为，这种人像应是人祭的替代品。若做深入探讨，可知这些看法并不确切。

根据古代文献中有关记载透露的信息，早在远古时期，中原地区的原始部落中，已形成了某些强制性的行为准则。例如《尚书》中的《舜典》和《皋陶谟》就有"五礼""五典"的记载。到夏朝由原始的氏族联盟建立了早期奴隶制国家之后，就有了较为正式的《禹刑》。《左传·昭公六年》就有"夏有乱政，而作《禹刑》"的记载[①]。按照后世学者的说法，夏代有五刑，据东汉学者郑玄在《周礼·秋官·司刑》中作注说，夏代五刑是"大辟二百，膑辟三百，宫辟五百，劓、

① 王守谦等《左传全译》第 1162 页，贵州人民出版社 1990 年版。

墨各千"①。大辟就是死刑，膑辟是凿去膝盖骨，宫辟是毁坏生殖器官，劓是割掉鼻子，墨是在脸上刺字涂以墨记。《史记·殷本纪》记述商汤时已有"汤法"，《竹书纪年》说于"祖甲二十四年重作《汤刑》"②，其详细内容早已佚失不存。从史籍中的零星记载来看，商朝仍沿用了五种肉刑，而把膑刑改成了刖刑（砍掉下肢），增加了砍手等刑罚，《韩非子·内储说上》就有"殷之法，弃灰于公道者断其手"的记述③。到了西周时期，中原王朝已经有了一整套完备的礼乐和法律，周穆王对大司寇吕侯制作了《吕刑》。刑罚方面仍沿用夏商时代的五种肉刑，对定罪量刑施罚都做了明确规定。以上所述都是黄河流域中原地区夏商周统治者施用的刑罚状况。地处长江

金沙遗址出土的石跪人像背面

上游内陆盆地的古蜀国，并不属于中原王朝的统辖，这里有着众多的氏族和部落，大大小小的酋长甚多，可谓诸侯林立，在政治上施行的是共主制，在礼乐上也与中原有别、自成体系。三星堆出土的青铜雕像群对此做了很好的揭示。

　　古蜀时代的刑罚情形如何，古文献中对此几乎没有什么记载，考古材料也缺少例证，目前我们还不得而知。但关键方面还是清楚的，商周时期的古蜀王国与中原王朝在礼仪模式与刑罚制度等方面并不一致，显示出较为明显的差异，有着各自不同的特点。从金沙遗址目前清理出土的整个考古资料来看，并和三星堆考古发现联系起来进行综合分析，可知这些石跪人像同古蜀族或古蜀国的祭祀之类宗教活动有着极

---

① （清）阮元校刻《十三经注疏》上册第880页，中华书局1980年影印版。
② 《竹书纪年》卷6，《二十二子》第1067页，上海古籍出版社1986年版。
③ 见陈奇猷《韩非子集释》上册第541、519页，上海人民出版社1974年版。

为密切的关系，因而并不能简单地将它们与表现刑罚制度划等号。换
一种说法，古代蜀人大量雕造这些石跪人像，其目的是为了用于祭祀活
动，绝不是为了表现当时的刑罚，更主要的是体现了古蜀族某种宗教
观念，具有浓郁的巫术色彩。

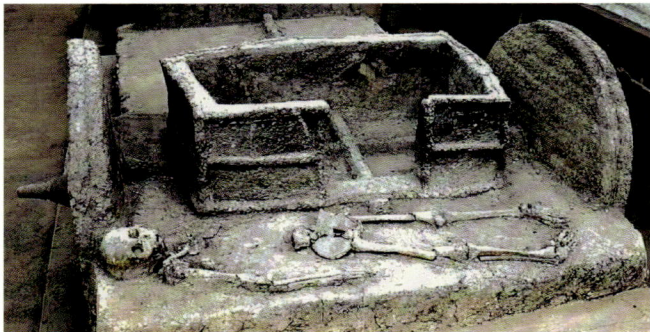

殷墟出土的商代的活人殉葬坑

关于人牲与
殉葬，曾是中原
殷商王朝统治
者广为采用的
做法，特别是商
王朝后期殉葬
之风尤为盛行。
根据甲骨卜辞和
古文献的记载，
商代奴隶主贵族经常频繁举行祭祀上帝、鬼神、祖先等仪式以求得到
保佑，每祭祀一次除宰杀牛、羊外往往还要杀人作为祭品。商王朝在营
建宫殿和宗庙建筑时，也要埋葬狗、牛、羊三牲和车马奴隶人牲等。西
周时期人牲祭祀之风仍很流行，但数量甚少，人殉制度也开始衰落。至
西周中晚期，上层社会统治集团中的周人贵族，已不再将奴隶殉葬作
为一种礼制。商周时期古蜀王国在祭祀活动与丧葬习俗方面，也与中原
王朝有很大的不同，三星堆遗址等许多重大考古发掘，均未发现古蜀
统治者有人牲或人殉的情形。这说明古蜀社会显然没有人牲或人殉的
习俗，盛行的是具有浓郁古蜀特色的祭祀方式。由此可知，金沙遗址出
土的石跪人像所代表的并非是人祭的替代品，透露的也不可能是古蜀
王国中的刑罚情形。它们赤身裸体、双手反缚的姿势形态，并不是为了
简单地表现一种刑罚制度，而是赋予了某种特殊的象征含义，很显然
与古蜀族一些特殊的祭祀活动仪式有着密切的关系。

　　关于这类石跪人像的身份象征，有的学者注意到了这些石跪人像
在形体姿势方面的许多细节和微妙之处，认为这类石跪人像突出雕刻

了绳索和被捆绑的双手，表现
的是某种特殊的行为和所处
的场景，可能是巫术活动，也
可能是祭祀仪式。从形态看，
这类石跪人像双目直视，有的
脸部微向上扬，没有雕刻或描
绘鼻子下端的鼻孔，由此推测
它们在当时的巫术活动或祭
祀仪式中，可能被置于人们视
线之下的平面上，故而认为这
类石跪人像的身份地位应当
很低。但它们都采用了商周时
期中原地区表现上层贵族人
物的跪坐姿态，这似乎又有点
矛盾。另外从雕刻的发式与刻

三星堆遗址二号坑出土青铜喇叭座顶尊跪坐人像

绘的长辫看，石跪人像头上一本书似的顶发，两侧头发被剃掉，这种别
致的发式与三星堆青铜人物迥然有别，有人因而推测认为带有这种发
式、双手被捆缚的人们，应当属于四川盆地内地位低下的奚群。但这些

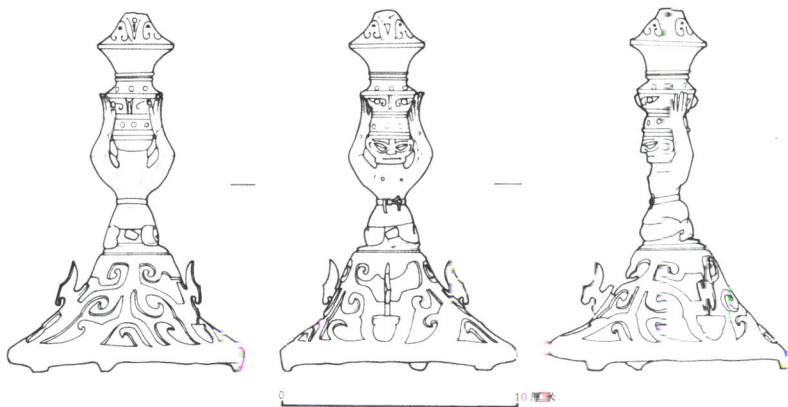

三星堆遗址二号坑出土青铜喇叭座顶尊跪坐人像线描图

石人像与象征统治阶层上层社会人物形象的三星堆青铜人物形象，究竟是一种什么样的关系？对石跪人像身份与跪坐姿势的矛盾，并未做出深入的解释。这些石跪人像真的是古蜀王国中地位低下的族群象征吗？其实仍是一个很大的疑问。

关于这些石跪人像，目前看法上虽有歧义，但有一些共识则是比较清楚的。首先是它们在造型风格上具有浓郁的古蜀特色。比如奇异的发式、耳部的穿孔、脸部涂抹的朱砂和彩绘等等，都显示了古代蜀人独特的审美意识。其次是它们的裸体跪坐造型，不着衣饰，神态肃穆，应与古蜀族的巫术行为和祭祀活动有关。三星堆二号坑出土有一件喇叭座顶尊跪坐青铜人像，上身裸露，双乳突出，便是与古蜀王国祭祀活动有关的典型造型。虽然石跪人像与这件青铜人像在形态上亦有差异，如青铜人像下身着裙，双手上举扶尊，而石跪人像则双手反缚、全身皆裸，但它们裸身跪坐的姿势则是一致的，在象征含义上可互为参照。再者是它们已被古蜀族在巫术行为和祭祀活动中使用过，涂抹的朱砂便是举行某种祭祀仪式留下的遗痕，至于是什么性质、什么内容的祭祀活动尚不清楚，这也正是需要我们深入探讨的问题。

这里首先需要注意的是这类石跪人像的跪坐姿势。据古代文献记载，古人两膝着地伸直腰股为跪，两膝着地臀部贴于脚跟上为坐，本是中国很古老的一种礼仪习俗[1]，可上溯至夏代，夏人和夷人都有这种习惯。在殷商时期，跪坐成为崇尚鬼神的商朝统治阶层的起居法，并演习成一种供奉祖先、祭祀神天，以及招待宾客的礼仪。当时只有一些滨海而居的土著采用蹲居法，被称为"蹲居的蛮族"或"东夷"[2]。从考古资料看，殷墟妇好墓出土的一些圆雕玉人与石人，便是这种典型的跪坐姿势。其中一件雕刻精美，纹饰细腻，是商代玉雕人像中的代表之作。有人认为从其神态和佩戴的武器观察，很可能是妇好本人的形

---

① 参见杨泓、孙机《寻常的精致》第4—5页，辽宁教育出版社1996年版。
② 参见李济《中国文明的开始》，《安阳》第491页，河北教育出版社2000年版。

象。在三星堆遗址出土的青铜造像群中，也有一些这种跪坐姿势的造型。如一号坑出土的青铜跪坐人像，二号坑出土的青铜喇叭座顶尊跪坐人像、青铜神树底座上的跪坐小人像等。有些青铜小人像则表现为侧跪或半跪的姿态造型，可知跪坐姿势在殷墟和三星堆的圆雕人物造型中，表现的都是社会上层人物形象，它们可能是统治阶层世俗贵族，也可能是巫师集团执掌神权者的象征。

河南安阳殷墟妇好墓出土的玉雕跪坐人像

金沙遗址出土的石跪人像，也是这种跪坐姿势，可知表现的也是象征社会上层人物的礼仪习俗。所以它们并不是社会地位很低的人物，而是统治阶层人物的象征，或者说很有可能是古蜀部族首领兼巫师在某种特殊祭祀仪式中的造型。

其次需要注意的是这些石跪人像被绳索反缚的双手，一些学者正是据此而推测它们可能是战争的俘虏或奴隶的形象。如果深入探讨，结合它们的身份象征和跪坐礼仪来看，用绳索捆绑双手并非为了展示刑罚，而是有意着力于表现一种祭祀行为，一种与古蜀族或古蜀王国社会生活密切相关的宗教仪式。

从古代的有关文献记载来看，《吕氏春秋·季秋·己·顺民》篇记述说："昔者汤克夏而正天下，天大旱，五年不收，汤乃以身祷于桑林……于是翦其发，䃺其手，以身为牺牲，用祈福于上帝。民乃甚说，雨乃大至。"文中说的"翦其发"，就是将头发剪成奇异的发式。"䃺其手"，据毕沅、俞樾、陈奇猷等人的解释，是以木枷十指而磨之的意思[1]。《淮南子》佚文对此也有记述："汤时大旱七年，卜用人祀天。汤曰：'我本卜

—————————

[1] 见陈奇猷《吕氏春秋校释》第 2 册第 479、482 页，学林出版社 1984 年版。

河南安阳殷墟五号墓出土的
玉雕跪坐人像

祭为民,岂乎自当之!'乃使人积薪,翦发及爪,自洁,居柴上,将自焚以祭天。火将然,即降大雨。"①内容略有出入,但所述的事情则是一致的,这是商王朝统治者在大旱之年举行的一种祭祀仪式,其目的是祭祀太阳、上帝和鬼神,祈求风调雨顺、国泰民安。根据文献记载和环境考古资料,商周时期不仅中原地区气候多变,成都平原也经常发生旱灾和洪涝灾害。在这种时代背景下,古蜀族或古蜀王国的统治者经常举行祭日求雨之类的活动,应是情理中事。金沙遗址出土的这些石跪人像,在造型上"翦其发""酈其手",便具有"以身为牺牲,用祈福于上帝"的寓义。

当旱情特别严重时,商朝有"焚巫尪求雨"的仪式,西周则采取"暴巫尪祈雨"的做法,出土的殷墟卜辞与古籍中对此记载甚多。如《左传·僖公二十一年》说"夏大旱,公欲焚巫尪"②,《春秋繁露·求雨》说"春旱求雨,令县邑以水日祷社稷山川……暴巫聚尪八日……秋暴巫尪至九日"③。卜辞中大量记录了所焚巫尪之名与具体地点,由此可知当时经常发生旱灾及焚巫尪祈雨之事,其隆重和酷烈的程度充分反映了当时旱情的严重和人们祈雨的焦切状况。在这种严峻的情况下,"由于宗教上或习俗上的需要,地位较高者也可以成为牺牲品。则甲骨文的焚巫尪,所焚者身份未必很低"④。《吕氏春秋·顺民》篇与《淮南子》佚文记述的,其实就是古代焚巫尪求雨的习俗。这种"大旱而以人祷"的举动,应是殷商确实发生过的故事,也是上古社会里

---

① 张平子《思玄赋》注引,《文选》卷15,上册第218页,中华书局1977年影印版。
② 王守谦等《左传全译》上册第277—278页,贵州人民出版社1990年版。
③《二十二子》第803—804页,上海古籍出版社1986年版。
④ 宋镇豪《夏商社会生活史》第495页,中国社会科学出版社1994年版。

风格粗犷的金沙遗址石跪人　金沙遗址石跪人像之四线描图
像之四

常见的现象①。这种情况在后世仍然存在，并由焚巫尪求雨逐渐演变为暴巫尪求雨。《山海经》中记述的"女丑之尸"或"黄姬之尸"，有学者认为可能都是古代天旱不雨时用作祈雨的牺牲品。女丑即女巫，乃天旱求雨时的暴巫之象。此外，赤身裸体也是古人采用模拟交感巫术求雨的行为，这种行为不仅盛行于我国古代，在世界的许多地方也同样流行，弗雷泽《金枝》中对此复有真实的记述②。

金沙遗址出土的石跪人像，也蕴含着"暴巫尪

三星堆遗址出土的多种跪姿青铜小人像

---

① 见郑振铎《汤祷篇》，《中国神话学文论选萃》上册第198—204页，中国广播电视出版社1994年版。

② 参见 [英] 詹·乔·弗雷泽著，徐育新等译《金枝》上册第101—108页，中国民间文艺出版社1987年版。

古埃及大理石雕刻的图特
摩斯三世供奉像

古埃及花岗岩雕刻的跪坐
人像（现藏于开罗博物馆）

祈雨"的象征寓意。殷人"焚巫尪求雨"烧的是活人，周人"暴巫尪求雨"在烈日下曝晒的也是活人，古蜀族用石质雕刻的跪坐人像来象征和取代巫尪应是具有浓郁古蜀特色的做法，其性质与三星堆青铜雕像群是一脉相承的，反映了古蜀社会共主政治秩序下祭祀活动不同于中原地区而独具特色的真实情形。很显然，它们都是古蜀族或古蜀王国举行这类祭祀活动后的遗存。它们与金沙遗址同时出土的青铜立人像、太阳神鸟金箔饰，在文化内涵上具有显而易见的一致性，都是古代蜀人祭祀太阳、祈祷丰年的象征，是古蜀族或古蜀王国举行大型祭祀活动的重要组成部分。

采用石材雕刻人物造型，也是很有意思的一个话题。在世界上许多古老的民族中，都有这种传统。例如我们熟知的古埃及、古希腊、古罗马在石雕人像方面就蔚然大观，而中华民族在玉雕和石雕人物造型方面也独具特色。金沙遗址出土的这些石跪人像，便为世界美术史增添了新的内容。我们知道，古代蜀人曾有大石崇拜的习俗，西南地区各民族也盛行灵石崇拜观念。金沙遗址古蜀族雕刻的这些具有丰富象征含义的石像，很显然也是这种崇尚习俗的产物。它们在祭祀活动中，扮演着重要的象征角色，在古代蜀人心目中可能是受到尊崇、身份特殊的偶像。今天当我们审视和观赏这些石雕人像时，仍能感受到它们绚丽的文化内涵和神秘的艺术魅力。

十六、美玉的华丽篇章

金沙遗址出土的玉戈与玉璋

金沙遗址出土的小型玉璋

金沙遗址出土的玉器十很可观，不仅数量众多，而且品种丰富，在器形、纹饰、文化内涵方面都极富特色。当时已清理登记的玉器共有535件，约占出土器物总数的五分之二①。从形制上看，这些玉器大都是古蜀族专为宗教、祭祀活动而制作的礼仪性用器。其中有玉琮、玉璋、玉璧、玉环、玉斧、玉锛、玉戈、玉钺、玉刀、玉牌、玉贝、玉人头像等等。所用玉材大多选料精

金沙遗址出土的玉器

良，制作则规整精细，采用切割、琢治、打磨、钻孔、雕刻纹饰等手法，展示出娴熟而高超的技艺。这些玉器，具有浓郁的古蜀地域特色，有的还反映出了一些外来文化的影响，透露出古蜀文明与其他区域文明之间的交往和联系。

这些制作精美的一批玉器，具有极其丰富的文化内涵。它们充分说明了古代蜀人对美玉的喜爱，在玉料采集、玉器制作方面积累了丰富的经验。同时也说明了这些礼仪性玉器，在古蜀族或古蜀王国的社会生活与祭祀活动中，是备受崇尚之物，起着供奉或祭献的重要作用。古

---

① 参见成都市文物考古研究所、北京大学考古文博院《金沙淘珍——成都金沙村遗址出土文物》第73页，文物出版社2002年版。

代蜀人为什么要制作如此多的玉器？可能与他们经常举行各种祭祀活动有关。这些玉器在形制方面的丰富多样，便反映了古代蜀人祭祀活动的频繁，以及祭祀内容和祭祀形式的多样化。这些玉器向我们透露的信息其实远不止这些，对我们了解古代蜀人的精神崇尚、审美观念、艺术情趣、风俗习惯，了解古蜀王国的神权和王权统治状况，以及社会生活情形，都提供了很大的便利。现在就让我们来欣赏一下这些玉器中的精美之作。

先看玉人头像（编号2001CQJC：167），这是一件风格奇异、雕琢精致的小型玉器，高2.3厘米，宽3.44厘米，厚0.26厘米，重2克[①]。这件袖珍型的人头像，采用扁平的薄玉版雕刻而成，两面对称，用夸张的手法刻出了大眼阔嘴和诡异的冠饰，在技艺上达到了洗练而又传神的效果。在五官形态上，最为奇特的首先是大眼，眼眶前圆后尖，几乎占满了脸的上部，瞳孔作瞪视状，炯炯有神。其次是张开的大嘴，露出了三颗尖利的牙齿，舌头微吐，下巴向前突出。再者是向外高凸的鹰钩鼻，占据了脸的前部，十分触目，皱起的鼻翼线条向后飘延与颧骨线条相连，显得很有力度。耳朵硕大，上尖下圆，耳垂有孔。冠饰高度夸张，作卷曲状，前部有残断。整个造型给人以龇牙咧嘴、凶狠狰狞之感，充满了一种神秘恐怖的力量。由此看来，这件奇异的人面像，刻画的虽是人的面容，表现的却是神灵的象征。制作者赋予了超凡的想象，以达到震撼心灵的目的。当我们仔细观赏它时，很容易联想到三星堆二号坑出土

金沙遗址出土的玉人头像　　　　金沙遗址出土玉人头像线描图

[①] 参见成都市文物考古研究所、北京大学考古文博院《金沙淘珍——成都金沙村遗址出土文物》第80—81页图与介绍，文物出版社2002年版。

三星堆二号坑出土的青铜兽面像

山东益都出土的商代透雕人面纹铜钺

青铜神坛上的类似造型。在神坛第二层站立四人的帽顶上，有扁平的侧面人头像，其形态同样是大眼阔口、隆鼻长颈、下颌前伸、头戴残牙的弯钩状饰物，与金沙遗址出土的这件玉人像在造型风格上非常相似。三星堆青铜神坛是古蜀王国举行大型祭祀活动中的神圣之物，金沙遗址这件玉人像显然也

良渚文化兽面纹玉琮（江苏武进寺墩遗址出土）

是与古蜀族祭祀活动有着密切关系的重要遗物。从形态风格方面来比

良渚文化刻纹大玉琮（江苏吴县草鞋
山遗址出土）

较，我们还很容易联想到三星堆出土的青铜兽面像①，以及山东益都出土的商代铜钺上的透雕人面纹等②，对我们的鉴赏和探讨都提供了有益的启示。它们都作龇牙咧嘴的狰狞状，既有人的形态，又有兽的某些特征，说明这是商周时期比较流行的一种审美观念和崇尚意识。在头部的冠饰方面，三星堆青铜兽面像也作弯钩卷曲状，与金沙遗址玉人头像同样具有诡异的特征，说明这是古代蜀人常用的表现手法，在同时期其他区域文明的出土器物中则较为少见，显示出浓郁的古蜀特色。这对我们了解金沙遗址与三星堆遗址之间的密切关系，也是非常重要的例证。有学者推测，这件小巧的玉人像颈部残断，有可能原先也是固定在大型祭祀人物或器物上的附件，是古代蜀人崇奉的神人形象。总之，它应是祭祀活动中的使用之物。这件玉人像出土时，两面均有铜锈浸染在墨绿的玉面上，更增添了它的古朴和神奇。

接着看玉琮。我们知道，玉琮本是良渚文化中的典型器物，主要流行于约5000年前的中国东南地区，在长江中下游的一些新石器时代遗址和黄河中下游的一些龙山文化遗址中都有发现。河南、山东、四川等地夏商周时期的遗址和墓葬中也常有玉琮出土，但形制与纹饰风格已有较多的变化，应是对区域文明之间的交流影响加以吸纳演化所致。例如河南安阳殷墟妇好墓就出土有14件玉琮，四川广汉三星堆遗址也

---

① 参见四川省文物考古研究所《三星堆祭祀坑》第195、198页、200—205页，彩版图59、图60，文物出版社1999年版。

② 参见田自秉、吴淑生《中国工艺美术史图录》上册第206、207页，上海人民美术出版社1994年版。

出土有玉琮。金沙遗址目前清理出土的玉琮共有10件。其中有典型的良渚文化玉琮，也有摹仿良渚文化特点而在风格上又有所变化的玉琮。它们有的可能来自于长江下游东南地区；有的可能是本地制作；有的年代久远，可能是辗转流传下来的传世品；有的则可能是商周时期蜀地玉匠所做的祭祀用品。它们对我们探讨古蜀文明与长江中下游地区源远流长的文化交流，了解古蜀族祭祀活动中对良渚文化礼器影响的吸纳和借用，都是非常重要的实物资料。

金沙遗址出土的青玉长琮

金沙遗址青玉长琮上的纹饰线描图

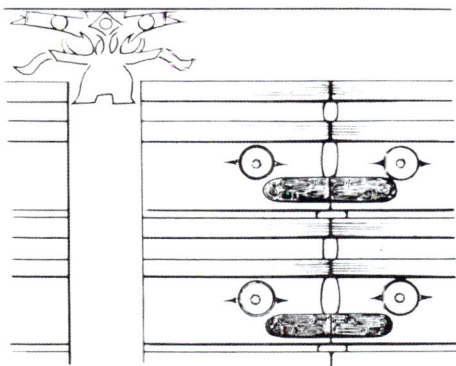

金沙遗址出土的青玉长琮，通高22.26厘米，重1358克，为一件典型的良渚文化玉琮。其造型外方内圆，上大下小，中间为穿孔，外观呈长方柱体，上下两端为射，琮壁四

金沙遗址青玉长琮上弓部纹饰线描图

面中间有竖槽，又有九条细小的横槽将器身分为十节，使这件玉琮整个器表形成80个凸面，刻以纹饰，共组成40个神面纹[1]。整个器表与孔

---

[1] 参见成都市文物考古研究所、北京大学考古文博院《金沙淘珍——成都金沙村遗址出土文物》第82—85页图与介绍，文物出版社2002年版。

浙江余杭出土的良渚文化神人兽面纹玉琮

良渚文化大型玉琮上的神人兽面纹

壁都经过仔细打磨和内外抛光，显得十分平滑光润。一些浅刻的纹饰线条如表示神面纹羽冠的阴线已不很清晰，加之器表有不少无规则的轻微划痕，说明这件青玉长琮曾被长期使用。出土时其器表浸染有少量铜锈，可能是与铜器埋在一起的结果。值得注意的是在这件玉琮上端射部，有一个阴刻的神人纹，形态硕壮，双脚叉开，双臂平举，头戴冠饰，双臂的两端刻画了飘逸的长袖，两臂还刻画了上卷的羽毛形装饰，显得非常奇妙。由于这些纹饰线条刻画得非常细浅，所以需要在一定角度的光线下仔细观察才能看清。有学者认为，良渚文化玉琮上的冠形符号，在刻画形体上虽有差别，但寓意则是基本一致的，符号所像是加羽毛的冠，可能就是古书所说"皇"的象形①。这是很有见地的看法。

考古发现的良渚文化玉琮上，还有一些采用浮雕等方式雕刻的神人纹与兽面纹，图案更加精美复杂，含义也更为丰富。如浙江余杭良渚文化遗址出土的大型玉琮上浮雕的"神人兽面纹"，就表达了先民祭祀天地的丰富想象和人神交往的象征含义。金沙遗址出土的这件青玉长

----

① 见李学勤《论金沙长琮的符号》，《四川文物》2002 年第 5 期第 15—16 页。

琮，其造型风格与纹饰特点，与良渚文化晚期玉琮基本相同，显然并非蜀族本地制作，可能来自于长江中下游而辗转流专成了商周时期蜀人的祭祀用品。这件形制精美、纹饰奇妙的青玉长琮，具有很高的鉴赏价值，同时也为我们探讨古代蜀人与长江中下游地区的文化交流提供了重要信息。

金沙遗址出土的黄玉琮通高16.57厘米，重3918克，是一件四节短琮。其通体素面无纹饰，具有制作规整、打磨光洁的特点①。四隅的凸面与每节之间的横槽显得平直有力，刻划的平行线条则纤细而流畅，显示了较高的雕琢工艺水平。从形制方面看，则给人以简洁明快、方正厚重之感。这件玉琮与良渚文化遗址出土玉琮相比，在风格上有一些明显差异，比如没有刻划纹饰而只有神面纹羽冠表现方式的遗痕（平行直线纹）。在形态上，它具有良渚文化晚期玉琮体形高大、分节分槽的特色，同时又展示出明显的商代玉琮简洁朴实的特征。刻划的平行直线纹，也是夏商时期玉器上经常出现的一种纹饰。在三星堆一号坑曾出土有一件矮体素面的玉琮，经测定为商代遗物。金沙遗址出土的这件玉琮，从形制风格与工艺特点分析，其制作时代可能为殷商时期，不会晚于商代晚期。从材质来看，采用这类质地制作的玉器在金沙遗址出土甚多，经考古工作者初步测定，其原料应出自四川本地。很显然，这件玉琮应为本地蜀族所做，在形制上仿照良

金沙遗址出土的黄玉琮

① 参见成都市文物考古研究所、北京大学考古文博院《金沙淘珍——成都金沙村遗址出土文物》第86—88页图与介绍，文物出版社2002年版。

渚文化玉琮，而整体风格上则有着自身的创新和发挥，形成了较为鲜明的古蜀地域特色。这件玉琮也是目前所见商周时期玉琮中最重者，无论优良的选材还是精细的加工，都堪称金沙遗址出土蜀地风格玉琮中的典范之作。它充分表明了古代蜀人对玉琮这种外来文化祭祀礼仪器物的认同和重视，而且随着时间的演进，这种喜欢的程度更有加强的趋势，金沙遗址出土的玉琮数量远远超过三星堆出土的玉琮，便是一个很好的例证。

　　关于玉琮的用途与内涵，《周礼》有以"苍璧礼天，以黄琮礼地"之说。张光直先生认为，将玉琮作为古人祭地的礼器，可是琮的实物形状却是兼含圆方的，最重要的特征即是把方和圆相贯穿在一起，也就是把地和天相贯通起来，因此"我们可以说琮是天地贯通的象征，也

金沙遗址出土的素面玉琮

金沙遗址出土的素面玉琮

便是贯通天地的一项手段或法器"①。在对玉琮初始含义的各种解释与分析看法中，这应该是比较有说服力的一种见解。在远古时代，古代先民对天地宇宙万物都已有了长久的观察并形成了初始的思维和想象，贯通天地便是古代先民精神世界里具有南方文化特色的一

① 张光直《谈"琮"及其在中国古史上的意义》，《文物与考古论集》（文物出版社成立三十周年纪念）第254页，文物出版社1986年版。

种观念。而在古蜀先民的意识中，人神相通也是非常重要的一个主题观念。所以古代蜀人对来自良渚文化的玉琮，很容易产生思想意识方面的共鸣，不仅接纳了这种典型的良渚文化器物，而且加以模仿，将它们使用于古蜀族的祭祀活动之中。值得注意的是，殷墟妇好墓与新干大洋洲商墓出土的玉琮都与丧葬有关，说明殷人吸收了良渚文化"玉敛葬"的做法，因而对玉琮的使用方式，也主要是用于随葬。古代蜀人则不然，三星堆与金沙遗址出土的玉琮，都与随葬无关（并非出土于墓葬），玉琮主要是用于祭祀仪式。大概正是由于这个缘故，来自于良渚文化的青玉长琮，才成为了古蜀先民珍爱的传世品，而被金沙遗址统治者长期使用。

现在来看金沙遗址出土的其他玉器，其中兽面纹斧形玉器，是很有特色的一件器物。此器长22.49厘米，宽9.61—11.49厘米，厚0.21—1.71厘米，重872克。其形制为左右对称的梯形，顶端部近似钝三角形，身部呈上窄下宽，刃部作弧形。出土时刃部一侧残断，顶部与身部两侧也有损伤痕迹，但整个器形仍较为完整，具有制作精细、打磨

金沙遗址出土的兽面纹玉钺正面　　金沙遗址出土的兽面纹玉钺背面

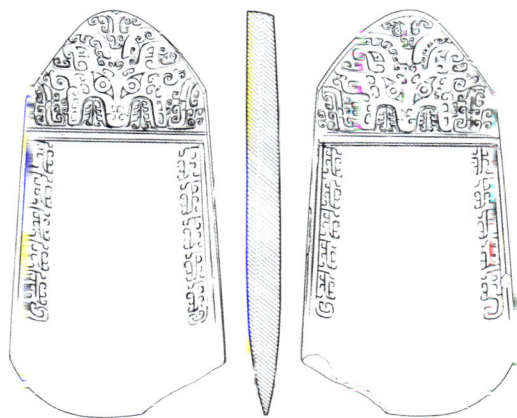

金沙遗址出土的兽面纹玉钺线描图

光洁的特点。从质地看，考古工作者认为这件斧形器的玉材属于四川西部汶川一带的龙溪玉，应为商周时期本地蜀人制作，推测其年代可能为西周早期[①]。特别值得注意的是，在它的两面雕刻有对称的纹饰，在技巧上采用了浅浮雕和阴线刻划等手法。顶部为奇特的兽面纹，双目圆睁，张牙露齿，头角峥嵘；两侧为夔龙纹，空白处有卷云纹和云雷纹。在兽面纹之下有两条平行横线，将顶部与身部分成两个单元。身部两侧有两条平行阴线构成"冂"字形的边栏，紧贴边栏刻有五组对称的卷云纹。整个纹饰画面充满丰富的想象力，夸张的兽面给人以狰

龙山文化石锛上的兽面纹拓片（山东日照出土，现藏于山东省博物馆）

商代后期大理石雕上的双兽纹（河南安阳侯家庄西北岗出土，现藏于台湾）　陕西沣西丰镐遗址西周墓葬中出土的兽面形玉饰（也称"玉鬼神面像"）

狞威严之感，对称流畅的线条纹饰则洋溢着刚柔之美。在金沙遗址清理出土的500余件玉器中，这是唯一雕刻有兽面纹饰的玉器。古代蜀人在制作这件玉器时可谓独具匠心，从奇特的器形到神奇的图案，显然都赋予了特殊的象征含义。从纹饰来看，商代早期一些青铜容器上已出现兽面纹，此后演进至商周之际更是大为盛行。学者们根据考古资料通常认为兽面纹是二里岗文化上层时期至西周早期盛行的主要

[①] 参见成都市文物考古研究所、北京大学考古文博院《金沙淘珍——成都金沙村遗址出土文物》第121—125页图与介绍，文物出版社2002年版。

纹饰，由此推测金沙遗址出土的这件兽面纹斧形玉器便是商周时期蜀人的精妙之作。它不仅形象地透露了蜀地与中原地区的文化交流，而且生动地展示了古代蜀人在吸纳中原文化影响的同时又做了创新和发挥。将中原青铜礼器上的兽面纹饰，通过借鉴和想象，雕刻在玉质器物上，充分表现了古代蜀人思维活跃、善于学习、别具一格的特色。在薄形的玉质器物上雕刻兽面纹，在其他区域文明中也有发现。如浙江余杭反山良渚文化墓地1936年6月出土的玉钺上就有浅浮雕神人兽面图像，陕西沣西丰镐遗址西周墓葬中1985年出土的"玉鬼神面像"便是一件典型的给人以狰狞恐怖之感的兽面形玉饰。在古代，玉器既是地位与品德的象征，又是避邪厌胜的灵物。玉器上的兽面纹饰，反映了当时人们的宗教心态，并通过图像来展示其神奇的象征含义。金沙遗址这件介于斧形与钺形之间、质地华美的兽面纹玉器，应是古蜀族的一件重要礼仪性用具或古代蜀人在祭祀活动中使用的一种器物。特殊的形制和具有浓郁古蜀特色的纹饰图像，很显然具有神权与王权的象征含义。据此推测，它可能是古蜀族中主持祭祀活动的巫师使用的法器，或者是金沙遗址统治者

良渚文化遗址出土的浮雕神人兽面纹玉钺

使用的一件重要祭器或礼仪性用具。它为我们探讨金沙遗址古蜀族的社会生活和祭祀活动，提供了珍贵的图像资料。

　　这件兽面纹斧形玉器图像画面中，最与众不同的便是"冂"字形立栏纹饰，它以最简洁的方式来表达复杂的用意，确实是非常绝妙的创举。整个图像画面显得极其神奇，同时又给人以一目了然之感，表现的

河南洛阳出土的西周兽面纹铜方鼎

不就是天门敞开的象征意味吗？我们很容易联想到扬雄《蜀王本纪》中的记述："李冰以秦时为蜀守，谓汶山为天彭阙，号曰天彭门，云亡者悉过其中，鬼神精灵数见。"[1]常璩《华阳国志·蜀志》对此也有记载，并记述了专门的祭祀："李冰为蜀守，冰能知天文地理，谓汶山为天彭门，乃至湔氐县，见两山对如阙，因号天彭阙。仿佛若见神，遂从水上立祀三所，祭用三牲，珪璧沉濆。汉兴，数使使者祭之。"[2]这种天门或天阙的传说，其实早在李冰之前就有了。《山海经·大荒西经》中即有"天门，日月所入"之说，《楚辞·九歌·大司命》则有"广开兮天门"的奇异想象。《淮南子·原道训》也有"经纪山川，蹈腾昆仑，排阊阖，沦天门"的说法。通过这些记载可知，在古人的想象与观念中，天门即为群神之阙，是进入天国的入口。从出土资料看，三星堆玉璋图案就对殷商时期古代蜀人的神山祭祀和天门观念做了生动精彩的描绘。古蜀族是兴起于岷江上游的一个古老氏族，在蚕丛、柏灌、鱼凫之后才走出岷山，栖居于成都平原。在古代蜀人的心目中，蜀山（即岷山）是祖先起源的圣地，也就成了崇拜和祭祀的神山，同时也是人死亡后灵魂的

---

[1]《全汉文》卷53，（清）严可均校辑《全上古三代秦汉三国六朝文》第1册第415页，中华书局1958年影印版。

[2]（晋）常璩撰，刘琳校注《华阳国志校注》第201页，巴蜀书社1984年版。

金沙遗址出土的蝉纹玉璋

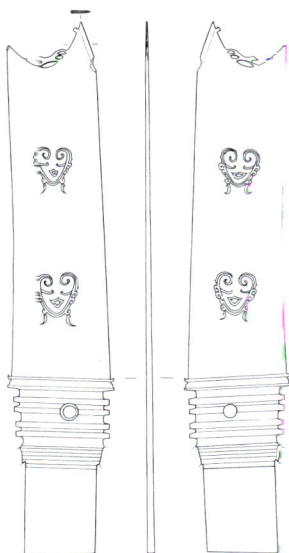

金沙遗址出土的蝉纹玉璋线描图

三星堆一号坑出土的
Ea形玉璋，射端部镂
刻有立鸟图案

三星堆一号坑出土的琥珀坠饰

归宿，是通往天界的灵山。三星堆玉璋图案上边画面中两座神山之间，刻画了悬空的 形符号，就是作为天门的象征，反映的是一种比较原始和质朴的古蜀早期魂归天门的观念。在古代蜀人绚丽多彩的精神世界里，魂归天门是一项非常重要的主题观念，曾对后世和整个南方文化系统都产生过深远的影响。1988年1月在简阳鬼头山东汉崖墓出土的三号石棺画像，画面中双阙上方镌刻有醒目的"天门"二字。20世纪80年代，在巫山东汉墓出土的7件鎏金铜牌饰件双阙图案上，也有双钩笔法刻出的隶书"天门"二字，都说明了古代蜀人魂归天门观念在巴蜀地区的长期流传与演化发展。将这些作为参照来看金沙遗址玉兽面纹斧形器上神奇的图案，显而易见它表

现的正是古蜀族的天门观念。如果说三星堆玉璋图案是对神山祭祀与
魂归天门观念的生动描绘，那么金沙遗址玉兽面纹斧形器图案，则对天
门观念做了更为精妙的刻画。那"门"字形边栏纹饰与画面中的大片留
白，作为天门敞开的象征，暗喻着灵魂进入天门、回归祖地的畅通。天门
上面洋溢着狰狞之美的兽面纹，显然有驱厉避邪的寓意，真可谓巧妙到
了极点。整个图案贯注了制作者丰富的想象力，为我们研究商周时期古
代蜀人天门观念的流行情形，又提供了一个绝好的例证。

河南安阳殷墟出土的商代后期象
牙蝉纹容器（今为日本大阪私人
收藏）

陕西蓝田出土的西周蝉纹青铜盂

西周时期饰有蝉鸟纹
的青铜觯

陕西宝鸡弢国墓地竹园沟十三号墓
出土的青铜方鼎，足部饰有蝉纹

陕西宝鸡弢国墓地茹家庄一号
墓出土的铸有蝉纹的青铜鬶

　　金沙遗址出土的蝉纹玉璋，也是一件非常精妙的器物。此器清理出土时略有残损，通长39.2厘米，残宽4.98—7.32厘米，厚0.17—0.56厘米，重量为301克。此器同样具有制作规整、打磨光滑的特点[①]。其形态与三星堆出土的一些玉璋非常相似，有着鲜明的古蜀特色。顶端为凹弧形刃，镂刻有动物或飞鸟，可惜已残断。在射身中部两面，采用阴线双勾手法，刻有对称的两个具有抽象变形意味的蝉纹、线条流畅，形态生动，寓意丰富。三星堆一号坑出土的Ea型玉璋，封端也为凹弧形刃并镂刻有立鸟图案。Le型玉璋残断的射身，则镂刻有蝉形图案，与金沙遗址出土的这件玉璋有异曲同工之妙，在文化内涵上有着惊人的一致性。还有三星堆一号坑出土的一件琥珀坠饰，也采用阴线双勾手法刻有蝉纹，一面为蝉背纹，另一面为蝉腹纹，器形呈心状，给人以小巧精美之感[②]。在中原地区商周时期的出土器物上也常发现有蝉纹，大都是青铜容器上的装饰纹样，具有较强的写实性。例如殷墟妇好墓出土的一件青铜觯，颈部就有形态逼真的蝉纹。这种变形与写实的风格差异，显示了古蜀文明与殷商文明的不同特点。此外，受到采自商周文化和古蜀文化影响的宝鸡弓鱼国墓地出土的铜方鼎足部，也饰有抽象变形意味的蝉纹。这些纹饰资料，向我们透露了商周时期蜀地与中原地区文化交流的重要信息，具有很高的研究价值。

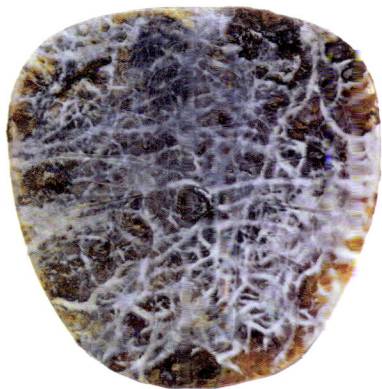

金沙遗址出土阳刻昆虫类动物纹玉片

　　蝉在古人心目中是吉祥喜爱之物，《淮南子·精神训》中就有"蝉

---

① 参见成都市文物考古研究所、北京大学考古文博院《金沙淘珍——成都金沙村遗址出土文物》第148—151页图与介绍，文物出版社2002年版。

② 参见四川省文物考古研究所《三星堆祭祀坑》第80、81、83、117、118、124页文字与图，文物出版社1999年版。

蜕蛇解，游于太清"之说①。《金石索》中称古代铜器上雕镂的蝉形纹饰，有取"居高饮清"之义。后世还将蝉冠作为显贵的通称，史书中就有"蝉冕交映，台衮相袭，勒名帝籍，庆流子孙，斯为盛族矣"的说法②，由此也可见古人对蝉的尊崇。古代蜀人采用流畅优美的双勾线条，将蝉纹镂刻在玉石器上，也生动地表明了对蝉的喜爱、崇尚之情，同时也充分表达了这件玉璋的神奇性与重要性。金沙遗址出土的这件玉璋，和三星堆出土的同类玉璋一样，应是古蜀王国用于祭祀活动的一种重要礼仪玉器。

　　金沙遗址还出土有一件玉片，长5.5厘米，宽5.23厘米，厚0.46厘米，为灰白色玉质。采用阳线雕刻技法，在一面刻出了一变形昆虫类动物纹饰，线条极其流畅，工艺十分精湛③。这件玉片雕刻的昆虫纹饰，显示了古代蜀人细致的观察与高超的表现技巧，说明了对各种动物纹

金沙遗址出土的　金沙遗址出土的多　三星堆遗址出土　金沙遗址出土的小型玉璋
墨色玉璋　　　　色玉璋　　　　　的玉璋

①《二十二子》第1236页，上海古籍出版社1986年版。
②（唐）姚思廉《梁书》第2册第335页，中华书局1973年版。
③ 参见成都市文物考古研究所《金沙——再现辉煌的古蜀王都》第96页图与介绍，四川人民出版社2005年版。

饰的喜欢，堪称是一件富有创造性的玉雕杰作。

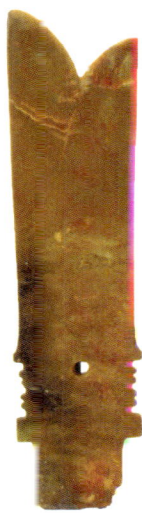

　　金沙遗址出土的玉璋数量较多，其中一件为纯净的墨色玉质，通长42.25厘米，宽4.32—9.18厘米，厚0.36—0.55厘米，重332克。阑部有兽首等较为复杂的装饰，器表打磨得非常光滑，显示了很高的制作工艺水平。另一件为多色玉质，长67.8厘米，宽6.49—10.44厘米，厚0.49—0.71厘米，重945克。阑部也同样有兽首装饰，但制作较为粗糙，器表未做打磨，属于体型较大的玉璋。此外还有小型玉璋，出土颇多。如其中一件，通长5.3厘米，宽1—1.56厘米，厚0.19—0.22厘米，重5克，为墨色玉质，器

三星堆遗址出土的玉璋　　　金沙遗址出土的玉璋

金沙遗址出土的有领璧形玉器之一　　金沙遗址出土的有领璧形玉器之二（残）

金沙遗址出土的有领璧形玉器之三　　金沙遗址出土的有领璧形玉器之四

表没有抛光①。这类袖珍型的玉璋，在三星堆遗址也有出土，而在其他区域考古学文化中则很少发现，显示了它们浓郁的古蜀特色。有学者认为，大型玉璋很显然是礼仪用器，而小型的袖珍玉璋则可能是古代蜀人所崇尚的装饰品。这些出土数量可观的玉璋，不仅说明了古蜀族中祭祀活动的昌盛，同时也展现了它们与古代蜀人社会生活的密切关系。

金沙遗址还出土了一些玉璧，它们大都为平面圆形，中间为圆孔，而圆孔边缘有凸起的周廓高出璧身，考古工作者因而称之为有领璧形器。其中一件直径11.09厘米，孔径5.7—5.86厘米，领高出璧身1.36—1.46厘米。打磨平整的璧身两面，有阴刻的三周圆弦纹。另一件出土时已残损，直径16.96厘米，孔径6.2—6.42厘米，领高3.57厘米，重169克。因其内孔周廓凸起形成圆筒形高领，故而称为高领璧形器②。此外还出土有多件有领璧形器，孔径大小不一，玉的色泽也丰富多样。它们都选用优良玉质，器表光洁，制作细致，规整精美，显示了很高的工艺水平。

三星堆二号坑出土的有领璧形玉器

① 参见成都市文物考古研究所、北京大学考古文博院《金沙淘珍——成都金沙村遗址出土文物》第106—112页图与介绍，文物出版社2002年版。
② 参见成都市文物考古研究所、北京大学考古文博院《金沙淘珍——成都金沙村遗址出土文物》第92—96页图与介绍，文物出版社2002年版。

从各地的考古资料来看，有领璧形器出现很早，流行地域很广，在黄河中下游的龙山文化遗址就有出土，殷商时期的墓葬中也多有发现。如安阳殷墟妇好墓、江西新干大洋洲商墓都出土有这类玉璧。广汉三星堆遗址也出土有数量较多的玉石类有领璧形器，与金沙遗址出土玉璧风格一致。在时

金沙遗址出土的四出有领璧形玉器

间较晚的云南晋宁石寨山墓地和江川李家山墓葬，也出土有这类有领璧形器，此外在广东与越南等地也有发现。石寨山文化墓葬中的这类器物，有戴在死者手臂上的现象，因而有学者据此推断它们是一种臂钏。但作为臂钏，只是这种器物的用途之一，有的轮边甚宽，穿孔较小，并不适于穿戴。在三星堆与金沙遗址出土的人物造型中，也没有戴用这类璧形器的迹象，由此可知古代蜀人精心制作的玉石类璧形器，其用途仍属于典型的"礼神之玉"，应与古代蜀人昌盛的祭祀活动有关。

值得注意的是金沙遗址出土了一件四出有领璧形玉器，直径26.4厘米，孔径5.3—5.5厘米，领高2.37厘米，重1144克。其外缘有四组等距的凸齿，每组五齿，在凸轮上有一个直径0.9厘米的小圆孔[1]。这是其他地区考古出土资料中较为罕见的一种器型，很显然应是古蜀族别具匠心的一种礼仪用器。

金沙遗址出土的玉剑鞘，也是非常独特的一件器物。此器长30厘米，宽10.78—19厘米，厚0.3—0.65厘米，重506克。整体形态上大下小，呈倒梯形。背面平整，正面刻有五道凹槽，突棱与器身边缘钻有小

---

[1] 参见成都市文物考古研究所、北京大学考古文博院《金沙淘珍——成都金沙村遗址出土文物》第97—99页图与介绍，文物出版社2002年版。

金沙遗址出土的玉剑
鞘，正面刻有五道凹槽

金沙遗址出土的玉
剑鞘，背面平整

金沙遗址出土的矛形
玉器

成都战国墓葬出土的
铜双鞘剑

孔①。每道凹槽的宽度，与出土的柳叶形玉剑相吻合。

金沙遗址出土的玉矛形器，呈柳叶形，锋刃锐利，制作精细，可做参照。经研究推测，这件玉剑鞘器物，应是盛装五柄玉石短剑的剑鞘，可能在外面蒙上皮革挂于墙壁或木柱上，以供使用。其形制较为复杂，显示了很高的制作工艺水平，在我国考古史上属于首次发现，是古代蜀人极富想象力的一种创造。将多柄短剑放在一个剑鞘内，可能与使用者的特殊身份有关。在四川地区战国时期的墓葬，如峨眉符溪、成都罗家碾等地墓葬中，曾出土有青铜与皮革制成的双剑鞘，其墓主人的身份大都是一般的权贵者。1980年发现的四川新都马家乡战国木椁墓中出土有青铜剑10件，分为巴蜀式剑五件一套、中原式剑五件一套，还出土有青铜刀五件一套②，揭示了古蜀国贵族阶层有将五剑组成一套使用的情形。古蜀有崇五的习俗，常璩《华阳国志·蜀志》说，开明王朝的

---

① 参见成都市文物考古研究所、北京大学考古文博院《金沙淘珍——成都金沙村遗址出土文物》第154—157页图与介绍，文物出版社 2002 年版。

② 见四川省博物馆、新都县文物管理所《四川新都战国木椁墓》，《文物》1981 年第 6 期第 8 页。

金沙遗址出土的玉锛、玉戈、三璋　　　　　金沙遗址出土的玉戈

金沙遗址出土的玉戈　　金沙遗址出土的玉锛　　　金沙遗址出土的玉锛

宗庙未有谥号但以五色为主①，古蜀以五为贵，可谓由来已久。金沙遗址出土的这件可放五柄短剑的玉剑鞘，很可能是古蜀族统治者使用的器物。其用途具有礼仪性质，仍与古蜀族的祭祀活动有关。

金沙遗址出土的玉器中，还有数量较多的玉戈，以及矛形玉器，大都制作精美，在形制与纹饰上具有鲜明的古蜀特色。有学者认为，它们可能是古蜀族的仪仗用具而非实用武器，专用于各种礼仪活动，也可能是祭祀仪式舞蹈中使用的舞戈。此外出土的玉器中，还有较多的锛形器和凿形器，它们造型各异，工艺精细，有学者认为它们也同样具有礼器的功用性质，可能是古代蜀人的一种特殊礼器。这类器物，在三星堆也出土较多，说明曾被古蜀族广泛使用。若从这些器物的质地、形制和数量分析，并不能排除它们的实用性，除了祭祀活动，它们也可能被用于日常生活之中。

金沙遗址还出土了一些装饰性质的玉器，比如贝形玉饰，便是一件精美的饰品。玉贝长3.24厘米，宽2.7厘米，厚0.2—0.63厘米，重8克，是仿照海贝制作的一件玉雕佩饰②。采用的是质地细腻的青白玉，经过仿真雕琢，打磨抛光，达到了生动逼真的效果，表现了极其精湛的工艺水平。三星堆一号坑出土有海贝62枚，二号坑出土有海贝约4600枚，还出土了数枚依照海贝雕铸的青铜贝，是研究古蜀王国与外界密切往来的珍贵资料。金沙遗址出土的这件玉贝，其生动逼真的形态，充分说明了制作者对海贝的熟悉，同时也体现了对这种异域之物的喜爱之情。玉贝顶端穿系用的小孔，显然是为了便于携带，说明这件精美的玉雕很可能

精美的金沙遗址玉贝

① 见（晋）常璩撰，刘琳校注《华阳国志校注》第186页，巴蜀书社1984年版。
② 见成都市文物考古研究所、北京大学考古文博院《金沙淘珍——成都金沙村遗址出土文物》第158—159页图与介绍，文物出版社2002年版。

是金沙遗址统治阶层使用的珍贵佩饰。

金沙遗址还出土有牌形玉饰，也是很有特色的一件饰物。此器长14.84厘米，宽6.29厘米，厚0.76—0.98厘米，重213克。平面为椭圆形，两端有尖突，两面均雕刻有规整的轮廓线，制作比较精致，给人以光滑润

金沙遗址出土的牌形玉饰（正面与背面）

泽之感。但器表受沁现象较为明显，可见多种杂色沁斑，出土时局部沾连有铜器锈蚀残片[①]。考古工作者认为，这种牌形玉器较为少见，在成都平原考古出土资料中是新发现的一个玉器种类。仔细观察其尺寸形

三星堆"仓包包"器物坑出土的青铜牌饰　　河南二里头遗址出土的铜牌饰

[①] 见成都市文物考古研究所、北京大学考古文博院《金沙淘珍——成都金沙村遗址出土文物》第160—161页图与介绍，文物出版社2002年版。

金沙遗址出土的玉环

金沙遗址出土的玉环

金沙遗址出土的玉牙璧

态，很容易联想到三星堆"仓包包"器物坑出土的三件铜牌饰，它们均长约14厘米，宽近6厘米，呈长方形，转角与下边微弧，在图案中镶嵌有绿松石。考古工作者认为三星堆这几件青铜牌饰，在造型上与二里头遗址出土的铜牌饰相似，可能接受了来自二里头文化的影响，应为古蜀早期青铜文化之物，其性质属于饰品或礼器之类，是祭祀活动后的遗存①。金沙遗址牌形玉器与这些青铜牌饰尺寸相近，形态相似，是否为古代蜀人仿照这些青铜牌饰而加以创意发挥、特地制作的一种玉饰品呢？由此推测其用途，可能是别出心裁的重要佩饰，或是具有特殊象征含义的装饰物，同时与祭祀活动也有一定的关系。

此外，金沙遗址还出土了数量较多的环形玉器，大都选用上好的玉料，经过精细加工，具有玉质温润、轻巧精美的特点，可能是古蜀族日常生活中戴用的珍贵玉饰，犹如后来所谓的玉镯。这类环行玉器在红山文化遗址和良渚文化墓葬中都有发现，出土时多戴在墓主人手腕上。金沙遗址出土的这些环形玉器，很显然也反映了古蜀社会对这类玉饰的喜好。

金沙遗址出土的玉器，种类繁多，数量颇为可观。从质地看，制作这些玉器的玉材可能主要是从成都平原西北部的山区开采得来，比如汶川一带就曾是透闪石玉料产地，但也有一些玉料可能来自于其他地区，透露了当时金沙遗址玉器加工业的兴旺情形。从制作工艺看，制作

---

① 见四川省文物考古研究所三星堆工作站、广汉市文物管理所《三星堆遗址真武仓包包祭祀坑调查简报》，《四川考古报告集》第80—81、87—89页，文物出版社1998年版。

者已经娴熟地掌握了多
种加工技巧，并达到了
相当精湛的程度。这些
玉器的用途大都为礼神
之玉，是与古蜀族祭祀
活动有关的礼仪性用

金沙遗址出土的玉璋

器，其中也有一些玉雕佩饰或玉饰件，但数量较少。

　　总之，金沙遗址出土的这些玉器，形制精美，琳琅满目，以其丰富
的内涵和浓郁的特色，为灿烂的古蜀文明增添了绚丽的光彩。

十七、崇虎的古蜀部族

　　在金沙遗址出土的石雕造型中，有多件生动逼真的石虎，工艺精
湛，形神兼备，堪称是商周时期圆雕艺术作品中的杰作。

金沙遗址出土的石虎

金沙遗址出土的石虎

　　金沙遗址出土的这些石虎，均为卧姿，在造型风格上别具一格，展
现出与众不同的鲜明特色。雕造这些石虎的古蜀族巧匠，采用娴熟的
圆雕技艺，将虎伏卧于地的姿势和张口怒吼的威猛之态刻画得栩栩如
生，达到了生动传神的意境。在石料的选用上，也别具匠心，有的为灰
黑色的蛇纹岩，有的为灰黄色的橄榄岩，巧妙地利用了这些石材的天
然色泽与条状斑纹，增添了对这些圆雕石虎的表现力。在这些石虎的

金沙遗址出土的黑纹石虎，形态威猛，栩栩如生

眼睛、耳朵和虎口等处涂描的朱砂，则透露了涉及古代蜀人精神崇尚和审美情趣的丰富信息，同时也说明这些石虎与古蜀族祭祀活动有着密切的关系。古蜀族巧匠雕造的这些石虎，还表现了他们对自然界百兽之王细致入微地观察，在形态与神态的逼真模仿上达到了很高的水平。这些众多的石虎圆雕作品还告诉我们，古代蜀人对虎有着特别的敬畏和崇尚，它们可能是古蜀族的供奉物，而绝非祭祀活动中的一般摆设品。

其中一件石虎，长28.44厘米，宽8.94厘米，通高19.88厘米，重5457克，选用灰黑色的蛇纹岩雕成[①]。石材上大量的条状斑纹与虎纹非常相似，给人以意想不到的逼真奇妙之感。虎呈昂首伏卧之姿，虎口大张作怒吼状。从比例来看，虎颈与虎首粗壮硕大，大张的虎口中露出四颗尖利的门齿，采用适度夸张的手法，突出了虎的雄壮有力和威猛神

金沙遗址出土的石虎

态。虎的前爪与后爪皆向前弯曲卧于地上，臀部微耸，两侧向上倾斜，生动地表现了虎强壮有力的后腿，作蓄势待发之状。臀部有一圆形小孔，应为安装虎尾之用。虎尾可能用石料另外雕刻，可惜未见出土遗物。从制作方法看，石虎先由石材制成粗形，再加以雕刻和打磨，将粗犷与精雕

---

① 见成都市文物考古研究所、北京大学考古文博院《金沙淘珍——成都金沙村遗址出土文物》第182—184页图与介绍，文物出版社2002年版。

细刻很好地结合在一起，最后在虎口、虎眼和虎耳等处涂以朱砂，强化了神秘传神的效果。

另一件石虎，长28.8厘米，宽8.42厘米，高21.5厘米，重5644克。采用灰色橄榄岩雕刻而成。出土时略有残损，右前肢残断，同样为昂首伏卧姿势①。雕造者工艺精堪，突出了有力的后肢、壮硕的虎颈、大张的虎口和尖利的虎牙，充分展示了虎的威猛。其造型揉合了写实与夸张，线条简练，粗犷凝重，显得十分传神。虎口、虎眼和虎耳等部位也同样涂有朱砂，虽经历了数千年的湮没，仍清晰可见。金沙遗址还出土有一件石虎，高17厘米，长18.5厘米，体型稍小，石质较差②，也是虎口大张，同样有涂抹朱砂的痕迹。

古代蜀人擅长雕造各种动物造型，采用各种质地的材料来表现虎的形态，主要是寄托对虎的敬畏之情。金沙遗址出土的这些石虎在造型风格上，与三星堆出土的金虎和青铜虎形器等都构思独特，富有创意，展现了古代蜀人独特的审美追求，具有鲜明的地域特色。三星堆金虎也作虎口大张之态，虎眼镂空，虎耳竖起，虎尾向上卷曲，虎身弯曲如蚕形，虎肢作蹲伏蓄势跳跃状，可谓生动之极。三星堆青铜虎形器也是虎首昂起，虎尾上翘，虎目圆睁，虎牙毕现，强壮的四肢作蹲伏状，通过独特的造型，着力表现了虎的威猛可畏。金沙遗址也出土了

三星堆遗址出土的青铜虎　　　　　　金沙遗址出土的青铜虎

---

① 见成都市文物考古研究所、北京大学考古文博院《金沙淘珍——成都金沙村遗址出土文物》第185—187页图与介绍，文物出版社 2002 年版。

② 成都市文物考古研究所《金沙——再现辉煌的古蜀王都》第121页图与介绍，四川人民出版社 2005 年版。

河南洛阳北窑西周墓出土的玉虎

河南安阳殷墟出土的玉虎

一件青铜虎，长26.5厘米，宽6.2厘米①，从侧视的角度，突出了青铜虎张口露齿、昂首怒目、双耳竖立、长尾上翘、矫健行走的威猛之态。这件青铜虎，与三星堆遗址出土的一件遍体镶嵌绿松石的青铜虎造型基本相同，虎身上的纹饰凹槽显然也是镶嵌绿松石用的。

商周时期其他地区出土的石虎与玉虎，虎身与头尾大都作平伸状，着重形似，神态祥和者居多。如河南安阳殷墟出土的玉虎和石虎②，洛阳北窑西周墓出土的玉虎等③，虎头均向前平伸，虎尾拖于身后，虎身刻有纹饰，这可能是中原地区较为流行的一种造型风格。金沙遗址出土的石虎则昂首张口长啸，虎身除了自然石纹并无纹饰，可谓别具一格。殷墟出土的一件虎纹石磬，也刻画了虎的张口露齿啸吼之状，但虎头仍是向前平伸，整个造型作匍伏状，虎身刻有华丽的纹饰。研究者认为，这件石磬是殷王室使用的典礼重器④，殷人将虎纹刻画于石磬之上，应与当时的崇虎习俗有关。金沙遗址出土的石虎，同样体现了古蜀族对虎的尊崇，而这种崇尚情感似乎比殷人更为隆重和强烈。

① 成都市文物考古研究所《金沙——再现辉煌的古蜀王都》第48页图与介绍，四川人民出版社2005年版。

② 参见中国社会科学院考古研究所《殷墟的发现与研究》第340、370页图，科学出版社1994年版。

③ 参见洛阳市文物工作队《洛阳北窑西周墓》第155页，彩版11，图版57、4，文物出版社1999年版；参见《洛阳出土文物集粹》第45页图20，朝华出版社1990年版。

④ 参见贺云翔《虎纹石磬》，梁白泉主编《国宝大观》第694—696页，上海文化出版社1990年版。

三星堆一号坑出土的金虎与青铜虎形器，也同样展示了这种浓厚的崇尚之情。金沙遗址统治者更是大量雕造石虎，可知这种通过造型作品来表达崇尚情感的做法，应是古代蜀人一种由来已久的传统。从造型和涂抹的朱砂痕迹看，这些石虎应是古蜀族宗庙或神庙中的重要供奉或举行重大祭祀活动时的使用之物。

金沙遗址出土的玉璋

三星堆一号坑出土的青铜虎形器　　　　金沙遗址出土的青铜兽面器

　　如果说金沙遗址的统治者是崇虎的部族，显然是并不过分的。金沙遗址出土的玉璋，刃部雕刻的动物装饰，也很可能是虎形。另一件玉璋阑部雕刻的兽形装饰，也很象是虎的造型。还有兽面纹斧形玉器，顶部刻画的张牙露齿、双目圆睁的兽面，也完全是虎首威猛形态的传神写照。在三星遗址，也出土有许多虎的造型，如一号坑出土的金虎、青铜虎形器、青铜龙虎尊等，都作昂首状，有的虎口大张，露出了尖利的虎牙；有的也作伏卧之姿（如金虎），与金沙遗址出土的石虎在造型风格上有异曲同工之妙。这些都透露了古蜀王国中有着崇虎的习俗，出土的金虎、青铜虎和石虎都是古代蜀人的崇奉象征。三星堆遗址出土有镶嵌绿松石的青铜虎，虎首前伸，虎尾拖于身后，作行走状，表现了古代蜀人在虎造型刻画方面的丰富多样。金沙遗址还出土有动态造型的虎首形的青铜兽面，其中保存最好的一件，长9.76厘米，宽5.4—6.43厘米，厚0.15—0.2厘米，重43克，为双面范一次铸成[①]。其形态为兽口大张，露出上颚三齿，前边两颗尖牙如同虎牙，镂空的圆形大眼作瞪视状。这件青铜兽面与三星堆一号坑出土金虎的头部形态（虎口大张、虎眼镂空）非常相似，与三星堆遗址出土的青铜虎风格也有相似之处，说明了两者之间在文化内涵上的密切关系。

　　从考古资料和文献记载看，中华民族很早就有了崇虎的观念习俗，流行地域主要以西南地区和长江流域为主。在距今6000多年前的河

河南安阳殷墟武官村大墓出土的虎纹大石磬

虎纽錞于（现藏于四川博物院）

———————————

① 见成都市文物考古研究所、北京大学考古文博院《金沙淘珍——成都金沙村遗址出土文物》第52—54页图与介绍，文物出版社2002年版。

南濮阳西水坡仰韶文化遗址墓葬中，就有了蚌壳摆塑的虎图案和龙图案。这是墓主人崇虎和崇龙观念习俗的体现，也可以说是新石器时代的先民们曾奉行多种图腾观念的形象展示。这种图腾观念和传统习俗，与先民们的狩猎活动和生存环境有着非常密切的关系。在我国古代西部北起甘青南抵滇、黔的整个横断山区各部族中，虎崇拜曾是一种普遍现象。特别是出自氐羌系的西南各部族，或宗白虎或祖黑虎的情

广汉出土的西周铜钲，刻有虎纹与三星（现藏于四川博物院）

形尤为盛行。这种虎崇拜的传统习俗，对西南诸族的文化乃至整个华夏文化，都产生了极为重大的影响。在经历了数千年的漫长岁月之后，至今还保存在彝族、纳西族、白族、土家族等西南少数民族的文化中。

我们知道，和蜀人关系密切的巴人也是崇虎的部族。《后汉书》卷86记述说："廪君死，魂魄世为白虎。巴氏以虎饮人血，遂以人祠焉。"[1]唐代樊绰《蛮书》卷10也说"廪君死，魂魄化为白虎"，"巴氏祭其祖，击鼓而祭，白虎之后也"[2]。由此可知巴人崇虎习俗的由来。考古发现的巴族器物中大都有虎纹装饰，在巴人墓葬中出土的虎钮錞于，铸有猛虎的生动造型；还出土有巴式虎纹青铜戈，上有虎纹与巴蜀图语及铭文，便是崇虎习俗的反映。

和古代蜀人有着密切渊源关系的

① （南朝·宋）范晔撰《后汉书》第10册第2840页，中华书局1965年版。
② （唐）樊绰《蛮书》卷10第50、51页，《南诏大理历史文化丛书》第1辑，巴蜀书社1998年影印版。

彝族，也有着虎崇拜的传统，并以黑为尊，盛行黑虎图腾崇拜。《山海经·海外北经》中记载说："有青兽焉，状如虎，名曰罗罗。"据《天中记》说，云南蛮人就呼虎为罗罗①。彝族称虎为罗，自称为罗罗，男人自称罗罗颇或罗颇，女人自称罗罗摩或罗摩。历史上彝族也自命是虎族，《山海经》中所说

三星堆遗址出土的青铜侧跪人像

三星堆遗址出土的青铜跪坐人像

相传湖南出土的商代虎食人卣

青虎罗罗即是彝族的黑虎图腾。在云南的考古发现如晋宁石寨山和江川李家山出土青铜器中，也有虎图腾崇拜的实物例证。这些考古出土资料，对古代西南地区盛行虎图腾崇拜也是一个很好的说明。

有学者认为，古蜀人是古彝人先民之一，《史记·三代世表》有"蜀王，黄帝后世也"的说法，唐代张守节《正义》说："周衰，先称王者蚕丛，国破，子孙居姚、嶲等处。"② 姚，即今云南姚安；嶲，即今四川西昌一带，正好是西南的彝族地区。

---

① 袁珂《山海经校注》(增补修订本) 第 294—295 页，巴蜀书社 1993 年版。
② (汉) 司马迁撰《史记》第 2 册第 507 页，中华书局 1959 年版。

古籍中又有彝族是仲牟目之裔的说法，而据彝族从古至今的口碑流传，仲牟由是杜宇的彝语音译，是彝族传说中的六祖，从杜宇（仲牟由）开始才形成了真正的彝族。古文献中还有"蚕丛衣青"教民养蚕的记载①，说蚕丛是古蜀祭祀的青衣神②。可知古蜀有尚青的习俗，古蜀族崇尚的很可能也是黑虎图腾，与巴族崇拜的白虎图腾不同。据《华阳国志·蜀志》记述，到开明九世可能才改为尚赤，但蜀王去世后仍有五色（青、赤、黑、黄、白）作为神主和庙号。《民国邛崃县志》卷2说"蜀中古庙多有蓝面神像，面上魂碣如蚕，金色，头上额中有纵目，当即沿蚕丛之像"③，显然也是古蜀尚青遗俗的反映。这些都说明古蜀族对青色、蓝色或黑色怀有一种特殊的崇尚之心，这种现象在出土实物中也较为常见。三星堆二号坑出土的青铜跪人像的双眉和眼睛都被描成黛黑色，青铜人头像、青铜人面具、青铜纵目人面像与青铜兽面的眉部与眼眶等处大都用黑彩描绘；三星堆遗址出土的青铜虎通体嵌饰绿松石，有的为墨绿色绿松石，即显示了古代蜀人对黛黑与墨绿色彩的崇尚心理。金沙遗址出土的石虎，大都选用灰黑色的石材雕制而成，同样与这种崇尚心理有关，也是崇奉黑虎图腾的写照。

成都百花潭中学出土的虎纹铜戈

郫县独柏树出土的铜戈，上有虎纹与巴蜀图语及铭文

其实，古蜀族是一个由多部族联盟形成的很大的

---

① （明）曹学佺《蜀中名胜记》卷15第219页，重庆出版社1984年版。
② 参见（宋）祝穆《方舆胜览》卷51，上海古籍出版社1986年（宋本）影印线装本。
③ （晋）常璩撰，刘琳校注《华阳国志校注》第181页注［二］，巴蜀书社1984年版。

族群，所以有着丰富多样的图腾观念，并呈现出兼容并存的状态。三星堆考古发现就揭示了古代蜀人昌盛的泛灵崇拜情形，崇奉的图腾就有蚕、鸟、鱼、虎、龙等。这些由来已久、丰富多样的图腾文化，大都带有比较浓郁的原始巫术色彩。三星堆时期的古代蜀人不仅盛行神灵崇拜、神树崇拜、神山崇拜、太阳崇拜、祖先崇拜、英雄崇拜，还有神仙思想和魂归天门观念，并融入了想象力极其丰富的神话传说。值得注意的是，三星堆时期虽保留着大量的图腾崇拜遗存，但这个时期古代蜀人的宇宙观和世界观，已由初民的原始思维发展到了比较成熟的阶段，古蜀国也已由原始图腾崇拜阶段，进入了更加发达昌盛的青铜文明时代。

金沙遗址在时间上略晚于三星堆遗址，作为古蜀国的重要部族，这里出土的石虎，造型生动特色鲜明，而且数量众多；但迄今发现的青铜造像则比较少，应是一个耐人寻味的现象。它说明虎崇拜这一传统习俗此时依然十分盛行，在金沙遗址统治者的心目中，崇虎和崇石的观念显然占有非常重要的地位。同时它也说明，古蜀族应是由许多部族组成的，这些部族在文化上有着极其密切的关系，并且部族之间各自又有一些不同的特色。古蜀国便是由许多部族联盟在王权和神权统治下形成的王国，其中最强盛的部族即成为王权和神权的执掌者，部族联盟的首领们即成为古蜀王国的统治集团。三星堆遗址出土的青铜造像群，对此便是很好的揭示。金沙遗址的考古发现，则为我们提供了更多的启示。它告

禹穴位于四川北川县九龙山下，相传大禹降生于此

诉我们，在三星堆作为古蜀王国都城而兴旺繁荣时期，金沙遗址可能已成为古蜀族中某个部族的栖息地，这个部族以虎作为主要崇拜象征。当三星堆由于某种变故而突然衰落之后，大量的蜀人可能由三星堆迁移而来，与金沙遗址日渐强盛的部族融合，使这里成为继三星堆之后又一个新的兴旺繁荣之地。因而金沙遗址在文化上保留了较多的部族传统习俗，比如崇奉虎的遗俗等；同时也融入了许多新的文化内涵，如昌盛的太阳崇拜和祭日求雨活动等等。

这显然就是金沙遗址在文

陕西宝鸡㠪国墓地茹家庄一号墓出土的玉虎

化面貌上与三星堆遗址既关系密切，又展现出一些不同特色的缘故吧。

金沙遗址出土的石虎，与古代蜀人的石崇拜观念也有很大的关系。我们知道，古代有"禹生于石"和其子启破石而生的传说[1]，说明夏族就有强烈的石崇拜信仰，至今北川禹穴附近仍有敬奉血石的习俗。夏族的石崇拜观念对西南地区许多讲羌语支民族和一些藏缅语族曾产生过重要影响，羌族就有白石崇拜信仰习俗，并一直延续至今，代代相传，影响深远。古蜀族同样有着悠久的崇石习俗，《华阳国志·蜀志》说古蜀时代最先称王的蜀王蚕丛死后"作石棺石椁，国人从之"；又说蜀王开明时期"每王薨，辄立大石，长三丈，重千钧，为墓志，今石笋是也"[2]，便透露了古代蜀人崇石的原始宗教意识。在古代蜀人走出岷山、栖息于成都平原之后，崇石习俗依然盛行，流传下来的众多大石遗迹便是很好的例证。此后，开明晚期石牛道的开辟，李冰治水雕造的

---

[1]《淮南子·修务训》，《二十二子》第 1297 页，上海古籍出版社 1986 年版；见《艺文类聚》卷 6 引《随巢子》，第 1 册第 107 页，上海古籍出版社 1982 年版。

[2]（晋）常璩撰，刘琳校注《华阳国志校注》第 181、185—186 页，巴蜀书社 1984 年版。

金沙遗址出土的石跪坐人像

石人、石犀，显然也与蜀人崇石传统习俗有关。金沙遗址统治者很显然也是一个有着石崇拜传统同时又崇奉虎图腾的部族，出土的这些精心雕造的石虎，便是崇虎和崇石观念意识与传统习俗的真实反映。

这些造型生动的石虎，与金沙遗址同时出土的石雕跪坐人像，都展现了古代蜀人高超的圆雕技艺，堪称商周时期石质圆雕造型艺术的杰作。它们以鲜明的地域特色和丰富的文化内涵，为中国美术史增添了新的内容。这些精妙的出土实物告诉我们，商周时

画像石棺上坐于龙虎座上的西王母（四川彭山出土）

汉画像砖上的西王母与龙虎座（四川新繁出土）

期的古蜀族，在石雕艺术方面已经积累了一套丰富的经验，在形象思维和造型艺术方面具有非同凡响的想象力和表现力，并能够巧妙而熟练地将他们的宗教信仰、精神观念和传统习俗贯注其中，通过这些精心雕造的石质人物和动物造像生动

地展示出来。如果说三星堆青铜造像群揭示了古蜀王国青铜文明的灿烂辉煌和大型铸造艺术的非凡成就的话，那么金沙遗址出土的这些石雕人物和动物造像，则进一步显示了古蜀族在石质造型艺术方面的精妙造诣，而这正是金沙遗址令人惊叹的绚丽特色之一。

　　金沙遗址出土的石立和石跪人像，向我们透露的信息是极其丰富的。它们开启了蜀地石质造像艺术的先河，对后世有着不可忽视的影响。它们所体现的崇尚习俗，也影响深远，在后世仍有广泛流传。我们从四川境内出土的画像石、画像砖上，可以看到坐于龙虎座上的西王母画像，那昂首张口的虎的造型，与金沙遗址出土的石虎就极为相似。在河南、江苏、山东等地出土的画像石、画像砖上，西王母大都坐在平台、方座或豆形悬圃之上。我们知道，三星堆青铜神树上铸有神龙，金沙遗址出土有石虎，都是古蜀族的崇奉象征，将两者巧妙地演化为西王母的龙虎座，无疑是蜀人在信仰崇拜意识方面富有创意的发挥。汉代西王母画像砖上的龙虎座，并不仅仅是商周时期古蜀族神龙与石虎崇

画像石上为雷公驾车的飞虎（河南南阳出土），这是远古虎崇拜观念转化为汉代升仙思想的反映

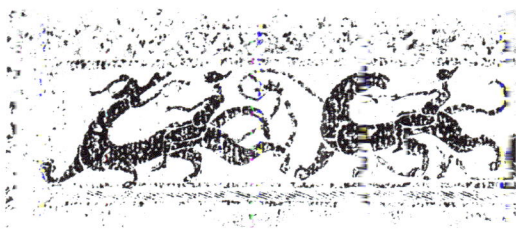

画像石上的仙人乘虎图（河南南阳出土）

画像石上的斗虎图（河南方城东关出土）

尚的流风余韵，也可以说是一种传统习俗和精神观念的张扬。

今天当我们面对着金沙遗址出土的这些石虎，仍能强烈地感受到栩栩如生的艺术魅力。它们昂首啸吼的威猛形态，也仿佛具有一种穿越时空的力量，在震动着我们的心弦，使我们对古蜀时代的祭祀活动和社会生活产生丰富的联想。

十八、象牙的奇特来历

金沙遗址出土的大量遗物中，有数以吨计的象牙，有的层层堆积，深埋于地下；此外还有大片的野猪獠牙、鹿角等等，也是一种耐人寻味的现象。

据实地发掘的考古工作者初步统计，目前在金沙遗址范围内出土的象牙约有1000多根，数量之多，确实令人惊叹。1986年夏秋之际发现的三星堆一号坑，出土有象牙13根，二号坑出土有象牙67根。之前在巫山大溪文化遗址墓葬也出土有象牙，在其他地区的考古发现中，也出土有象牙或象牙制品，但数量均较少。像金沙遗址出土数量如此庞大的象牙，在中国考古史上乃至世界考古史上，都是从未有过的惊人发现。商周时期的古蜀族为什么会拥有如此多的象牙？它们来自何方？用途又如何？这些问题和许多未解之谜，引起了学者们的极大兴趣，并由此而产生了种种猜测和探讨。

让我们先从三星堆遗址出土的象牙说起。学者们通过研究认为，象牙应是古蜀王国的祭祀用品。大型青铜立人像那握成环形、高度夸张的双手，有学者认为执掌的很可能就是象牙，是祭祀活动中使用的献祭物。特

金沙遗址的一处象牙坑

三星堆二号坑发掘出土的象牙

金沙遗址象牙堆积坑发掘现场

别值得注意的是三星堆出土的玉璋
图案，画面中有悬置于三边神山内侧
的粗大的弯尖状物，从形状看同象牙
完全一样，可知刻画的正是象牙，形
象地说明了古蜀王国有奉象牙用于盛
大祭祀活动的习俗。根据古文献中的
有关记载，古人有很多祭祀形式，如
祭祀山林川泽，则采用埋沉的方式。
由此参照三星堆玉璋图案，刻画的便
是古代蜀人祭祀神山的情景。联系到
金沙遗址发现的象牙堆积坑，它们很
有规律地平行放置在一起，层层堆积
约有8层，深埋于地下，同坑埋藏的还
有大量玉器和青铜器，很有可能也属
于祭祀用品。但埋藏本身，是否属于

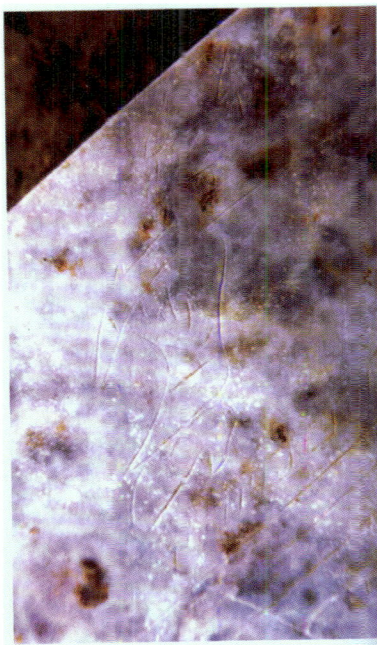

金沙遗址出土的灰白色刻纹玉璋上肩扛
象牙的人物

金沙遗址统治者的一种大型祭祀活动方式，或是由于某种变故或其他原因而特意为之，目前尚难断定。不过有一点则是肯定的，商周时期的古蜀王国有着昌盛的祭祀活动，古蜀族将象牙用于祭祀活动应是不争的事实。

浙江余姚河姆渡遗址出土的"双鸟朝阳"纹象牙雕刻蝶形器

浙江余姚河姆渡文化遗址出土的凤鸟形象牙匕状器

　　古人很早就有使用象牙制作礼器的习俗，在距今约7000年左右的河姆渡文化遗址，已出土有"双鸟朝阳"象牙雕刻与凤鸟形象牙匕状器。在上海青浦崧泽文化遗址中发现有四件象牙镯，在山东大汶口文化遗址墓葬中出土有多件象牙雕筒和象牙琮。在安阳殷墟妇好墓的随葬品中，有多件精美的象牙雕刻品，殷墟卜辞中也有"宾贞以象侑祖乙"（合集8983）的记载，说明"象"也曾是殷人的祭祀用物。《礼记·玉藻》则说"笏，天子以球玉，诸侯以象"[1]，反映了殷商有将象牙同美玉一样制作成礼仪用器的做法。这些文献记述和考古资料，对我们了解和探讨古蜀族象牙的用途，都是非常重要的参照。三星堆二号坑除了出土有象牙67根，还发现有象牙器残片4件、象牙珠120颗，象牙器残片上雕刻有兽面饰和云雷纹等纹饰，象牙珠为中有穿孔的长鼓形和算珠形。金沙遗址也发现有切成饼形的象牙，显然是为了加工雕刻用的。这些发现说明，古代蜀人同样有使用象牙制作礼器或饰品的习俗。当然，大量的未经加工的象牙说明，古代蜀人可能更喜欢和习惯于直接将

---

① （清）阮元校刻《十三经注疏》下册第1480页，中华书局1980年影印版。

河南安阳殷墟妇好墓出土的象牙嵌绿松石兽面纹杯

象牙用在祭祀活动之中。推测其祭祀方式，可能有生养、献祭、插埋等多种方式。也不排除长象牙作为陪葬品的可能，此外还可能有压胜的作用。至于古代蜀人祭祀的对象，则是相当广泛的，从文献记载和考古发现透露的信息来看，至少有祭祀天地、太阳、祖先、山川河流、神灵鬼怪、部族图腾、死者亡灵等等。这些祭祀活动，有着多种多样的形式和异常丰富的内涵。三星堆玉璋图案中刻画的象牙，说明古蜀王国曾将象牙用于祭祀神山等祭祀活动中。金沙遗址也出土有一件刻画有图案的刻纹玉璋残件，呈平行四边形，器身两面分别刻有两组图案，每组图案由一向右侧跪坐的人拿、两道折曲纹、三道直线纹组成。人像头戴高冠，身穿长袍，双膝跪地，可以清楚地看到肩上扛有一根又长又粗的弯曲的象牙①。图案描绘的可能是古蜀族在祭祀活动中祭献象牙的真实情景，虽然祭祀的具体内容尚不清楚，却生动地展示了对象牙的特殊崇奉。

这些大量的象牙来自何处也是个费人猜思的问题。三星堆出土的象牙经鉴定为亚洲象，同时出土的海贝经鉴定有货贝、虎斑纹贝、环纹货贝等，可能来自于太平洋和印度洋温暖的海域，一些学者因之认为三星堆出土的大量海贝和象牙，很可能来自于异域的远程商贸活动和文化交流。金沙遗址出土了数量更为庞大的象牙，这些象牙的来源问题，不能不引起我们的审视和思考。金沙遗址出土的象牙，经初步鉴定也属亚洲象。我们知道亚洲象仅雄象有门齿（象牙），每头雄象两根门齿，1000多根象牙至取自550多头雄象，从象牙的长度来看，很多

---

① 成都市文物考古研究所《金沙——再现辉煌的古蜀王都》第66页图与介绍，四川人民出版社2005年版。

是成年大象，那是数量非常惊人的庞大象群。重达数吨的1000多根象牙，若来自遥远的异域，获取和运输似乎都是比较大的问题。那么，商周时期四川盆地是否有过象群的栖息活动呢？这些数量惊人的象牙，是否就是在当地出没的象群中获取的呢？由于没有发现大象的遗骸，这只能是一种猜测。但从各种文献记载和考古资料透露的信息看，这种情形有很大的可能性是存在过的。

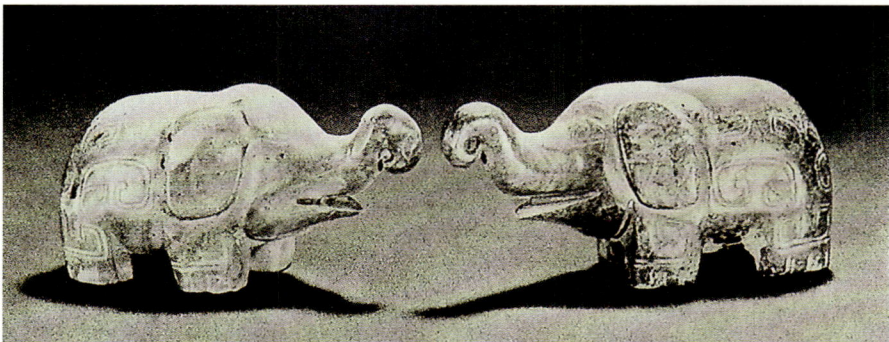

河南安阳殷墟五号墓出土的玉雕象

在《吕氏春秋·仲夏纪·古乐》篇中，有"商人服象，为虐于东夷，周公遂以师逐之，至于江南"的记述，据学者们考证认为，这句话的意思是说商人曾驾大象用于作战[①]。从考古资料看，殷墟出土的甲骨文中屡见象字，以长鼻巨齿为其特征，说明殷人对象非常熟悉，才有这种形态逼真的象形字。安阳殷墟曾发现有象坑，分别埋有大象与幼象，还曾出土有象的下臼齿和象骨以及各种象牙制品，妇好墓还出

河南安阳殷墟妇好墓出土的玉雕象

---

① 参见陈奇猷《吕氏春秋校释》第 1 册第 286 页，第 308 页注〔67〕，学林出版社 1984 年版。

土有惟妙惟肖的玉雕象等，应是黄河流域中原一带有过大象的见证。早在20世纪初，王国维先生对此曾做过论述："古者中国产象，殷墟所出象骨颇多，昔颇疑其自南方。然卜辞中有获象之文，田狩所获，决非豢养物矣。《孟子》谓周公驱虎豹犀象而远之。《吕氏春秋》云，殷人服象，为虐于东夷。则象中国固有之，春秋以后乃不复见。"[1]罗振玉先生在《殷墟书契考释》中也认为："象为南越大兽，此后世事。古代则黄河南北亦有之。为字从手牵象，则象为寻常服御之物。今殷墟遗物，有镂象牙礼器，又有象齿，甚多，又有骨，有绝大者，殆亦象骨，又卜辞卜田猎有'获象'之语，知古者中原象，至殷世尚盛矣。"[2]与象有关系的古地名、古文字其实不少。列如《禹贡》中的豫州，学者们认为"豫"即为象、邑二字之合文，反映了殷代河南曾是产象之区。徐中舒先生在主编的《甲骨文字典》中也指出："据考古发掘知殷商时代河南地区气候向暖，颇适于兕象之生存。其后气候转寒，兕象逐渐南迁矣。"[3]这确实是很有见地的看法。

　　商周时期长江流域和四川盆地境内，气候比黄河流域和中原地区还湿润温暖，树木茂盛，更适宜鸟兽和大型动物生存，很可能也是亚洲象群的栖息出没之地。在湖南醴陵便出土有商代青铜象尊，形态极为逼真，应是那时对大象的真实摹写。

湖南醴陵出土的商代青铜象尊

① 王国维《观堂别集·敦卤匜》，《观堂集林》第 4 册第 1204 页，中华书局 1959 年版。
② 罗振玉《殷墟书契考释》石印本 1 册，1914 年 12 月；参见《徐中舒历史论文选辑》上册第 53 页，中华书局 1998 年版。
③ 徐中舒《甲骨文字典》第 1065 页，四川辞书出版社 1989 年版。

从文献记载看,《左传·定公四年》,楚昭王在长江中游作战失利,逃避吴国军队追击时,曾将火炬系于象尾,使部下"执燧象以奔吴师",才得以脱险①。这说明楚国驯养有大象,危急时才能驱象作战,冲击吴军,取得奇效。《国语·楚语上》中有"巴浦之犀、氂、兕、象,其可尽乎"的记述②。《诗经·鲁颂·泮水》有"憬彼淮夷,来献其琛,元龟象齿"的记载③。淮夷将象牙作为进献之物,说明江淮流域也曾是产象之地。《山海经·中山经》说"岷山,江水出焉……其兽多犀、象"。《山海经·海内南经》则有"巴蛇食象"之说④。《华阳国志·蜀志》也提到"蜀之为国,肇于人皇……其宝则有璧玉……犀、象"⑤。徐中舒先生认为,淮夷所献应为江淮流域所产象牙,巴浦当即汉益州地,"此皆益州产象

三星堆二号坑出土兽首冠青铜人像

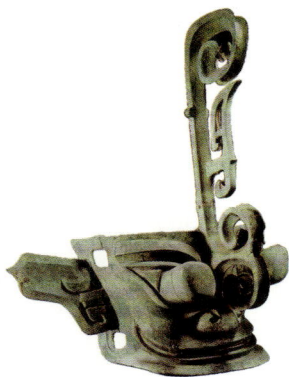

三星堆遗址出土青铜纵目人面像鼻梁上方高竖的卷云纹装饰,使人油然想到卷曲的象鼻

四川彭州市蒙阳镇竹瓦街出土的西周象头双耳铜罍

---

① 王守谦等《左传全译》下册第 1429 页,贵州人民出版社 1990 年版。
② 黄永堂《国语全译》第 628 页,贵州人民出版社 1995 年版。
③ 袁愈荌等《诗经全译》第 480 页,贵州人民出版社 1991 年版。
④ 见袁珂《山海经校注》(增补修订本)第 189、第 331 页,巴蜀书社 1993 年版。
⑤ (晋)常璩撰,刘琳校注《华阳国志校注》第 175 页,巴蜀书社 1984 年版。

之证"①。由此可知，四川盆地与江淮流域，古代都曾是产象之地。周代以后，可能由于气候环境变化的原因，加之大量的开发活动，造成生态植被的恶化，以及对兕象等猛兽采取驱逐做法等一些人为因素，象群才逐渐南迁。中原民族和古代蜀人由于象群的远去，产生了想念，因而有了"想象"，这个词的初意就是表达了对象的想念。

从考古材料看，三星堆二号坑出土的兽首冠青铜人像，那夸张而奇异的冠顶装饰物，就活脱是卷曲象鼻的写照。二号坑出土的青铜纵目人面像，鼻梁上方高竖的卷云纹装饰，也使人油然联想到卷曲的象鼻，是一种充满了想象力的象征表现手法。彭州市竹瓦街出土的商周窖藏青铜器中，有双耳为象鼻形立体象头的铜罍，其象头和长鼻以及突出的象牙，堪称是对真实大象栩栩如生地摹拟。这些都说明了古代蜀人对大象形态的熟悉，只有经常和大象接触，才会达到如此熟悉的程度。尤其值得注意的是，在三星堆一号坑的烧骨渣中，除了猪、羊、牛的肢骨和头骨，还有象的门齿和臼齿等。这些烧骨渣，显然也透露了蜀地产象的信息。

将这些文献记载和考古发现联系起来看，金沙遗址出土的大量象牙，很可能就产于蜀地或长江流域。还有金沙遗址出土的大量野猪獠牙和鹿角，很显然也是本地所采。从地理环境来看，商周时期的长江流域和四川盆地有着良好的生态条件，可能生长着大片茂密的森林，还有很多沼泽湿地，是各类鸟禽百兽栖息的乐园。《山海经·海内经》中说："西南黑水之间，有都广之野，后稷葬焉。爰有膏菽、膏稻、膏黍、膏稷，百谷自生，冬夏播琴。鸾鸟自歌，凤鸟自儛，灵寿实华，草木所聚。爰有百兽，相群爰处。"文中的"都广"，《艺文类聚》与《太平御览》等引用古本则作"广都"，扬慎《山海经补注》解释为"黑水广都，今之成都也"②。学者们通常认为，都广之野，也就是成都平原。蒙文

① 徐中舒《殷人服象及象之南迁》，《徐中舒历史论文选辑》上册第63页，中华书局1998年版。

② 袁珂《山海经校注》（增补修订本）第505—506页，巴蜀书社1993年版。

金沙遗址出土的鹿角与野猪獠牙

通先生认为,《山海经》中的许多篇章皆是古代蜀人的撰述,《海内经》四篇所说的"天下之中",都是指的今四川西部地区[1]。古代蜀人所处的自然环境和生活状况可以说是相当优越的,古时蜀地的动物在种类和数量上也是很多的,不仅有众多的鸟类,有虎、野猪、鹿群,有蛇和鱼类、蛙类,而且很可能有数量庞大的象群活动出没。古蜀王国在商周时期已形成灿烂的青铜文明,有着繁荣的稻作农业,而由考古资料可知,渔猎活动仍是一些部族的重要社会生活内容。大片的野猪獠牙和鹿角,其来源显然就与古蜀族的渔猎活动有关。但古蜀族是否也将大象作为狩猎的对象,则是个很大的疑问。

陕西宝鸡弜国墓地茹家庄一号墓出土的西周青铜象尊

考古发现告诉我们,古代蜀人对大象具有某种特殊的崇奉之情。例如三星堆玉璋图案就刻画了象牙作为祭祀神山的灵物,金沙遗址玉璋图案则刻画了蜀人肩扛象牙跪地祭献的情景。又如前面所述古代蜀人还特意将大象的形态铸在青铜器上,或巧妙地作为人物造型的装饰,都表现了对象的尊

---

[1] 参见蒙文通《巴蜀古史论述》第 162、168 页,四川人民出版社 1981 年版。

崇。我们还可以提到和古蜀文
化关系密切的陕西宝鸡强国墓
地，在茹家庄一号墓出土的西
周青铜象尊，以及在宝鸡斗鸡
台出土的青铜象尊，将逼真的
大象造型铸作青铜礼器，便很
可能受到了古代蜀人崇奉大象
的影响。怀有这种崇奉情感和
尊崇观念的古代蜀人，恐怕是

陕西宝鸡斗鸡台出土的商代后期青铜象尊

不会将象群作为猎杀目标的。而且，大象是很有灵性的大型动物，在缺
少先进武器的商周时期，要猎杀数百头强壮的成年雄象，绝不是一件
容易的事情，何况目前也没有发现猎杀大象必然会留下的遗骸。那么
金沙遗址出土的1000多根象牙，当时的古蜀族又是怎样获得的呢？这
确实是一个费人猜思的谜。

　　有学者认为，长江中游荆楚地区的先民们，有将象牙用于厌胜巫
巫术，很可能有猎获象牙的习俗。《周礼·秋官司寇·壶涿氏》中说"若
欲杀其神，则以牡橭午贯象齿而沉之，则其神死，渊为陵"[1]，便是对
这种巫术的记述。文中说的"神"，是指水神或水中精怪，也可能泛指
邪祟或水患。我们知道，古蜀王国是由众多部族构成的，这些部族以栖
息于成都平原的古代蜀人为主，也包括西南地区的一些部落和部族。古
蜀历史上教民耕稼的望帝杜宇，相传来自江源，娶朱提（今云南昭通）
梁氏女子名利为妻，后又取代鱼凫族而称王于蜀。开明族的鳖灵，据说
来自荆楚，被杜宇任以为相，因成功地治理了蜀地的洪灾水患，而掌握
了蜀国大权，迫使杜宇将王位禅让于他，建立了开明王朝。这支来自荆
楚的开明氏族，迁入蜀地后，起初只是古蜀王国的一个普通部族，后来
逐渐强大并得到众多部族的拥戴，才成为蜀国的统治者。在这个长达

---

① （清）阮元校刻《十三经注疏》上册第889页，中华书局1980年影印版。

数年或数十年的过程中，开明氏族与古蜀王国的其他部族有了很好的融合，接受和吸纳了古蜀文化，但也可能保留着本氏族原先的一些传统习俗。金沙遗址出土的大量象牙，会不会与开明氏族有关呢？因为从荆楚迁入蜀地的开明氏族，很可能有猎获象牙的习俗，并有使用象牙的巫术，目前这只能是一种推测。也不排除从周边区域迁入蜀国的其他部族，也有猎获象牙的习俗。在以古代蜀人为主体的族群中，很可能既有敬畏大象、尊崇大象的部族，也有将象作为猎获目标或善于猎取象牙的氏族。金沙遗址的大量象牙，便可能是古蜀族群中善于猎取象牙的氏族的遗存。

金沙遗址祭祀坑出土象牙

　　大量象牙的来源，除了猎获取得象牙这种可能，也有可能是由于某种突发性的自然原因导致了象群的大量死亡，古蜀族因此而获取了数量庞大的象牙。这种自然原因，有可能是严重的洪灾，或其他不可抗衡的自然灾害，譬如地震导致山体垮塌与泥石流之类。从古代文献记载看，杜宇时代曾发生过非常严峻的大洪灾，蜀国境内许多地方都被洪水淹没，成为一片泽国，直至鳖灵决玉山泄洪、治水成功后，蜀地百姓才恢复了正常的陆居生活。自然灾害不仅对人类造成危害，也影响着动物的栖息生存。当灾难突然降临时，纵使聪明猛悍的象群也难逃厄运。由于缺少记载，对发生在遥远的古蜀时代的那些事情，我们还知之甚少，只能通过分析推测去寻找谜底。

　　总而言之，我们通过古代文献透露的信息，以及考古发现提供的启示，可知金沙遗址出土的大量象牙很可能是蜀地所产。商周时期的长江流域和四川境内，很可能有大量的象群活动栖息，由于某些原因，古蜀族因此而获取了大量的象牙，而象群也就从此南迁了。南迁的象群给先民们留下了难忘的回忆和想象，且给后人留下了丰富的联想和众多的秘密。

十九、多样的祭祀活动

金沙遗址博物馆内的考古发掘现场

　　考古发现告诉我们，商周时期的古蜀王国有着昌盛的祭祀活动。三星堆出土的青铜造像群和大量器物，就揭示了古蜀国庞大的祭祀活动场面，展现了丰富多彩的祭祀内容和祭祀形式。金沙遗址的统治者，也同样举行各种祭祀活动，大量的出土材料说明，内容丰富、形式多样的祭祀活动，和古代蜀人的社会生活有着极为密切的关系，在王权和神权的统治体系中，占着很高的地位并发挥着重要的作用。

　　从金沙遗址出土的人物造像和各类礼仪器物看，古蜀族这个时期的祭祀活动是相当频繁的。其祭祀内容可能有日神崇拜、祭日求雨、祭祀天地、社祭、祭祀神山、祭祀祖先、祭祀鬼神、占卜、图腾崇拜和自然崇拜等等。从金沙遗址大型聚邑的功能布局推测，可能有专门举行祭祀仪式的宗庙或神庙，有多处固定的祭祀场所。其祭祀规模也可能有多种，既有大型的祭祀活动，也有季节性的祭祀活动，还可能有特殊情况下的祭祀活动。这些祭祀活动，大都有着浓郁的巫术色彩，并具有古蜀族的许多自身特色。

　　首先是祭日活动，在古蜀族的社会生活中占有特别重要的地位，主

金沙遗址考古发掘现场（局部）

金沙遗址出土的青铜立人像上部
特写

于远古时代太阳和自然万物的密切关系，太
阳崇拜便成了先民们的一种重要观念。到了
青铜时代，随着农业经济的日趋繁荣，太阳
崇拜活动也更为昌盛。商周时期的古蜀国，
创造了灿烂的内陆农业文明，太阳崇拜和祭
日活动更是呈现出丰富多彩的情景。金沙遗
址出土的太阳神鸟金箔饰和青铜立人像，以
及石跪人像等，便是古蜀族太阳崇拜和祭日
活动情景的生动反映。曾有学者指出，在先
民们崇拜太阳的观念中，太阳不仅是农牧
业丰产之日神，也是一些民族和王权的保护
神，此外还是光明正大、明察秋毫之神。具有丰富象征含义的金沙遗址
太阳神鸟金箔饰和青铜立人像等出土器物，似乎也显示出了这多层意
思。那神奇的太阳神鸟金箔饰图案，既是空中光芒四射的太阳象征，又
生动而精妙地表现了古代蜀人对太阳的尊崇和敬畏。图案中刻画的四
只飞鸟，则似乎是《山海经》中所述帝俊之裔"使四鸟"的写照，金沙遗
址的统治者很可能以此来表明他们都是帝俊的后裔，同时也表明他们
是和太阳神有着特殊亲密关系的部族。金沙遗址青铜立人像头上所戴
冠饰，那奇异的弧形旋转芒，使人油然联想到太阳耀眼的光芒，显然也
具有同样丰富的象征含义。青铜立人像扮演的可能是光明的使者，代表
的是古蜀族掌握神权和王权的地位显赫的贵族，同时又是沟通天地人
神的巫师。

　　古蜀族的祭日活动，与一年四季日常社会生活很可能有着非常

密切的关系。在殷墟出土的卜辞中，有"宾日""出日""入日"的记录，有学者认为这是殷人对日神朝夕迎送的礼拜仪式，推测殷人祭日的仪式有"宾""御""又""衣""岁"等类别[1]。古蜀族是否也有宾日、饯日的崇拜

二阳神鸟金箔饰

仪式，因未发现类似的文字记载而不得其详。由于地理环境和民族习俗的差异，商周时期的蜀人与殷人和周人在礼仪方面往往显示出许多不同的特点。而由于相互间的文化交流和经济往来，使古代蜀人又不可避免地接受了来自中原的较多影响。在商周时期古代蜀人的祭日活动中，祈求丰年、禳除灾荒，很可能是最重要的一项活动内容。太阳既是古代蜀人心目中的保护神，也可能是古蜀族崇拜的祖神，希望太阳为古蜀国的农副业带来风调雨顺、五谷丰登，应是很自然也是很重要的一项事情。当气候发生异常变化、蜀地遭遇大旱或洪灾的时候，古蜀族便举行祭日求雨之类的盛大活动。金沙遗址石跪人像反映的，正是这类祭祀活动情形。其寓意便是以象征古蜀族统治阶层的石人为牺牲，祈福于上帝，企盼获得太阳神的保护。

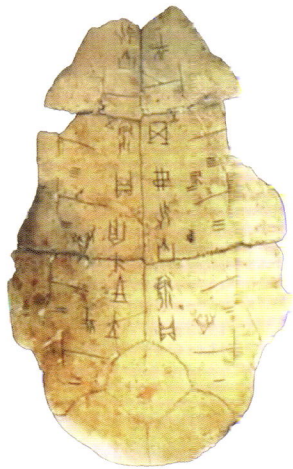
殷墟出土的甲骨文

[1] 陈梦家《殷墟卜辞综述》第573—574页，科学出版社1956年版；萧兵《中国文化的精英——太阳英雄神话比较研究》第26页，上海文艺出版社1989年版；又参见朱天顺《中国古代宗教初探》第1—21页，上海人民出版社1982年版。

三星堆遗址青铜顶尊人像上尊和龙形装饰出土现场

金沙遗址出土玉琮

金沙遗址出土的兽首阑玉璋

太阳崇拜和祭日活动,在三星堆出土的大量器物中已有非常精彩的反映。不仅有青铜神树和青铜鸟作为十日神话的形象体现,而且有青铜太阳形器、圆日形状的青铜菱形眼形器,有圆日图像的青铜圆形挂饰、四面坡状神殿屋盖上的圆日图像、胸前有圆日图像的人面鸟身像等等,都与太阳崇拜观念有着密切的关系。古蜀国盛大的祭日活动场面,由于装饰着如此众多的圆日图像,势必给人以强烈的震撼和无比神奇的感受,这正是古代蜀人所希望达到的一种祭祀效果。金沙遗址出土器物则更加充分反映了古蜀族太阳祭祀活动的昌盛,说明这是古蜀国社会生活中影响很大的信仰习俗。

其次是祭祀天地和山川河流,这也是古蜀族祭祀活动中的重要内容。金沙遗址出土的大量礼仪性玉器,便与这类祭祀活动有关。远古时代先民们就已有制作玉石器物用于祭祀活动的习俗,商周时期已形成了礼仪祭祀制度。《周礼》等古籍就对此做了较为详细的记述,对祭祀昊天上帝、日月星辰、社稷五岳、山林川泽、四方百物,以及祭享先王和丧葬礼仪等都有规定。《周礼·春官宗伯·大宗伯》还特别提到"以玉作六器,以礼天地四方,以苍

璧礼天，以黄琮礼地，以青圭礼东方，以赤璋礼南方，以白琥礼西方，以
玄璜礼北方"，其目的是为了"以礼乐合天地之化、百物之产，以事鬼
神，以谐万民，以致百物"①。金沙遗址出土的玉器，几乎包括了上述的
所有类型，不仅有玉质精美的传世玉琮，更有数量众多的玉璧和玉璋，
还有其他许多种类的玉质器物，丰富多彩、洋洋大观，充分显示了古蜀
族使用玉器进行祭祀活动的昌盛。三星堆考古发现揭示，古代蜀人对
神山祭祀尤为盛行，出土的青铜神树底座和青铜神殿之上皆铸有神山
之形，玉璋图案中更是生动地刻画了祭祀神山的情景。金沙遗址出土
的许多器物包括象牙，也印证了古蜀族对神山有着特别的崇奉之情。

　　金沙遗址出土的礼
仪性玉器，有些器形很明
显接受了来自中原的影
响，也有一些器物吸纳了
其他区域文明的因素，而
更多的则展现出浓郁的

金沙遗址出土的玉戈

古蜀特色。其中玉琮和玉璧，性质很可能与中原文明一样，应是祭祀天
地的礼器。具有古蜀特色的玉璋，可能是祭祀山川的法器。玉剑与玉戈
之类，则可能是祭祀活动中使用的仪仗。从出土玉器的数量来看，古蜀
族举行这些祭祀活动可能是经常性的，而且规模较大，参加的人数众
多，场面相当壮观。其中一些重要玉器曾长期使用，譬如出土的青玉大
琮，以及一些玉璧与玉璋等。由此推测，它们在古蜀族的祭祀活动中
可能是作为长期祭献和供奉用的"礼神之玉"。结合三星堆玉璋图案所
示，并从金沙遗址范围内出土玉器的分布状况可知，古蜀族在不同的祭
祀活动中具有多种祭祀形式，其中也曾采用悬插和瘗埋的方式。瘗埋
可能是古蜀族在特定状况下的一种祭祀形式，因玉器制作加工较为复
杂，所以瘗埋的除了少量玉器外，更多的则是象牙。在古蜀族频繁的祭

---

① （清）阮元校刻《十三经注疏》上册第 762、763 页，中华书局 1980 年影印版。

祀活动中,很可能象牙是作为玉器替代品使用的。大量获取的象牙,显然为古蜀族祭祀山川等活动提供了极大的便利。在金沙遗址范围内,被瘗埋的还有大量的鹿角和野猪獠牙之类,很可能也与古蜀族类似的祭祀活动有关。

三星堆遗址出土的青铜人面像　　　江西新干大洋洲商墓出土的青铜面具

　　再者是祭祀祖先和祭祀鬼神,也是古蜀族很重要的祭祀内容。世界上许多民族远古时代就有祖先崇拜、敬畏鬼神的习俗,到了繁荣的青铜时代,这一传统习俗尤为昌盛。三星堆出土的体型庞大的青铜纵目人面像,有学者认为就是古代蜀人崇拜的祖先神灵。那糅合了人兽特点、极尽夸张的造型,使人油然联想到古史传说中蚕丛氏"纵目"的写照,并具有古蜀图腾崇拜的象征含义;而将神、鬼、人的特征集合于一体,正是古蜀先民们祭祀鬼神和祖先崇拜的重要特征。在金沙遗址出土的器物中,有风格奇异的小型玉人头像,很可能也赋予了类似的象征寓义,是糅合了神、鬼、人特征的崇奉形象。还有兽面纹斧形玉器,也具有丰富的多重含义,应是古蜀族祭祀鬼神之类活动中使用的重要器物。从器形和使用状况看,这类器物选材优良、制作精致,为多次使用品,说明古蜀族可能经常举行这类祭祀活动。

　　古蜀族举行祭祀祖先和鬼神的活动,主要是出于对创业传世的远古祖先的崇奉，他们在氏族起源神话和历史传说中都是强有力的人物，以祈盼获得他们对氏族后代的庇佑。古代各族大都有这种祭祀习俗。祖先崇拜反映了先民们对血缘关系的重视，是加强氏族凝聚力的一种古老传统。鬼神则是作为保护氏族的神秘力量而受到崇拜的，和崇奉的祖先一样，都是祭祀的重要对象。在实行多部族联盟共主制的古蜀王国内，很可能有氏族和部落共同的祖先崇拜和鬼神崇拜，同时又保存着部族各自的一些崇拜特色。大概正是由于这个原因，而显示出了金沙遗址与三星堆在这类祭祀活动使用器物方面的相似和差异。

值得注意的是，古蜀族的丧葬习俗与这类祭祀活动也有着较为密切的关系。金沙遗址范围内已发现有多处埋葬的遗骸，并伴随出土有随葬品。由此推测，古蜀族可能有某种丧礼和葬礼，以及丧葬方面的祭祀活动。从文献记载和出土资料看，魂

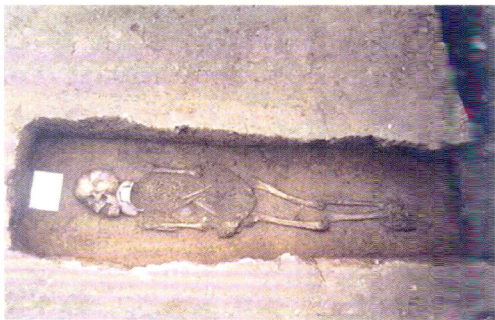

金沙遗址出土的典型墓葬

归天门观念曾广泛流行于蜀地，是古代蜀人的一种主题观念。扬雄《蜀王本纪》中记述说："李冰以秦时为蜀守，谓汶山为天彭阙，号曰天彭门，云亡者悉过其中，鬼神精灵数见。"[1]这种由来已久的天门或天彭的传说，表达的便是古代蜀人魂归天门的观念。三星堆出土玉璋图案中，于上边两座神山之间便刻画了天门的象征。在古代蜀人心目中，天门既是群神之阙，也是死者灵魂进入天国的入口。这种比较原始和淳朴的古蜀早期天门观念象征，随着历史的发展，后来逐渐演化为双阙的造型。例如简阳鬼头山汉代崖墓出土的三号石棺画像，由人物建筑等

---

① 《全汉文》卷 53，(清)严可均校辑《全上古三代秦汉三国六朝文》第 1 册第 4 页，中华书局 1958 年影印版。

重庆巫山县出土"天门"铜牌饰摹本

祥鸟瑞兽组成的画面中，就有双阙和镌刻的"天门"二字①。巫山汉墓出土的鎏金铜牌饰，也同样刻画有高大的双阙和隶书"天门"二字②。这简洁的"天门"二字，不仅是对画像中双阙性质和象征含义的最好注释，而且也生动地说明了古代蜀人天门观念在巴蜀地区的长期流传。金沙遗址出土的兽面纹斧形玉器，两边都有精美对称的纹饰，顶部的浅浮雕兽面纹和身部"冂"字形卷云纹边栏，表达的很可能也是天门的象征含义，应是体现古蜀族天门观念的一件重要器物。它可能是古蜀族举行祭祀鬼神之类活动或在葬礼中超度亡魂，供巫师使用的法器。器物图案展示了古蜀族对灵魂与天国以及人神之间关系的丰富想象，是

① 见内江市文管所、简阳县文化馆《四川简阳鬼头山东汉崖墓》，《文物》1991年第3期20—25页。
② 参见《四川文物》1990年第6期封二"天门图"。

古蜀族精神崇尚的形象写照。

　　社祭很可能也是古蜀族经常举行的祭祀活动，金沙遗址出土器物在这方面也有较多的揭示。我们知道，我国各地的先民们在史前时期就有了崇拜土地、向地神献祭的习俗，夏禹时已有了社祭的形式，殷商时期演化为一种频繁的祭祀活动，这与农业的兴旺和社会经济的发展有着密切的关系。原始的土地神崇拜，主要是崇拜土地的自然性质与作用，采用向土地直接献祭、礼拜的方式，祭法是将酒或血之类祭品撒在地上或灌注于地。殷人也采用掩埋祭品向土地献祭的祭法，同时又有"寮""岁"等祭法，而祭祀活动形式则有向土地神求年、受年、祈雨等内容，卜辞中对此有大量记载。这类祭祀活动已有规定的祭祀场所，通常还要搞一个土堆象征土地神，作为祭社的"冢土"，有的还要栽立树木。《论语·八佾》中就有"哀公问社于宰我，宰我对曰，夏后氏以松，殷人以柏，周人以栗"进行社祭的记述[①]。周代的社祭活动也十分兴盛，社神已变成与许多社会事务有关的神灵，如农耕、求雨、免除灾害要举行社祭，日蚀时要献币于社，出征或凯旋要祭献于社，还有其他许多重要事情都要祭土。金沙遗址发现有面积较大的卵石铺地的场所，很可能就是古蜀族经常举行社祭之类祭祀活动的地方。场所附近是否有"冢土"，因年代久远、地貌变迁已不得而知。在社祭形式上，古蜀族可能

金沙遗址出土的卵石埂子

---

① 刘俊田等《四书全译》第113页，贵州人民出版社1988年版。

也采用献祭和灌注于地的祭法。三星堆出土的顶尊跪献青铜人像，便表现了献祭美酒的情景。金沙遗址出土有大量的陶片，其中有盛酒的容器，还有大量的野猪獠牙和鹿角，被宰杀动物的血以及美酒，可能都是古蜀族社祭活动中的祭献之物。

金沙遗址出土的龟腹甲

在金沙遗址出土遗物中，还发现有卜甲，有明显的灼痕。之前在十二桥等遗址也有类似发现，说明商周时期的古蜀族也有占卜的习俗。但从出土卜甲数量来看，古蜀族的占卜远不能与殷商王朝频繁的卜筮活动相比。从各地的出土资料来看，卜用甲骨在河南、山东、江苏、安徽、湖北、陕西、河北、辽宁、吉林、内蒙古、山西、甘肃等地区的一系列考古遗址中均有出土，时间最早可至新石器时代，夏、商时期最为鼎盛。至晚商殷墟王邑，甲骨占卜更是盛极一时。骨料主要采用牛胛骨和龟甲，又有用牛肋骨、象骨、鳖甲者。上面不仅有各类形制的钻凿灼痕，还有契刻卜辞，重要者还涂朱涂墨[1]。成都地区和四川境内历年来考古发现的卜甲数量很少，而且未见类似于殷墟的卜辞，可知占卜在古蜀族的祭祀活动中并不十分重要，很可能只是巫师在某些祭祀场合使用的一种方式。古代先民们占卜的目的，主要是为了测算未来的福祸吉凶，而不同地区、不同部族的占卜形式则多种多样，如彝族有羊骨卜、西南一些少数民族流行鸡卜等。殷人的卜筮活动大量采用牛胛骨和龟甲，不仅有灼

---

[1] 参见宋镇豪《夏商社会生活史》第515、521页，中国社会科学出版社1994年版。

痕，而且有刻画的卜辞。金沙遗址出土的卜甲，则未见有刻画的文字符号。这也说明了商周时期中原文明和古蜀文明的不同特点，透露了二者在社会生活和传统习俗方面的差异。

古蜀族的祭祀活动，大都带有浓郁的巫术色彩。巫师在古蜀王国是一个特殊的阶层，是祭祀活动的主持者。氏族和部落的首领，很可能同时也是巫师，王国的最高统治者则为群巫之长，为最大的巫师，三星堆青铜造像群对此便有很好的揭示。金沙遗址考古发现，在这方面也为我们提供了丰富的信息。金沙遗址出土的金冠带，即为古蜀族巫师和首领戴用的饰物。许多具有古蜀特色的玉制器物，

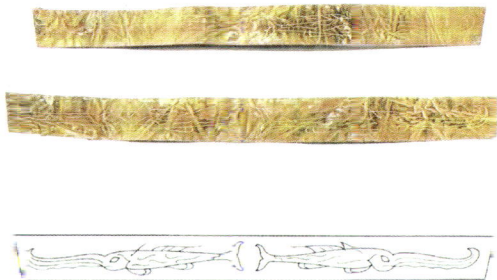
金沙遗址出土的白鲟纹金带

金沙遗址发掘出土的大型祭祀场所

也应是巫师在祭祀活动中使用的法器和礼器。古蜀族的神权显然就掌握在首领兼巫师的手中，他们同时也是王权的执掌者。这些由巫师主持的祭祀活动，展现出许多不同于其他区域文明的特点。比如昌盛于太阳崇拜和祭日活动，比如与祭祀祖先和鬼神密切相关的魂归天门观念，比如独特的人物雕像和图腾象征，以及大量象牙的献祭和瘗埋等等，无论是祭祀内容或祭祀形式，都具有鲜明的古蜀特色。这些特色，与古蜀族久远的传统习俗有关。同时也与商周时期古蜀的社会结构有着密切的关系。

古蜀族在举行祭祀活动时，会有相应的祭祀仪式，推测很可能会

有祭祀的舞蹈。那些充满神秘意味的舞蹈，曾是先民们祭礼中不可缺少的部分，迄今我们在西南地区的一些少数民族地区仍能看到这类遗俗的影响。金沙遗址发现的大型祭祀场所，显然为古蜀族祭祀活动中的舞蹈提供了很大的便利。祭祀场所的规模说明，参加者一定众多。我们可以联想一下，当古蜀族举行由献祭、舞蹈等仪式组成的祭祀活动时，那规模宏大、气氛神秘的场面，热烈而又肃穆，会是一种多么绚丽而又令人惊叹的情景！

二十、繁华的古蜀都邑

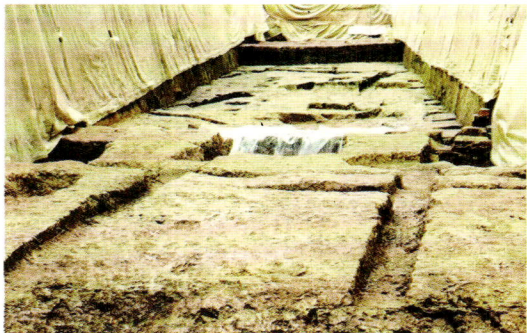

三星堆古城北城墙下的疑似建筑基址

金沙遗址惊人的考古发现，出土的大量精美文物、房屋建筑遗迹和大型祭祀场所，以及多处窑址、墓葬、灰坑的揭示，说明这里在商周时期曾是一处非常繁荣的中心遗址。定居于此的古蜀族，在这里栖息繁衍，日益兴旺，有着繁荣的社会生活，经常举行各种祭祀活动，生产的陶器和制作的玉石器以及金器加工都达到了很高的水平。从遗址宏大的分布规模、文化内涵的繁荣发达程度来看，金沙遗址很可能是三星堆之后古蜀王国的又一处重要都邑所在。

我们现在还很难断定金沙遗址究竟是古蜀历史上的杜宇王朝所创建的又一处都邑，还是开明氏族在成都地区的早期栖息发展之地；但有一点则是肯定的，金沙遗址显然有过一段较长时期的开创、崛起、兴旺、繁荣发展的过程，并为古蜀王国正式定都成都开启了先声。值得注意的是，金沙遗址目前尚未发现城墙遗迹，同宝墩文化等八座早期古城不同，与三星堆古城遗址也不一样，金沙遗址是否属于开放的聚合模式？还是一处无需城垣的古蜀国都邑？也许是曾修筑有城墙，而由于水患或离城太近被后人所毁以及其他种种原因，导致了数千年之后城墙遗迹的消失？因为考古发掘没有发现这方面的遗迹，现在尚无确切的答案。但这些问题的提出，对我们认识和探讨古蜀文明丰富多彩的发展轨迹，无疑是有重要启示作用的。

　　金沙遗址考古发掘揭示，这里作为古蜀族商周时期的一处重要中心遗址，不仅规模宏大，而且有着功能齐全的布局，由此可以想象当时的繁荣情形。其中有大面积的居住区，有墓地，有宗教仪式活动区和大型的祭祀场所，还有大量的手工作坊和烧制陶器的窑址。说明当时社会已有一整套礼仪制度和从事多种行业的明确分工，统治阶层通过掌握的神权和王权而控制着氏族和王国。当时的人口也颇可观，整个社会都充满活力，物质文化灿烂兴旺，精神观念更是绚丽多彩。

　　从成都平原20世纪以来总的考古发现情况来看，以成都平原为活动中心的古蜀王国，商周时期在农业、副业、手工业等方面都有了相当可观的发展规模，提供了极为丰厚的社会经济基础，形成了灿烂的内陆农业文明。古蜀国的农业兴起较早，古代文献对此也有生动的记述。扬雄《蜀王本纪》说"鱼凫田于湔山"，常璩《华阳

金沙遗址出土的斧形玉器

金沙遗址出土的石钺

金沙遗址出土的斧形石器

金沙遗址出土的木耜

国志·蜀志》说"杜宇教民务农,一号杜主"。又说蜀国"其宝则有璧玉、金、银、珠、碧、铁、铅、锡、赭、垩、锦、绣、罽、氂、犀、象、毡、眊、丹黄、空青、桑、漆、麻、纻之绕","其山林泽渔,园圃瓜果,四季代熟,靡不有焉"。还说古蜀国的疆域"乃以褒斜为前门,熊耳、灵关为后户,玉垒、峨眉为城郭,江、潜、绵、洛为池泽,以汶山为畜牧,南中为园苑"①。从这些记述中透露的丰富信息可知,这是一幅多么兴旺昌盛的古蜀国社会景象。

古蜀国当时的农作物种类是比较多的,成都平原尤以生产水稻为主。《山海经·海内经》说"西南黑水之间,有都广之野,后稷葬焉。爰有膏菽、膏稻、膏黍、膏稷,百谷自生,冬夏播琴"。据考证,《海内经》应是古代蜀人所撰,都广之野即是指今四川西部地区,膏是味好之意,播琴是播殖或播种,为方言或俗语。《海内经》所说的"膏菽""膏稻""膏黍""膏稷",即是当时古蜀国的几种主要农作物品种。到秦并巴蜀之时,古蜀国已经成为长江上游生产水稻的中心。常璩《华阳国志·蜀志》说"司马错率巴、蜀众十万,大舶船万艘,米六百万斛,浮江伐楚"②,可见当时古蜀国米产量的庞大,充分说明了古蜀国生产水稻有着悠久的历史和可观的规模。这种百谷昌盛的情景,与成都平原的气候、水资源等优越的自然条件显然有着很大的关系。同时与古蜀族农耕聚落的稳定、古蜀王国早期城邑的兴盛和社会生活的繁荣发展,也互为促进,密不可分。

金沙遗址出土的与古蜀族饮食生活有着极其密切关系的大量陶器,对此也是一个很好的反映。金沙遗址范围内出土的陶器种类很多,

①（晋）常璩撰,刘琳校注《华阳国志校注》第186、175、176页,巴蜀书社1984年版。
②（晋）常璩撰,刘琳校注《华阳国志校注》第194页,巴蜀书社1984年版。

金沙遗址出土大口陶瓮

金沙遗址出土的陶器

金沙遗址陶器发掘出土现场

金沙遗址考古发现的陶器坑

金沙遗址出土的喇叭口陶罐

比较完好的器型主要有尖底盏、尖底杯、圈足罐、高颈罐、喇叭口罐、小平底罐、袋足盉、高柄豆、矮柄豆、豆形器、簋形器、细颈瓶、陶盉、陶瓮、束腰形器座、器盖等等，此外还有数量庞大的陶片。从器型种类来看，这些陶器包括了各种炊器、食器、饮器、水器、酒器，还有大量的贮器。这些丰富多样的器型，充分反映了当时古蜀先民们食物的多样性。大量的贮器，是供贮放粮食和食物之类使用的，反映了当时农产品的富余。在遗址范围内，还发现有成排的窖穴，具有贮藏的性质，也是很好的印证。正是由于商周时期古蜀王国农业生产的繁荣和日常生活的消耗和需求，促使了制陶业的兴旺。古蜀族的陶器制作加工，已成为一个很重要的行业，推测可能有较多的人员从事这种行业，并有比较完善的分工合作。金沙遗址范围内发现有多处窑址，由此可知当时制陶业的规模。考古发掘揭示的这些窑址群，均是小型馒头形窑，每个陶窑的面积约6平方米，由工作面、窑门、火膛、窑室组成。窑室多呈前低后高的斜坡状。烧制时，火焰由火膛进入圆形窑，袋状的火膛和圆形窑室对充分燃烧、提高窑温是比较有利的。陶器大都为夹砂褐陶和灰陶，制作工艺以手工制作和慢轮加工为主。器型以实用为主，纹饰较少，素面居多。金沙遗址出土的陶器与三星堆出土的陶器相似，在造型风格上都给人以朴实无华之感，这很可能与古代蜀人的制陶习惯有关。从出土的大量陶器、陶片来看，当时的陶器制作主要是为古蜀族日常的世俗生活服务，而与祭祀活动无关，所以追求简单实用，便成了古蜀族的制陶风尚。

古蜀族的青铜铸造、黄金制品和玉石器制作，主要用于频繁举行的各种祭祀活动，也有大量的人员分工合作，从事制作，形成了专门的行业。由于祭祀活动在古蜀族社会生活中的重要性，制作者们在造型艺术的丰富多样和技术工艺的精益求精等方面都贯注了无比的热情，将他们的想象力和聪明才智都做了充分的创造发挥，从而促使了这类行业的高度兴旺。

金沙遗址出土的有领璧形青玉器

金沙遗址出土的凹腰筒形玉器

金沙遗址出土的大量玉石器，绝大多数都与古蜀族的祭祀活动有关，反映了当时宗教祭祀活动的昌盛。有些玉石器则可能兼具多种功能，如玉环、璧形玉器、筒形玉器、玉牌之类，既是礼器，也可能作为装饰品。又比如玉戈、玉斧、玉矛，既可能是仪仗，也可能具有实用性质。还有玉斧、玉锛、玉凿等，既可作为祭祀品，也可作为工具使用。在制作工艺方面，无论是玉石料的选择和切割，还是琢磨加工、雕刻钻孔、研磨抛光，都显示出很高的水平。玉石料的切割，从遗留的痕迹推测，很可能是使用一种比较锋利、带锯齿形的金属工具进行的。按照器物的厚薄切割成毛坯后，再加工磨制成形。一些圆形的玉石器，可能采用了转轮之类的磨制加工方法。出土的多件筒形器，以及作为串饰使用的绿松石管，则显示出钻孔方面的高超技术。一些玉石器上面的透雕镂刻动物形态和刻画的图案纹饰，展现出丰富的想象力和娴熟的雕刻技艺。这些种类繁多、精心制作的玉石器，其中许多都堪称是商周时期玉石器中的精品。特别是人物和动物造型，更是玉石雕刻杰作，不仅凝聚着丰富的文化内涵，而且洋溢着浓郁的古蜀特色。

从材料质地看，金沙遗址出土的玉器大都为透闪石玉，出土的石器

金沙遗址出土的斧形玉器　　　　　　　　金沙遗址出土的锛形玉器

大都为蛇纹石化橄榄岩、蛇纹岩、蛇
纹石化大理岩、砂岩等。经初步鉴定
研究，这些玉石器材料可能来源于成
都平原西北边缘山区，如汶川龙溪等
地可能是透闪石玉产地之一，彭州白
水河一带则可能是蛇纹岩等材料的
采集地。三星堆出土的玉器和石器材
料，有学者认为主要产于川西平原的
龙门山等地。此外，岷山、玉垒山、邛

金沙遗址出土的璧状斧形玉器

崃山脉，也可能是古代蜀人采集玉石材料之处。从古籍中透露的信息看，
《山海经·中山经》中有"岷山，江水出焉……其上多金、玉，其下多白
珉"之说，又说"崃山，江水出焉，东流注大江，其阳多黄金，其阴多麋、
麈"。袁珂先生说崃山也就是现在的邛崃山[1]。常璩《华阳国志·蜀志》
说"其宝则有璧玉"，佚文则有"玉垒山，出璧玉，湔水所出"的记述[2]。
可知古蜀王国境内有不少出产玉石（包括黄金等矿产）的山川，为采集玉

[1] 袁珂《山海经校注》（增补修订本）第189、190页，巴蜀书社1993年版。
[2]（晋）常璩撰，刘琳校注《华阳国志校注》第175、178页注[八]，巴蜀书社1984年版。

料和石料提供了丰富的资源。从开采、运输，到切割下料、琢治研磨、雕刻加工、钻孔抛光等工序，需要大量分工合作的工匠和人力，而且还要一定数量的后勤人员和管理人员。从金沙遗址出土玉石器的庞大数量推测，这应是一支人数较大的行业队伍，由此也可以想见当时古蜀族玉石器加工制作的繁荣情景。

金沙遗址出土的金面具

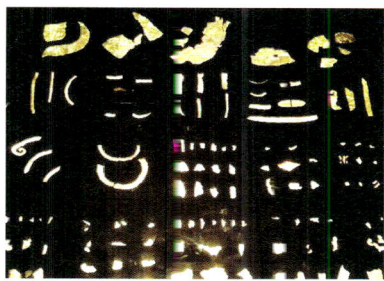

金沙遗址出土的金器薄片

古蜀族的金器加工已十分兴旺，其黄金材料来源，很可能采集于四川盆地周边的山川河谷一带。在岷江、大渡河、雅砻江、金沙江的一些地段，都有较为丰富的金矿分布，在涪江、白龙江和嘉陵江上游一些地方也出产砂金。古蜀族尝采集到的黄金原料经过长途跋涉运送到都邑的作坊里，然后熔化冶炼，锤揲成型，制成各种精美的金器和黄金装饰品，推测应有较多的人员从事这一行业。在金沙遗址出土的器物中，较为完整的金器就有31件之多，说明古蜀族已经有了开采和制作黄金器物的丰富经验，反映出金器加工也是当时一个比较兴旺的手工行业。这些金器形态多样，制作精美，有金面罩、金冠带和各种金饰品。它们大都用很薄的金片或金箔制成，在工艺上采用了锤揲、剪切、打磨、刻画、模冲、镂空、嵌贴等多种手法，显示了很高的水平。有的金器或金饰品还采用娴熟的技巧，镂刻了美丽而富于想象力的图案，赋予了丰富的象征含义。譬如神奇的太阳神鸟金箔饰，就给人以精妙绝伦之感，堪称是商周时期金器加工工艺中罕见的杰作。又比如金冠带上奇妙的图案、蛙形金箔饰独特的形态纹饰等，都可谓是3000年前金器加工工艺

三星堆遗址出土
的金箔鱼形饰

迈锡尼墓葬中发掘出土的黄金面具

中的经典之作。它们所展现出的穿越时空的艺术魅力，至今仍使人惊叹不已。

在此之前，三星堆遗址也出土有大量的金器，特别是精美绝伦的金杖、黄金面罩、多种黄金动物图形和装饰品等，展示出极其高超的加工制作技艺和丰富的文化内涵。金沙遗址出土金器与三星堆所出黄金制品一脉相承，在工艺和图案等方面有了更多的创新发挥，进一步展示了古代蜀人在黄金开采、加工方面的非凡成就。在世界考古史上，19世纪70年代曾在古希腊迈锡尼墓葬中发掘出土了大量黄金制品[1]，20世纪20年代在古埃及新王国时期图坦卡蒙陵墓出土了人型金棺和金面具等黄金制品1700多件，被一些学者称为是中亚和西方青铜时代文明的杰作[2]。三星堆和金沙遗址的考古发掘揭示，古蜀族也是世界上最早开采和使用黄金的古老部族之一，在殷商时期就已熟练地掌握了黄金的加工制作技术，制作出了可以同古埃及、古希腊文明媲美的金面具、金杖、金冠带、太阳神鸟金箔饰等精妙之作，纠正了西方艺术史上的偏见，为世界美术史增添了新的内容。

金沙遗址考古发现告诉我们，商周时期古蜀族农业生产的兴旺和手工业的昌盛，促使了社会经济的繁荣。这个时期，古蜀国的农副业也很兴盛，家畜饲养业和畜牧业可能都较为发达。三星堆出土有多件

---

① 参见朱伯雄主编《世界美术史》第3卷第82—86页，山东美术出版社1989年版。
② 参见朱伯雄主编《世界美术史》第2卷第251—256页，山东美术出版社1988年版。

金沙遗址野猪獠牙、鹿角发掘现场

青铜水牛头和栩栩如生的青铜公鸡之类，出土的青铜尊和青铜罍肩部分别铸有三牛头和四羊头①，三星堆环境考古发现有猪、牛、山羊等兽骨遗骸，金沙遗址也出土有形态逼真的青铜牛首多件，这些显然都是古蜀国大量饲养家畜的印证。我们知道，新石器时代人们已经开始饲养马、牛、羊、鸡、犬、猪"六畜"。随着社会的发展和农业的进步，家畜的种类与数量也大大增多。参照三星堆古城大量饲养家畜的情形，推测金沙遗址大型聚邑内所饲养的家畜，也会有相当的数量。古代蜀人在养蚕植桑和其他养殖业方面，可能也有一定的规模。此外，渔猎是农业的重要补充，古代蜀人的渔猎活动也很活跃，由此而增添了更多的食物来源。三星堆一号坑出土的金杖图案，金

金沙遗址出土的陶猪首

金沙遗址出土的青铜牛首

---

① 参见四川省文物考古研究所编《三星堆祭祀坑》第340、332、238—262页，文物出版社1999年版。

沙遗址出土的金冠带图案，都刻画了四支长杆羽箭贯穿鸟颈穿入鱼头的情景，应是古代蜀人经常使用弓箭从事渔猎活动的生动写照。不言而喻，透过其蕴涵的神话色彩和象征含义，折射和反映的则是现实生活中的世俗内容。金沙遗址范围内出土有多处大面积的野猪獠牙和鹿角遗存，数量甚多，堆积凌乱，便充分反映了古代蜀人猎获物的丰富。

　　商周时期古蜀国的建筑业也很发达，三星堆曾发现有大量的房屋建筑遗迹，金沙遗址也发现有多处房址遗迹。在金沙遗址范围内的"兰苑"和黄忠村"三合花园"发掘揭示的房址群，均为富于古蜀特色的木（竹）骨泥墙式建筑。这些建筑有大型和小型之分，大型建筑面积宽敞，可能为古蜀族的王公贵族与统治阶层所拥有。小型房舍面积较小，可能是平民阶层的住所。在建筑方式上，这些大型建筑和小型房舍均挖有基槽，并有密集的小柱洞，大型建筑每隔一定距离（约1米左右）还有一大柱洞，是当时修筑采用大型梁柱留下的遗迹。非常有意思的是，这些房址的坐落位置基本上都是西北东南朝向，推测可能与古

三星堆古城范围示意图

发掘出土的三星堆遗址古城墙北城墙　金沙遗址发掘出土的祭台建筑遗址

代蜀人的方位感有关，由此可知当时在进行建筑时曾有一定的规划。古代蜀人这种约定俗成的建筑形式，既有统治阶层追求的大型建筑风格，又有平民阶层小型房舍的生活情调，应是当时社会生活情形的真实反映。

　　总而言之，金沙遗土考古发掘，为我们揭示了商周时期古蜀族繁荣的社会生活。也为我们追寻了解古代蜀人在成都地区的经营发展轨迹，探讨古蜀王国绚丽多彩的历史文化，提供了宝贵而丰富的资料。

二十一、活跃的交流往来

　　古蜀王国的兴衰更替，以及和周边区域文明的关系，在古代文献记载中一直给人以扑朔迷离之感。随着20世纪以来考古发现的增多，使我们透过神话传说的迷雾，对古蜀王国的神秘面貌有了越来越清晰的了解。三星堆震惊天下的考古发现，使我们真实地看到了数千年前古蜀文明的灿烂辉煌。金沙遗址的考古发掘，使我们更进一步触摸到了商周时期古蜀族繁荣昌盛的历史文化。之前还有成都羊子山遗址、十二桥商周遗址、宝墩等八座早期古城遗址的考古发现，都为传说中的古蜀历史提供了重要手证。

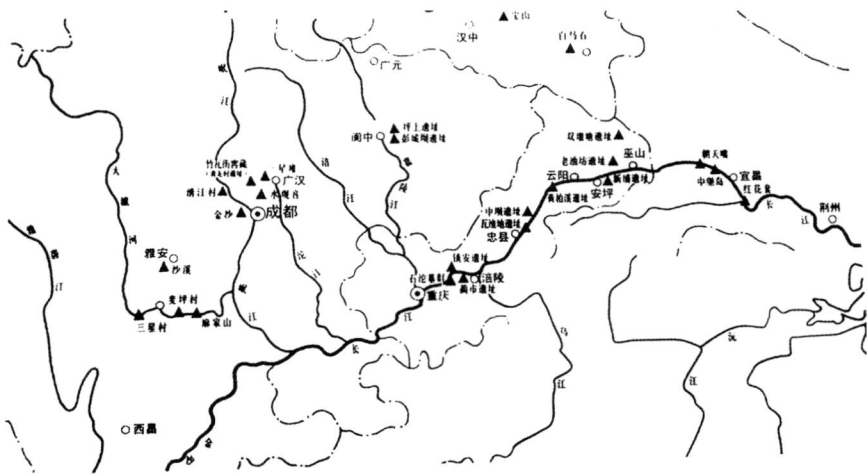

金沙时期成都平原地区考古遗址分布示意图

这些密切相关的一系列重要考古发现告诉我们，岷江流域和成都平原作为中华文明的重要发源地之一，有着同中原地区和其他地域一样悠久而发达的历史文化。古蜀王国在商周时期甚至更早，就已进入农耕社会，兴建了许多早期城市并修建了规模宏大的都邑，形成了富有地域特色、灿烂辉煌的青铜文明。通过三星堆和金沙遗址出土的大量精美文物所展现的绚丽多彩的文化内涵，可知古蜀先民们

金沙遗址出土的方孔锄形青铜器

虽地处内陆，却并不封闭，有着很强的开拓创新精神，同长江中下游地区、黄河流域的中原地区和西北地区、广袤的西南夷地区乃至南亚和中亚地区，很早就有了文化与经济上的交流往来。聪明的古代蜀人通过与外界的交流往来，学习和吸纳了许多外来文化因素，促进了古蜀社会的繁荣。而灿烂的古蜀文明，对周边区域也产生了积极广泛的影响，使古蜀王国成了长江上游西南地区名副其实的文明中心。

三星堆出土的青铜头像　　三星堆出土的用金箔　　　　三星堆出土的青铜头像
　　　　　　　　　　　　镶贴装饰的青铜头像

湖北天门肖家屋脊遗址出土的石家河文化玉人（左）；三星堆
二号坑出土的金面青铜人头像（右）

　　根据考古发掘提供的丰富材料，参照古代文献记载透露的信息，古蜀国很可能是以古蜀族为主体，联络了西南地区各氏族和部族而建立的一个共主制王国。其统治阶层即由古蜀族的蜀王和大巫师，同各氏族和部族的首领和巫师组成。三星堆出土的形貌多样、姿态各异、气概非凡的青铜造像群，便是古蜀共主制王国统治阶层的真实写照。金沙遗址的考古发现，出土的人物造型和器物图案纹饰所展示的丰富内涵，对此也是一个很好的印证。栖居于金沙遗址的古代蜀人中，可能有崇鱼与崇鸟的氏族，也有崇奉石虎与石蛇的部族，或许还有崇尚金蛙与石龟的蜀人。这些氏族与部族之间，可能还有相互的通婚与联姻。在古蜀族群中，可能有不少从外地迁来的部族。这些部族的到来和加盟，也带来了新的文化因素，为古蜀历史文化的发展增添了活力。

292 从三星堆到金沙

考古材料还告诉我们，古蜀王国并不是隶属于殷商王朝的一个方国，在商周时期一直处于相对独立的地位。古蜀与殷商是有着文化交流和经济往来，却又互不统辖的两个政体。随着考古发现的增多和研究的深入，学者们对此已有了越来越多的共识。同样，由古蜀族为主体和西南各部族共同创建的古蜀文明，也同中原文明有着许多明显的不同，在礼乐制度、精神观念、宗教崇尚、审美情趣、社会习俗等方面都显示出一定的差异。我们知道，南方长江流域是稻作农业起源地之一，中原则是旱作农业起源的核心地区，正是由于农业生产方式上的不同，史前时期就形成了两种农业体系和南北两大农业经济文化区，从而促

"兰苑"遗址生活区发掘现场

二里头遗址出土的陶盉（左）；三星堆遗址出土的陶盉（右）　三星堆遗址出土的璋形金箔饰

使了古蜀文明和中原文明经过长期发展而形成了不同的地域特色。

商周时期的古蜀文明,在青铜器铸造、玉石器制作、金器加工等方面都显示出浓郁的地域特色,说明这是由古蜀族为主体经过长期创建形成的一种本土文化。同时又可看出,在地域特色中融入了一些外来文化影响,应是古蜀族与周边区域有着长期文化交流的结果。三星堆出土的大量器物,对此便有很好的揭示,青铜造像群是古蜀国本土文化的结晶,青铜尊、青铜罍则接受了来自中原殷商王朝的影响,还有陶盉也显示出与中原二里头文化之间有着较为密切的关系①。据司马迁《史记·五帝本纪》等古籍记述,上古时期黄帝娶西陵氏女嫘祖为正妃,又为其子昌意娶蜀山氏之女;又据《尚书·禹贡》与《史记·夏本纪》等记述,夏禹兴于西羌,为了治水曾多次往返于岷江流域和黄河流域,说明古蜀与中原有着源远流长的交流和影响。金沙遗址出土的大量考古材料,也为我们在这方面的探讨提供了许多例证和新的思考。

二里头遗址出土的玉牙璋(左);三星堆一号坑出土的玉牙璋(中);金沙遗址出土的玉牙璋(右)

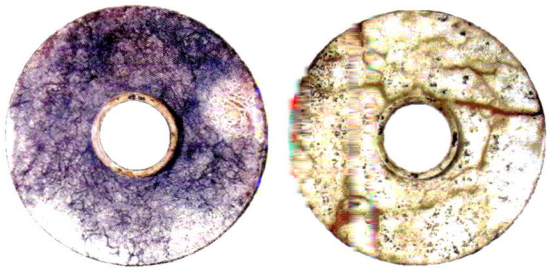

金沙遗址出土的有领玉璧

---

① 邹衡《三星堆文化与夏商文化的关系》,《四川考古论文集》第57页,文物出版社1996年版。

金沙遗址出土的玉石器，又透露出了古蜀与中原等地区有着长期文化交流的丰富信息。例如玉制的有领璧形器，在黄河中下游地区的龙山文化遗址，在夏商时期的河南偃师二里头遗址、安阳殷墟妇好墓、江西新干大洋洲商墓等均有出土，可知这是一种流传时间很长、传播区域较广的器型。三星堆和金沙遗址出土的有领璧形玉器，在器型和风格上与之相近或相似，很显然是接受了来自中原和长江中下游的影响，利用古蜀国本地的玉材模仿制作的。还有三星堆和金沙遗址出土的数量众多的玉璋，也接受了殷商王朝和西周玉制礼器的影响，而在器型和图案纹饰上则充分发挥了古代蜀人的创意和想象，洋溢着浓郁的古蜀特色。

金沙遗址和三星堆出土的玉琮，很显然是吸纳和接受了来自长江中下游良渚文化的影响。从时间上看，良渚文化出现较早，年代约为公元前3300至公元前2200年，是具有显著地域特色的中国东南地区新石器时代文化。据20世纪30年代发现的浙江吴兴钱山漾遗址、良渚遗址，以及后来草鞋山、张陵山、寺墩等重点遗址的发掘揭示，良渚文化居民以稻作农业生产为主，过着较稳定的定居生活，有着兴旺的手工业，尤其是玉器制作十分昌盛，在丧葬方面盛行"玉敛葬"的习俗[1]。外方内圆、磨制抛光并雕刻纹饰的长筒形玉琮，便是良渚文化玉器中的典型之作。成都平原考古发现的宝墩文化遗址距今约4500年前，已发现的八座早期古城说明，这个时期的古蜀文化已

金沙遗址出土的良渚文化十节青玉琮

---

[1] 参见《中国大百科全书·考古学》第271—273页，中国大百科全书出版社1986年版。

相当发达，与当时的长江中下游和黄河流域基本处在同一发展水平线上。学术界通常认为，古蜀文化与中原和周边地区的文化交往可能有水陆两途，沿长江上下是一条主要途径①。这种源远流长的交往，很可能从远古时代就开始了。我们虽然不能准确说出其肇始的年代，但古蜀先民们和长江中下游良渚文化居民很早就有了交往和文化的传播，则是不争的事实。金沙遗址出土的长方形青玉琮就是一个很好的例证，无论是玉质造型还是纹饰都表明，这是一件来自良渚文化的典型玉琮。4000多年前的长江两岸有一片的森林，其得天独厚的生态环境和驾

湖北天门石家河遗址出土的玉人（左）；湖北武汉盘龙城遗址出土的青铜面具（中）；三星堆二号坑出土的青铜神人（右）

船沿江上下的便利，可能远比我们想象的要好。随着人类文明的发展进程，这种相互间的文化交往和经济往来也不断增多，到商周时期已更加频繁了。

　　古蜀先民们与良渚文化居民在文化上的交往和相互影响，从出土器物图案纹饰上看也有较多的反映。在良渚文化玉器上，刻有典型的兽面纹，有学者认为这种兽面纹的上半部其实为人面，表现的是一个戴皇冠者的形象。这种糅合了人兽特征并采用"冠状饰"的表现手法，在三星堆和金沙遗址出土器物中也有精妙的展示。如三星堆出土的青铜兽面和金沙遗址出土的玉人头像等，都含有神秘的原始宗教崇拜意

① 参见李学勤《商文化怎样传入四川》，《中国文物报》1989 年 7 月 21 日；李学勤《〈帝系〉传说与蜀文化》，《四川文物》92 年"三星堆古蜀文化研究专辑"第 16—17 页；李学勤《三星堆饕餮纹的分析》，《三星堆与巴蜀文化》第 79 页，巴蜀书社 1993 年版。

三星堆遗址出土的青铜兽面

二里头遗址出土的镶嵌绿松石的青铜牌饰（左）；
三星堆遗址出土的镶嵌绿松石的青铜牌饰（右）

味。通过比较研究，我们当然不能说二者有直接的渊源关系，但文化交往方面的相互影响和艺术表现手法上的借鉴创新，应该是一种源远流长的客观存在。还有崇鸟和崇日观念，也是我国远古南方文化系统中一种非常典型的共有现象。浙江余姚河姆渡文化遗址出土有"双鸟朝阳"象牙雕片和"双鸟负日"骨匕，良渚文化陶器和玉器上则有演化而来的鸟纹图案。在三星堆和金沙遗址出土器物中，对崇鸟和崇日观念更是做了大量创新和淋漓尽致的表现。如金杖和金冠带上的鱼鸟图案，充满了丰富的想象力，展现出一种超越时空的艺术魅力。

古蜀先民们是善于学习的部族，在吸纳和接受外来文化因素的过程中，常常加以模仿并给予充分地创新发挥。考古发现对古蜀族这种由来已久的习俗已有大量揭示，这也可以说是商周时期古蜀文明的一大特色。金沙遗址出土的黄玉琮，便是古代蜀人对良渚文化传世玉琮的模仿之作，形态是那么相似，而风格更为简洁。那朴实流畅的纹饰造型，说明了古代蜀人的审美观念和崇尚心理，玉琮已成为商周时期古蜀族所喜爱并大量仿制的祭祀礼仪器物。古代蜀人对来自于中原的一些玉器也有较多的模仿，如玉戈、玉剑以及前面提到的有领璧形玉器和玉璋等，都可看出与殷商王朝同类器形上的相似之处，同时又显示出风格上的演变而自成特色。值得注意是三星堆出土的镶嵌有绿松石的青铜牌饰，与河南二里头遗址出土的青铜牌饰在形态上极为相似，而在图案风格上则各有千秋，显然也是通过两地文化交流而加以模仿的结果。这里还应提到金沙遗址出土的玉贝，玉材精美，形态逼真，是仿照海贝采用圆雕手法制成的一件玉雕佩饰。其工艺手法很可能传到了中原，在河南新乡出土有一

云南晋宁石寨山古滇国墓地出土的有领玉璧

件西周时期的玉贝，制作较为简陋，年代亦稍晚。三星堆和殷墟商墓均出土有大量海贝，应是古蜀国与中原、沿海地区密切往来的见证。在长期进行文化交流和经济往来的过程中，影响总是相互的。中原给各地以影响，各地也给中原以影响。古蜀文明与中原文明和周边区域文明的关系，以及相互间的交流和影响，便是很好的例证。

　　古代蜀人吸取了许多外来文化因素，促使了内陆农业文明的繁荣和古蜀国社会生活的充实，从而对周边区域也产生了积极而广泛的影响。例如三星堆青铜神树崇拜观念对西南地区的少数民族就产生过深远的影响，雅砻江下游四川盐源县境内战国至西汉初墓葬中出土的一批人兽纹青铜祭祀枝形器，就是古蜀通天神树观念对这里的部族产生影响的反映。在云南晋宁石寨山等墓地，出土了有领璧形器，与金沙遗址出土的有领璧形器形态相似，很有可能是通过古代南方丝路接受了来自古蜀地的传播和影响。还有三星堆出土的玉瑗，此类玉器在古滇国墓地也出土较多。比如三星堆出土有青铜鸡和立鸟圆雕装饰品，可能是一种杖头铜饰。此类杖头铜饰在古滇国墓地也屡有发现，仅晋宁石寨山和江川李家山墓地就出土不下50件。这些很显然说明了古蜀文化曾对滇文化产生过重要而久远的影响。考古材料还告诉我们，古蜀文

---

① 参见《四川文物》1998年第5期第8、12—16页。

云南江川李家山古滇国墓地出土的
跪坐于铜鼓之上的持伞青铜男俑

金沙遗址出土的石鳖

化在楚地也有传播，产生过重要影响，和楚文化有着密切的关系。此外，古蜀文化对西南夷之夜郎文化、邛都文化、冉駹文化以及东南亚文化，都曾产生过广泛而积极的影响。

古蜀族与周边区域这种长期的交流往来，除了文化上的相互影响，还促使了人口的流动和迁徙，对古蜀文明的发展进程产生了不可忽视的重要作用。古蜀历史上的蜀山氏和蚕丛氏，是崛起于岷江上游的古老部族，后来沿着岷江山地进入成都平原，成为古蜀王国的开创者，乃古代蜀人崇敬的祖先。之后的柏灌氏，在传说记载中语焉不详，推测很可能是古蜀部族中的一支，有学者认为这支部族协助大禹治水可能随之迁往了中原①。其后的鱼凫、杜宇、开明，都不是古蜀国中的土著。鱼凫可能是活动分布范围较广的崇鸟和崇鱼部族的联盟，强大起来后成为古蜀国王权的执掌者。杜宇可能是兴起于江源（泛指岷江或长江上游）的农牧氏族，与朱提（今云南昭通）梁氏女朱利联姻，强盛后取代鱼凫自立为蜀王，修筑都邑，扩张疆域，大力推广农业，称为杜主和望帝。开明则是来自于长江中游荆楚地区的氏族，史载鳖灵入蜀后因治水有功而被立为相，又

————————

① 参见谭继和《禹文化西兴东渐简论》，《四川文物》1998年第6期第12页；又见《夏禹文化研究》第154页，巴蜀书社2000年版。

以禅让的方式夺取了政权，建立了开明王朝。这些成为古蜀国统治者的部族或氏族，不仅促进了古蜀历代王朝的兴衰更替，也为灿烂的古蜀文明增添了丰富的内涵。古代蜀人也有往外地流动和迁徙的，杜宇失国后，可能带着追随他的庶人流亡到了凉山和云南，据传现在的彝族人便是杜宇的后裔。开明三代王子安阳王在国破后也远离故土，率数万人辗转南迁到达交趾之地，于此称雄达百余年之久①。从历史发展的眼光来看，这些曾经发生过的事件对古蜀文化与周边文化的交流，客观上都有着积极的作用。

　　考古发现在这方面也为我们提供了较多的材料，长江中游不少地方出土有蜀文化的器物，四川境内一些地方则发现有楚文化的遗存。在古代蜀人北出褒斜与中原交往的过程中，也留下了许多重要遗存，如陕西城固出土的青铜器群中，就有很多属于古蜀文化的器物。尤其值得提到的是在陕西宝鸡地区古家三、竹园沟、纸坊头等处发现的一批西周时期强国墓葬，出土的许多器物都与三星堆和金沙遗址的出土器物相似，显示出古蜀文化在这里的强烈影响。例如茹家庄一号车马坑青铜軏饰上的人面造型，茹家庄一、二号墓出土的青铜人像，以及出土的玉戈、玉虎、玉牛兽、玉兽面饰等，无论是造型风格还是制作技艺，都具有浓郁的古蜀特色。据此推测，定居于此的很可能是商周时期向北迁徙的一些蜀人，他们与来自中原的商周文化相融合，形成了复合型的强氏文化。

陕西宝鸡强国墓葬出土的玉器

---

① 参见蒙文通《越史丛考》第63—77页，人民出版社1983年版；又见《蒙文通文集》第2卷《古族甄微》第353—373页，巴蜀书社1993年版。

　　三星堆考古发现告诉我们，古蜀文化不是一个封闭的体系。金沙遗址的考古发掘，再次揭示了商周时期的古蜀国与外界有着广阔的经济往来和文化交流。正是这种开放的襟怀和活跃的姿态，促进和形成了古蜀国高度繁荣的经济和异常发达的文化，成为长江上游一个重要的东方文明中心。同时也扩大

陕西宝鸡弜国墓葬出土的玉器

陕西宝鸡弜国墓葬出土的玉器

了古蜀文化在周边区域的传播和影响，在中华文明发展史上谱写了青铜时代杰出而又辉煌的篇章。

二十二、穿越时空的魅力

金沙遗址出土的青铜人形器

　　金沙遗址考古发现给我们的启示是多方面的，它是继三星堆之后又一处令世人瞩目的重要考古发现，以丰富的出土文物向我们展示了商周时期古蜀王国灿烂的历史文化。金沙遗址出土的大量文物，蕴含着极其丰富的文化内涵，为我们了解古代蜀人繁荣兴旺的社会生活、绚丽多彩的精神观念，以及发达的制作工艺和浓郁的艺术特色，提供了珍贵的资料。

　　我们知道，三星堆出土的青铜造像群和器物在国内和海外许多国家展出时，曾激起

强烈的反响，倾倒了数以万计的观众。因为三星堆考古发现，不仅揭示了一个湮没的文明，而且展示出一种穿越时空、无与伦比的永恒魅力，所以它轰动了世界。金沙遗址考古发现，也具有同样的意义和影响，当文博界和学术界的专家学者与参观者们面对那些清理出土的大量文物时，也同样感到了一种震撼和惊叹。

　　从历史文化的角度来看，古蜀族和古蜀王国以前一直云遮雾绕，被浓郁的神话传说色彩所笼罩，三星堆考古发现，终于揭开了千百年来笼罩在古蜀历史上的神秘面纱，使我们看到了其灿烂的真实面貌。

三星堆遗址新发现的三号祭祀坑

但三星堆辉煌文明的突然湮没与去向，仍是一个很大的谜。金沙遗址考古发现，则使我们对此有了新的认识，以丰富的出土资料进一步拓宽了我们的视野，使我们看到了商周时期古蜀族在成都地区的繁荣发展。可以说，三星堆遗址和金沙遗址都以考古学文化形态揭示了灿烂的古蜀文明，是殷商至西周时期长江上游内陆农业文明的重要遗存。它们在文化形态上有着极其密切的关系，不仅地域相近，在时间上也有相互衔接和延伸的关系。在共同的、浓郁的古蜀文化特色之中，又显示出一些各自的特色。古蜀文明是以古蜀族为主体，联盟了西南各部族共同创建的一种地域文明，有着鲜明的自身特色，并和周边其他地区又有着源远流长的交流和往来，吸纳和接受了一些外来文化的影响，同时也向周边传播着自身的影响。三星堆和金沙遗址考古发现还告诉我们，古蜀先民们创造的青铜文明在商周时期发展到了非常辉煌的程度，展现出绚丽多彩的繁荣情形，完全可以和中原文明，以及世界上的古埃及文明、古希腊文明、古罗马文明相媲美。三星堆和金沙遗址的考古发现，不仅为世界考古史增添了最为亮丽的光彩，更重要的是对中华文明起源多元一体、多源一统的发展格局提供了重要佐证。三星堆和金沙遗址以独树一帜的青铜文化，在中华文明起源和发展进程中写下了神奇的一页，也在人类文明发展史和世界美术史上谱写了重要的篇章。

金沙遗址出土的黄金面具（左）；三星堆二号坑出土的青铜面具（右）

金沙遗址出土太阳神鸟金箔饰

　　从美术考古的角度来看，金沙遗址考古发现，也有极为重要的意义。出土的金器、玉器、青铜铸像、石雕人物和动物等大量珍贵文物，从图案纹饰到圆雕造型，都充满了丰富的想象力，洋溢着浓郁的艺术特色，可谓异彩纷呈、魅力无穷。在制作工艺和雕造镂刻等技艺方面，也形式多样、娴熟自如，显示出很高的水平。

　　金沙遗址出土的精美文物，同三星堆考古发现一样，具有鲜明的个性色彩，与中原文明和其他区域文明并不完全相同，而是独树一帜、别具特色，给人以耳目一新之感。特别值得提到的是金沙遗址出土的金饰，其中太阳神鸟金箔饰采用镂空方式刻画出光芒四射的太阳和四只绕日飞翔的神鸟，充满动感的图案神奇绝妙，寓含着无比丰富的内涵；简洁洗练的表现手法更是精湛绝伦，堪称古代世界东方艺术史上的千古绝唱。当我们观赏它时，不仅感到一种发自内心的惊叹，而且会油然引发出丰富的联想：联想到先秦时期绚丽多彩的神话传说，联想到古代蜀人非同凡响的崇尚意识和审美情趣，而这一切都巧妙地被浓

三星堆一号坑出土的金仗

金沙遗址出土的金冠带

缩在了图案之中。这幅手用类似于现代剪纸手法制成的金箔图案，表现的也不仅仅是高超的工艺技法，更重要的是展现了一种充满想象力和创造力的艺术境界。因此它才具有永恒的艺术魅力，是古代蜀人精神追求和心灵世界的缩影，是中华民族古代图案纹饰中的杰作，也是世界美术史上的经典之作。

　　金沙遗址出土的金冠带上所刻画的图案也非常典型，制作者发挥了丰富的想象和独创，运用写实与夸张相结合的艺术手法，将古代蜀人的宗教信仰、族属意识、王权象征等含义巧妙地融合于图案之中，对这些绚丽多彩的精神文化内涵做了精妙的表现。金沙遗址金冠带上的鱼鸟图案与三星堆金杖图案一脉相承，都寓含着很深的用意，而手法又是如此简洁流畅，构思是那么神奇绝妙，洋溢着鲜明而浓郁的古蜀特色。面对着这些富有地域特色的灿烂图案，我们会油然地感受到它们的鲜活与生动，感受到它们含蓄而又淋漓尽致地张扬着一种充满活力的信念和精神,感受到它们穿越时空的艺术魅力。

金沙遗址出土的石跪人像

金沙遗址出土的石虎

　　金沙遗址出土的石跪人像和石虎,也是古代蜀人了不起的艺术杰作。这些采用石头雕造的人物与动物造型,同样展示了古代蜀人在审美观念和艺术表现手法方面的鲜明特色与高超水平。特别令人印象深刻的是,众多石跪人像微妙而丰富的神态表情,反映了雕造者对人物原型细致入微的观察与把握;而在形态造型上又不乏简练和粗犷,并巧妙地利用了彩绘,达到了生动传神的效果。石跪人像的姿势也耐人寻味,寓含着丰富的内涵。雕造的石虎,也体现出粗犷与精雕细琢相结合的风格,石虎张口怒吼的威猛之态和强壮有力、蓄势待发之状,皆给人以生动逼真之感,而涂抹的朱砂更增添了几许神秘的色彩。这些栩栩如生的石虎,不仅形神兼备、技艺精湛,而且透露了古代蜀人强烈的崇尚情感,为我们了解古蜀国和西南诸族的观念习俗,提供了珍贵的资料。更重要的是,商周时期的古蜀文明通过三星堆青铜造像群,展现了大型铸造艺术的灿烂成就;又由金沙遗址石跪人像和石虎,显示了石雕造像艺术的绚丽特色,在中国和世界美术史上增添了新的内容。

金沙遗址出土的兽面纹玉斧的纹饰突出了兽面的狰狞威严

　　还有金沙遗址出土的大量玉器，在琢制技艺和图案纹饰方面也极富特色。其中小型玉人头像，雕琢精致，风格奇异，那炯炯的大眼和夸张的冠饰，以及着力刻画的龇牙咧嘴、凶狠狰狞之态，仿佛充满了一种神秘的力量，给人以震撼心灵之感。这件赋予了超凡想象的人面像，与三星堆青铜面具在造型风格上有异曲同工之妙，都具有丰富的内涵，堪称是古代蜀人的神奇创造。另一件斧形玉器上刻画的兽面纹饰，同样在夸张的形态中突出了兽面的狰狞威严，在丰富而奇妙的想象中寓含着特殊的象征含义，为我们了解古蜀族的社会习俗和精神观念以及审美情趣提供了珍贵的资料。

古老的岷江流域，孕育了辉煌的古蜀文明

　　总而言之，金沙遗址是继三星堆之后成都平原上又一个了不起的考古发现，为我们提供了大量珍贵的考古资料，对于揭示古蜀历史文化的发展、探析古蜀文明丰富多彩的内涵、了解成都"母本之城"的崛起，都具有十分重要的意义。金沙遗址考古发现，向我们展示了古代蜀人丰富多彩的社会生活和精神文化领域的非凡成就。

后　记

古蜀历史长期云遮雾绕，由于文献记载的模糊，一直给人以扑朔迷离之感。

自从有了惊人的三星堆考古发现，终于揭开了其神秘的面纱，露出了古蜀文明璀璨的真容。1986年7月18日，三星堆发现了一号坑；7月25日又发现了二号坑，出土了数量众多的青铜人头像、青铜面具和青铜器物，还有金杖、金面具、各种玉石器，以及象牙、海贝等等。特别是高大的青铜立人像、诡异的纵目人面像、形态各异的青铜人头像，组成了千姿百态、栩栩如生的神化群体；奇特的青铜神树和众多的鸟、虎、龙、蛇与各种飞禽走兽青铜造像，铸造精美，造型神异，令人叹为观止。这些丰富而又罕见的出土文物，充分印证了文献古籍中的记载，传说中的古蜀王国并非子虚乌有，竟然是如此的灿烂辉煌。中国考古界和世界学术界都惊喜地谈论着这一重要考古发现，并给予高度评价，称之为"沉睡三千年，一醒惊天下"。

三星堆出土文物展现了绚丽多彩的内容。青铜造像群，显示了古蜀国昌盛的祭祀活动。它们既是群巫集团，又是古蜀国统治阶层的象征。高大的青铜立人像，可能象征蜀王与大巫师，众多青铜人头像应配置木制或泥塑身躯使用，可能代表着古蜀国各部族首领。三星堆青铜神树，则表现了古蜀人对太阳神话的崇尚，以及沟通宇宙的想象。大量玉器，也与祭祀有关，二号坑出土一件玉璋上刻画的图案，就描绘了祭祀神山的情景。璀璨的金器，说明古蜀族是世界上最早使用黄金制品的部族之一。陶器数量庞大，类型甚多，用途与数量，充分反映了当时社会农副产品的丰盛。这些都说明了古蜀国手工业与农业生产的兴旺，显示了社会生活的繁荣。三星堆、金沙遗址出土的大量象牙，透露出当时蜀地曾有象群栖息的信息，对了解古蜀国的自然环境状况提供了翔实的资料。出土的猪、牛、羊、马、鸡、犬等大量动物骨骼遗存，以及青铜水牛头与栩栩如生的青铜公鸡之类，说明古蜀人家畜饲养业已很发达，数量与规模都颇为可观。

从历史发展的进程来看，古蜀文明与中原华夏文明各自的不同特色，是和农业生产方式密切相关的。我国的农业起源甚早，在原始社会末期长江流域就出现了稻作农业，黄河流域已出现了旱作农业。原始农业不仅提供了稳定的食物来源，也促使了人口繁衍，衍生了丰富多样的文化习俗。正是由于史前时期就形成了南北两种农业体系，从而促进和形成了南北文化体系发展的各自特色。对自然的认知，对祖先的传说，古蜀与中原都有各自的说法。譬如神话传说方面，中原黄河流域和北方地区崇尚的主神是黄帝，长江流域和南方地区崇尚的主神是帝俊。在中国的传世文献中，代表中原文化传统的一些古籍如《竹书纪年》《世本》，以及后来的《大戴礼记·五帝德》《史记·五帝本纪》《帝王世纪》等，都是以黄帝作为传说中心的。而代表南方文化传统的《山海经》中关于帝俊的记载，则构成了一个帝俊神话传说的体系。

三星堆出土的青铜造像群与数量众多的珍贵文物，展现出了鲜明的地域特色。地处长江上游内陆盆地的古蜀国，在当时是一个独立发展、繁荣强盛的王国，无论在政治、经济，还是文化上，都自成体系。但古代蜀人并不封闭，和黄河流域的殷商王朝以及周边其他区域，在经济与文化上有着源远流长的交往和相互影响。来自于中原王朝的青铜文化，曾对南方地区进行了较为强势的传播，在安徽、湖南、三星堆出土的青铜尊与青铜罍，就接受了商文化的影响。而古蜀的文化崇尚，也对周边区域产生了显著的影响。譬如关于龙的传说和对龙的的崇拜，就与稻作农业密切相关，最早应起源于长江流域和南方地区，曾盛行于古蜀，三星堆出土的青铜神树上就有龙的造型，此外还有青铜爬龙柱形器，以及各种青铜龙首的造型。后来随着稻作农业由南而北的传播，龙的崇拜也流传到了淮河流域与黄河流域，成为了中华民族的共同崇尚。

金沙遗址是继三星堆之后的又一个重大考古发现，出土了太阳神鸟金箔饰、金冠带、石跪人像、玉器与象牙等大量珍贵文物。如果说三星堆一号坑与二号坑的出土文物展现了殷商时期古蜀文明的辉煌的话，那么金沙遗址考古发现则揭示了商周时期古蜀文明的延续。而在三星堆与金沙遗址的年代之前，成都平原上有宝墩文化等众多史前古城遗址的考古发现，充分说明古蜀文明悠久的历史。这为中华文明起源多元一体、多元一统的发展格局，提供了重要佐证。

在中华文明起源、发展过程中的六大文化区系中，辉煌的古蜀文明高度发达，完全可以同中原殷商文明媲美。三星堆与金沙遗址的重大考古发现，充分说明了中原以外的周边区域并非都是蛮夷落后之区，在中华文明多源一统、多元一体的格局中，都有着各自的重要地位，都发挥了重要作用。正是由于近万年以来这些区系文化的碰撞交融、相互影响、相互作用、逐渐认同、逐渐融合，才有了中华民族根深叶茂的坚实的历史基础，形成了中华文明浑厚、兼容和强劲的凝聚力。也正是由于古蜀文化与中原殷商文化各自所具有的鲜明特色，展现出了长江流域和黄河流域南北两个文化系统的绚丽多彩，并随着相互间的传播影响和交流融合，在中华文明发展史上谱写了青铜时代杰出而又辉煌的篇章。三星堆与金沙考古揭示的古蜀文明，并不单纯是一种辉煌的区域文明，更是中华文明的重要组成部分，是中华文明的骄傲。

在世界人类文明发展史上，三星堆与金沙遗址考古发现揭示的古蜀文明，堪称世界东方文明的一颗璀璨明珠。三星堆与金沙遗址考古发现，还揭示了古蜀与南亚、中亚的远程贸易和交流。古代蜀人并不封闭，很早就与世界上很多地区有了经济贸易往来，三星堆出土的大量海贝就来自于温暖的印度洋海域。蜀布与丝绸很早就通过西南古商道销售到了古印度、大夏（阿姆河流域）与古罗马。人类文明史的发展，并不是封闭的，而是相互交流影响和促进的结果。中华文明自古以来也是开放的，与世界各国的交流可谓源远流长，三星堆与金沙遗址考古发现就是一个很好的印证。

三星堆在相隔三十多年之后又有了新的重大考古发现，在一号坑、二号坑旁边又发现了六个埋藏器物坑，出土了青铜方尊、金面具、象牙等，特别是发现了丝绸遗迹，充分印证了史籍记载古蜀是最早养蚕和纺织丝绸的部族，成都平原应是中国丝绸的故乡。2021年3月20日是个值得记住的日子，随着中央电视台对发掘现场实况的连续直播报道，三星堆再次举世瞩目，吸引了全世界的眼球。

古蜀文明与三星堆、金沙遗址的考古发现，如今已成为非常热门的话题。回顾这些年来，我一直执着于对古蜀历史文化的探讨，对三星堆与金沙遗址考古发现曾做了较为深入的研究，相继出版过《古蜀的辉煌》《三星堆》《天门》《丝路上的文明古国》《古蜀金沙》《金沙遗址》《金沙考古》《华阳国志故事新解》等多部学术著述，先后发表了百余篇学术论文，并出版了"古蜀传奇"三部曲《梦回古蜀》《金沙传奇》《五丁悲歌》系列历史长篇小说。作为一位长期文史两栖、坚持勤奋笔耕的写作者，其中的甘苦，可谓感受良多。主要还是因为自己喜欢写作和潜心学术研究的缘故，所以能够一直努力，甘于坐冷板凳，而自得其乐。研究和写作犹如跑马拉松，所谓艺无止境，其实要做的事情还有很多。还需要见贤思齐，脚踏实地，持之以恒，继续耕耘，才能更上一层楼。

最近接到中华书局的邀请，遵嘱整理和撰写了《从三星堆到金沙》书稿。在这部书中，我对三星堆与金沙遗址出土文物做了一些学术方面的探析，叙述了自己的见解和看法，大都是我多年来的研究心得，属于一家之言吧。学术乃天下公器，提倡百家争鸣，可以畅所欲言。研究方法也可以多学科结合，现在做学问的领域与风气比较宽松，这对作者与读者都是值得高兴的。由于篇幅所限，有些论述只能精简。在语言叙述方面，尽可能深入浅出地将学术观点讲清楚、讲透彻。虽然非常尽心和努力了，但也难免会有疏漏，所以希望获得学界同仁们的指正。书中有选择地引用了一些早已公布的文物图片，力求达到图文并茂的效果，以便于读者阅读和观赏。对引用的文献与资料，也都注明了出处，以便于读者查阅，并有利于延伸阅读。

感谢中华书局对三星堆、金沙遗址和古蜀文明的热情关注，诚挚感谢责编的策划和约稿，也感谢美编在装帧设计上付出的努力。同时也要特别感谢学界同仁朋友们的关心支持。但愿此书能为弘扬古蜀文明略尽绵薄之力，同时也希望此书能成为广大读者喜欢的读物。

二〇二一年初夏
于天府耕愚斋